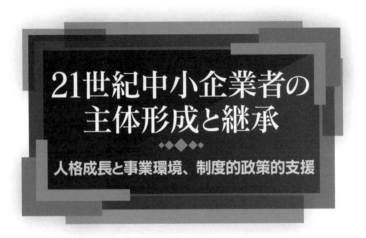

21世紀中小企業者の主体形成と継承

人格成長と事業環境、制度的政策的支援

三井 逸友
［編著］

川名 和美　津島 晃一
谷口 彰一　新井 稲二

同友館

序

　本書は、私が嘉悦大学大学院ビジネス創造研究科の教員として、教育と研究にあたってきた足かけ7年間の総決算・とりまとめという意義を持つ。この間に、本書の分担執筆にあたった、津島晃一さん、谷口彰一さん、新井稲二さん、そして川名和美さんとともに過ごし、学び、調べ、議論してきた日々は、文字通りかけがえもない、充実した時間であったことに何の疑いもない。「中小企業研究」の一研究者として、40年近くを過ごしてきた私には、誠に実り多い、ラストステージの7年間であったと言える。本書への寄稿は、それぞれの学位論文研究をもとにしている。

　また、それぞれの担当章末には初出掲載等を記してある。転載刊行を認めてくださった諸方面に感謝申し上げるものである。

　しかしまた記さねばならないのは、駒澤大学経済学部、同大学院時代から私が指導担当の任にあり、さらに嘉悦大大学院に再進学し、大学教員職のかたわら学位取得に専念した川名和美さんは、嘉悦大学大学院の最初の博士授与者の一人となったが、その2年のちの2017年4月、50歳で亡くなったというあまりに重い事実である。しかも和美君がその研究と議論のなかで強調してきた、「高等学校での学習と人間関係構築の意義」を聞くたびに、私の心から離れなかったことは、和美君自身は高校を中途退学し、非常な苦労を重ね、大学教員・研究者の道に進んだという、足跡である。経済的困難などから退学を余儀なくされ、以降懸命に生きる道を探し、働き、そしてその先に、大学進学、さらには大学院進学という挑戦の機会を求めた。生活の困難はひとの二倍三倍ではなかったが、それを明るく乗り越え、そのなかでの多くの経験を学びの糧とし、女性起業家などに関する研究者・実践者として、輝かしい活躍をなし、広く世に認められ、そのさなかに思いもかけず病に斃れた。

このことを、四半世紀に及ぶ指導教員（2012年に私が横浜国大を定年退職する際に刊行した共著『21世紀中小企業の発展過程』同友館 の実際のとりまとめを行ってくれたのも和美君だった）としての私は、必ずや記さねばならず、そして和美君の心の底にあった思いを伝え、世の中、すべての人に寄り添い、志を遂げるよう励まし続ける情熱の灯を、ともし続け、受け渡していかねばならないと思う。

　本書は嘉悦大学大学院叢書として刊行される。
　こうした機会を与えてくれた嘉悦大学、また困難のなかで出版を引き受けてくださった同友館・脇坂康弘社長に、あらためて感謝を申し上げたい。

三井　逸友

目　次

序 …………………………………………………………………………… i

第1章　中小企業者とは何か ── いかに論じられるべきか ………… 1
三井 逸友

はじめに ── エビでタイは釣れるのか　1
1. 中小企業論の再構築と「中小企業者」　5
2. 「企業家」(「起業家」)とは誰なのか　9
3. 中小企業激減時代の日本　11
4. 求められる社会的・政策的課題とは　21

第2章　中小企業の創業と継承・主体形成 ……………………………… 33
三井 逸友

はじめに　33
1. 企業を「減らさない」ためには ── 問題の所在　34
2. 企業家の持つべき能力とは何か　35
3. 企業家の「教育」と「学習」　49
4. 後継者の能力形成と学び　55
5. 大学における「後継者教育」としての企業家教育 ── 事例研究　65
6. 後継者とその能力形成・役割 ── 事例研究　68
7. まとめ　76

第3章　新しい起業機運と「起業家教育」再考
　　　　── 学習と地域コミュニティの観点から ……………………… 93
川名 和美

1. 起業家とは誰か、どのようにして生まれるのか　93
2. 今日の起業家教育とその限界　99
3. 学校・高校における「起業家教育」の現在と過去　105
4. 小規模企業の存在意義再評価と新たな起業の可能性
　　── 「ワークライフバランス起業」を位置づける　109
5. まとめ　起業家学習と学校・教育・地域への提言　118

第4章　自己雇用と創業支援政策 ……………………………… 129
谷口　彰一

1．はじめに　*129*
2．海外と日本の雇用機会確保としての創業支援政策　*133*
3．厚生労働省による創業支援政策　*139*
4．おわりに　*149*

第5章　中小企業の事業承継と主体的・制度的条件
　　　　　── 非親族承継に関する一考察 ……………………… 161
津島　晃一

はじめに　*161*
1．ポッシビリズムから見た事業承継　*162*
2．心理的オーナーシップと最終決定権　*165*
3．比較対象事例の抽出　*176*
4．三類型の比較　*180*
5．比較データの分類と考察　*188*
6．結論　*196*
7．事業承継の円滑化の一助として　*197*

第6章　自治体と連携した中小企業支援体制の検討 ………… 207
新井　稲二

1．はじめに　*207*
2．中小企業支援策における自治体の役割と現状　*209*
3．自治体と認定支援機関が連携して中小企業支援を行うには　*219*
4．自治体が中心となった地域中小企業政策立案の必要性　*223*
5．調査対象地域の選定　*227*
6．おわりに　*243*

第1章

中小企業者とは何か
——いかに論じられるべきか

三井 逸友

はじめに —— エビでタイは釣れるのか

　2018年9月、東京においてACSBアジア中小企業協議会の第6回大会（6thACSB in Tokyo）が開催された。開催主体はJICSB中小企業研究国際協議会日本委員会で、私はその委員長を務めてきた立場であるが、同年3月をもって委員長職を辞し、また大学の職も退き、体調優れないこともあり、この大きな国際事業には貢献できなかった。開催の労を執られ、文字通り八面六臂の活躍をされた岡室博之準備委員長（日本中小企業学会会長）、加藤敦JICSB副委員長には感謝の言葉もない。高橋徳行武蔵大学副学長はじめ、その他の関係者各位のご尽力で、大会は大きな成果を収め、アジア諸国はじめ世界からの参加者には、実り多い貴重な機会になったと確信できる。

　あくまで一参加者としてこの場に身を置くことができた私は、非常に多くのことを学んだ。ひとつには、JICSB、ACSBも参加するICSB国際中小企業協議会が近年、国際連合と連携して進めているhumane entrepreneurship「人間的な企業家精神」の今日的な意義である（ICSB専務理事Ayman El Tarabishy氏による）。単に人間尊重の経営、社会問題解決への貢献といった次元にとどまらず、市場原理主義と多国籍巨大企業の利益第一の経済社会

のもたらした数々の弊害、ひいては世界経済の混乱と対立激化の現実を前にして、社会経済のあり方を問い直し、そのなかで中小企業・マイクロ企業と企業家精神の持つ人間性、人間同士の協力と連帯をあらためて求めようという意図がそこに込められている。「持続可能で包括的な成長」「個人の能力発展への均等な機会」「人間的な企業の実現」、こうした目標が掲げられ、2016年6月27日には国連がISBCのイニシアチブで、「世界中小・マイクロ企業の日 Micro-, Small and Medium-sized Enterprises Day」を制定し、humane entrepreneurshipの追求を宣言したのである。多様な人間の多様な個性を尊重し、その創意と創造性を発揮する機会、安定した社会の担い手としての中小企業の持てる可能性は、我が国の経済社会においてこそ、いま求められている。まさに「企業家」再評価の時代である。

　他方でまた、この6thACSBは「New development of small business policy and management：towards an evidence-based policy making for SMEs 中小企業政策と経営の新たな展開—証拠にもとづく中小企業政策立案をめざして」という主題を掲げた。確かに近年、さまざまな中小企業政策が立案実施されているアジア諸国の現状を見るに、政策の目的や効果の検証がなおざりではないのかとか、施策手段の輻輳や混乱も見られるのではないかといった疑問を抱かせるところも少なくない。そしてそれはもちろん日本も例外ではない。政策の「検証と評価（follow-up, validation and evaluation）」は欠かせないところであり、日本でのさまざまな施策の実施にはそうしたフォローアップが事実上義務づけられている。もちろん企業経営においては、そうした手続と過程を経ず、漫然とこれまでの戦略や手法、事業展開を続けていては、存続にかかわることにもなる。PDCA実践は中小企業にも当たり前とされる。

　けれどもまた、正面からエビデンスと言われると、首をかしげざるを得ない。結果としてそれらは、政策の掲げた目的や課題、対象等にかかわる証拠、特には数量的データに収斂しがちであり、それをもって政策全般の根拠

と目的、ひいては「なぜ、中小企業のための政策が必要なのか」「誰のためなのか」という基本的な出発点をなおざりにしてしまう危険を有している。実際この6th ACSB第1日に開かれた「持続可能な成長への挑戦―アジア諸国の中小企業政策」と題する全体会セッションでは、韓国、マレーシア、台湾及び日本からの参加者が各国の政策を紹介するとともに、個々の施策の抱える問題点、見直しの取り組みも語り、そのなかでの「エビデンス」の捉え方にも言及した。日本からの登壇者である植杉威一郎氏（一橋大学・経済産業研究所）は特に、リーマンショック後に導入された「緊急保証制度」の例を挙げ、これが相当数の中小企業によって取り上げられ、ほとんどが採択実施された一方で、従来の保証下での融資からの借り換えという事態が多数に上ったというエビデンスを示した。金融機関は自らの負うべきリスクを政府部門に転嫁しているのであり、中小企業の資金機会の拡大につながったとは言えないとされるわけである（詳しくは、『商工金融』2018年12月号を参照）。

　近年の2009年「金融円滑化法」下での条件変更や「緊急保証」等の政策支援にかかるこうした現実は、近藤（2018）はじめ少なからず指摘されたところでもあり、金融機関の機会主義的行動を助長するのが目的ではないと批判されている。それは確かにひとつのエビデンスであり、論点であり、政策の有効性を問うものであることは間違いない。けれどもそれだからといって、リーマンショックによる多くの中小企業の直面した危機、資金繰り困難という事態を中短期的に打開し、経営の存続を図るという目的自体と経緯が否定されるのであろうか。この10年間での中小企業の存立に対し、これらの施策がなければ、どういう事態が生まれたのだろうか。それよりも問われるのは、バブル崩壊で一気に経営悪化し、大手銀行やゼネコンはじめ莫大な負債を負った多数の大企業には「徳政令」ともいうべき緊急措置がとられ、生きながらえられたという経験である。その最大の根拠は、これらの企業を倒産に追い込めば、深刻な雇用危機が生じるということであった。しかし、この難局を乗り切れず消えた多数の中小企業のもたらした雇用減や、以来明らか

に定着した、「寄らば大樹」「中小企業忌避」の社会的文化的トレンドのほうは顧みられなかった（この苦い経験から、中小企業家同友会などは「金融アクセス法」を求め、中小企業の資金機会の確立を訴えてきたのであり、それは2010年「中小企業憲章」の閣議決定にもつながった[1]）。

　言い換えれば、「エビデンス」＝証拠とされる数値等の正当な出所根拠、信頼性はもとより、何を用いるのか、その選択瞬間からすでに政策の目的、対象とする事態とその仕組みと問題点、望まれるあり方等は問われているはずなのである。それはひいては、当然ながら「なぜ中小企業を取り上げるのか」「中小企業の存在をどのように位置づけ、どのような社会経済体制を望むのか」という、そもそも論的な課題に深くかかわっている。短絡的な結果論がすべてではないだろう。いま、雇用機会の確保だけが中小企業への期待であるわけではないにせよ、80年代以降の30年は、そこに注目した中小企業観と政策期待が多くの先進国を動かしてきたのは事実であり、とりわけEC/EUで顕著であった（三井 2011）。6th ACSBの場でも、オタワ大学のマーク・フィール氏がバーチ説にまでさかのぼり、中小企業による雇用拡大という期待に対する現実的な検証と論理化を、企業成長のタイプなどを通じて論じていた。

　それゆえ、政策評価等に問われるべきは、そうした大きなデザイン、包括的な構図と議論、ひいては社会経済的な枠組みと構造、論点なのである。大議論、大義、体制なのである。皮相な言い方を許してもらえれば、「エビでタイは論じられるのか」と主張したい。ICSBは前記のように、「人間的企業家精神」論という大義を掲げたのであった。もちろんhumane entrepreneurshipの論には、エビの立場からは突っ込みどころ満載かも知れないが、そこでタイが泳いでいることは間違いない。しかも、本書の主題のひとつである創業支援といった政策については、どう見てもこの20年来、開業率は低迷したままであり、企業の総数が減少していくという、先進国で

も稀な状況が続いている。まさしく、「エビデンスは語っている」のだが、なぜかあまり問題にもならない。もちろん単に結果としての数字や、個々の政策手段や実践の方法と結果、成否を論じる以前に、人は「なぜ起業するのか」「企業家とは誰なのか」というそもそも論を欠いて、この現実が変わるはずはない。

　本書の意図は、そうしたところにもあると言える。

1．中小企業論の再構築と「中小企業者」

本書の狙い：なぜ中小企業「者」論なのか

　本書を世に問う基本的な狙いは、「中小企業論」の今日的普遍的なリバイバルである。

　21世紀にあって、上記のように中小企業 SME という存在をめぐる普遍的な視座は世界共通のものとなり、そのこと自体に疑問は少ない。「中小企業研究」と共に、「中小企業政策（論）」「中小企業経営（論）」は明確に存在の意義を発揮しているように見える。しかし、そこにも「同床異夢」的な実態は少なからず見られるのであり、また他方では、「中小企業」一般というよりも、多数派としての「規模の相対的に小さな企業」をめぐる議論、これとはかなり区別される「マイクロ企業」の存在と実態をめぐる議論が相当に別個のものともなってきている（三井 2013）。あるいはまた、企業規模よりも主体としての「企業家」に、企業規模を度外視するかたちで関心がシフトしてきている観もある。「中小企業論」なのか、「小・マイクロ企業論」なのか、「企業家論」なのか、それぞれが異なる対象と問題意識をもって臨んでいる、同床異夢状況があるのが今日の世界の様相ではないのか（周知のように、米国では一貫して small business をめぐる議論であり、政策である）。

　そもそも、「中小企業」という概念がなぜ成立し、普遍化したのか、そしてそれにもとづく、「中小企業基本法」をはじめとする法律と制度がなぜ形

成されたのか、ここに議論はさかのぼる。1980年代以降、特に EC/EU においても「中小企業」(SME, PME) という概念が採用され、政策体系の一翼をなすに至った。その経緯はつまびらかではないが、おそらくは日本の概念の及ぼした影響は否定できないだろう。しかしまた、今日に至るまで、EU においても用語法も揺れてきている。他方で、EU を含め、とりわけ発展途上国では、「中小企業」に対し「マイクロ企業」を別途取り上げる傾向が顕著であり、日本でも「小規模企業振興基本法」により、「中小企業」「小規模企業」「小企業」という三段構えの区分が制度化されるに至った[2]。そのため、「小企業 (micro business)」の性格規定、社会経済的位置づけも強く問われるものとなってきている。

　こうした歴史的経緯と現状を踏まえ、従来の中小企業存在をめぐる「経済学」の枠組みと論点、すなわち市場経済と競争、企業規模と企業成長、企業規模と「最適性」などを軸とした議論、労働市場の分断と多極化を基軸とする議論、あるいは資本蓄積と独占の形成、独占的市場と競争、「支配と収奪」・生産力的結合と排除、競争と利潤率階層化・中小企業全般の「不利」、ないしは資本の分裂分散と中小企業の形成・成長可能性及び困難性をめぐる議論、さらには近年の成長と規模経済性の制約、新たな産業組織・関係と「中間組織」性・「柔軟な専門化」・多様な産業連関とイノベーションの可能性といった議論があらためて俎上にある。そこに広義の「中小企業政策」の今日的な意義と課題が問われるものでもある。同時に近年にあっては、こうした枠組み的構造的議論を離れ、「中小規模企業の」経営実態やその効率性、企業行動、あるいはまた適切な企業戦略や経営手法をめぐる、実証ベースからの議論が深掘りされ、独自の意義を持つと同時に、いわば「分離理解」(山中) の進行を避けがたく実感させるものでもある。特に「実証主義」の支配下には、数量化できるもののみを「科学的」「客観的」ファクトとするような偏った見方も蔓延している[3]。他方また、狭義の「経済合理性」観点では把握しがたい、起業家の形成と学習・成長・人間行動、経営理念、人

間関係や心理等に注目する研究と議論も活発化している観がある。いわば「企業家研究」の独自性の主張であり、そこには企業規模等の観点はかなり希薄でもある。ひいては、労働し生活する中小企業者や家族の現実、「別の」働き方と社会貢献、そこにあるコミュニティ＝共同社会こそがある意味、今日では差し迫った政策的課題であり起点でもあるとすることもできよう。

　ここで、中小企業を取り上げる問題意識と機運には、「政策的」問題性認識が大前提であったことを見落とせない。それは一方では中小企業の当面する格差・不利・経営不安の現実であり、他方ではこれと裏腹の、工業化推進の道・生産力的発展期待という裏腹の理念が同居していた（三井 1991）。その意味では、「中小企業」という存在及び「中小企業政策」の必然性は、一種の相対概念である。しかしそれゆえにも、時代的限界と制約、理念型化のもとでは、グランドセオリーの論議は停滞し、他方では個別企業に対する詳細な事例研究や企業大量データ等にもとづくパフォーマンスの計量的分析などが進み、一種の二分化状況がいまや顕著である。

　これを克服するためには、一方ではセオリー自体の再構築の試みが必要である。特には、「制度学派」的システム論[4]、ポストフォーディズム論や「進化経済学」的発展論、さらには新古典派的前提を疑う「行動経済学」等の積極性とそれらの限界をも踏まえつつ、諸論理の統合を意識するべきである。他方ではまた、「主体」としての中小企業存在自身を深掘りするべく、寺岡寛氏[5]らも言及する、人間学・社会学と経営学・経済学の統一的論理の構築が、実証検証を踏まえて進められることが必要である。それはまさしく、「現実離れした」理論の一人歩きを戒めるにとどまらず、真の社会政治経済学の全体性・弁証法性の確認であり、具体的には、山中氏が指摘した、中小企業存在の多様性認識と「統一理解」につながる。

　いま、こうした理論的枠組みの再統合を意識し、「主体」と「客体」、社会経済システムと経済構造、制度と文化、政策と経営といった関係性のもと

で、「中小企業者」・「企業家」自営業者らの存在と性格、役割と心理・行動、人間的な学習と成長[6]、アントレプレナーシップの確立と発揮、組織と協働のありようを再度描き出すこと、そのための実証を踏まえた多面的な議論を、本書は目指すものである。

　そのためには、「生きた」企業者と企業の姿を、さまざまな視点から取り上げ、論じること、その成果なり主張なりを現実に戻し、対話することが大切だろう。寺岡氏らが唱えてきた、「政治」「経済」「社会」「人間」学の観点を生かすべきなのである（寺岡 2002；2003, 2018）。それらに絡んで、諸般の科学・思考方法の論理と成果が生かされる[7]。

　つまりここには、キー概念・枠組み・議論の方法体系として、一方では横糸として「制度」「政策」があり、他方には「産業構造」「市場」「企業間関係」、「企業経営」「経営実態」「経営行動」の現実があり、その間に、「文化」「社会意識」「教育」、「社会」「コミュニティ」、「組織」、「家族」「個々人」のありようが縦糸を構成している、という構図である。

　こうした状況設定のもとで、個々の人格の形成と発達・成長と、意思・行動があり、それが企業のありようと行動を通じ、その成果との間で強い相互作用、連関性を発揮している。
　そして、これらを担う個々人、とりわけ企業家・中小企業者の主体形成過程、哲学・人生観と思考様式・行動、意思の発揮、個性と共同性とが問われるものとなる。

　本書はそうした諸視点を積極的に取り込み、論じようという意図を持っている。
　もちろんそれは「大網を仕掛けて一魚も得ず」となる恐れをはらんでいるとせねばならないが、また、生きた現実のなかから常に問われる実相に「誰かが応えねばならない」課題とも認識できる。とりわけ本書の大きな主題で

ある「事業承継・後継者論」には欠かせないものとも考えるのである。

2．「企業家」（「起業家」）とは誰なのか

「中小企業者」概念の意味

　そもそも、日本の中小企業基本法も厳密には「中小企業者」と規定する。これに対し、「大企業者」という概念はほとんど使われない。法においては、「分野調整法」（「中小企業の事業活動の機会の確保のための大企業者の事業活動の調整に関する法律」1977）では、「中小企業者」に相対する意味で用いられている。日本でも、「中小企業家」（中同協）、「中小業者」（全商連）といった概念も現存する。いずれも「企業」の組織・形態・経営以上に、個人格に強く関心を持っていることは間違いなく、また個人加盟の組織でもある（中小企業の組合団体等とは違う）。商工会・商工会議所も会員制組織だが、会員たる「商工業者」とは個人事業者と会社法人とが同列に記されている。

　民法の体系においては、個々人の「人格」を基礎にした権利義務が法的に位置づけられる。まさに主体の制度的明文化である。そしてこれに準じ、法にもとづいて付与された「法人格」も位置づけられる。これに対し日本国憲法は個人としての「国民」が対象であり、法人格等は規定されず、結社の自由の範囲である。

　さらにまた、個人事業を含め「企業」は所有主体であるとともに、経済性と計算可能性の単位・主体でもあり、そのものの合理性と税負担をはじめとする責任性を有している。それゆえ、「人格」を付与されているということも当然言える。

　ちなみに、米国の Small Business Act（1953）では business そのものが対象であり、法的には small business concern と記され、規定される存在である。ここでは人格との関係は示されない。米国の政策理念と枠組みの影響

を受けた、日本の中小企業庁設置法（1948）では、「健全な独立の中小企業」の育成を目的とするとしたところが特徴的であるが、のちの「基本法」とは異なり、「中小企業者」概念は用いられていない。

　EU 欧州連合の中小企業政策は、1980年代末からそのかたちが具体化され、今日も用いられている「中小企業」(small and medium-sized enterprise, petites et moyennes entreprises, kleine und mittlere Unternehm）の定義は「従業員数」を主概念として、1995年時点では従業員数250人未満 (enterprises which have fewer than 250 employees)、年間売上額4千万 ECU 以下、またはバランスシート総額27百万 ECU 以下で、他の企業に資本または投票権の25％以上を保有されていない企業とされた。これはのちに、2005年に改訂され、Staff headcount を基準概念として、The category of micro, small and medium-sized enterprises (SMEs) is made up of enterprises which employ fewer than 250 persons, すなわち従業者数250人未満となり、売上額等の上限も、which have an annual turnover not exceeding EUR 50 million, and/or an annual balance sheet total not exceeding EUR 43 million. すなわち年間売上額5千万ユーロまたはバランスシート総額4千3百万ユーロ以下と改訂されている。このうち、従業者数10人未満はマイクロ企業、50人未満は小企業である（詳しくは、三井 2011）。

　この欧州の規定の前提理念としてもあくまで「企業」であり、人格の存在は考慮されていない。

　このように相対的な意味においては「者」人格規定が現れるが、一般的には、「企業」＝所有関係と雇用関係の統一された制度的実態と、「者」人格規定との関係は曖昧に捉えられる。しかしまた、誰もが認めざるを得ないのは、中小企業においては人格の意識、性格、思考、判断、行動等と企業自体のありよう、経営展開と計算成果の実態との不可分なかかわりも顕著な現実である。そこに多義的理解の余地がある。この点は普遍的な注目と議論の対象でなければならない。

では、本来企業の規模の相対概念であった「中小」企業という言葉を超えて、「中小企業者」にはどのような意味があるのだろうか。それは「企業家」一般や、「自営業者」などとどれだけ重なり、また異なるのか。これが本書の基底にあるひとつの問題意識であり、それは形式論を越えて、企業存在と行動自体、さらには企業の存続に強くかかわる論点をなしている。端的には、抽象化された論理と制度の中には消えている「者」「家」といった人格にあえて再度アプローチし、その存在を普遍的な枠組みの中で考察検討してみようという試みと言える。もちろんそこには、単なる「人間ドラマ」描写や個人の性格行動の議論に陥る恐れもある。それを避けるためにも、基本的なキー概念との関係を常に意識せねばならない。そうした人格には、学習と成長、知識と行動、人間関係構成といった表現に代表される姿が不可分にあり、また諸人格同士の関係のうちから、共同性と協働性が個々の人格を越えて形成発揮され、近代市場経済社会を担う「企業」はその延長上にあることも明らかである。形成された組織や社会制度は、こんどは個々の人格に相対する存在になるが、同時に個々の人格の及ぼす判断と行動などとの緊張関係と矛盾、対立と調整調和の中でのみ機能していることも間違いない。企業のありようにたとえて言えば、いかに立派な「社訓」などあっても、企業行動がその通りになるわけではないのが当然である。

3．中小企業激減時代の日本

（1）減少を続ける日本の企業数

　今日さまざまな統計資料等をもってすれば、日本の企業数、なかんずく中小企業の数は激減を続けている。『2018年版　中小企業白書』で見れば、1999年から2014年までの15年間で約100万社、25％以上減少した。この数的減少傾向は90年代から続いているので、単純計算をすれば、日本の企業数はピーク時の3分の2程度になってしまったと言える。このような傾向は先進国発展途上国等を問わず異例の事態であり、要因は極めて構造的なものとせ

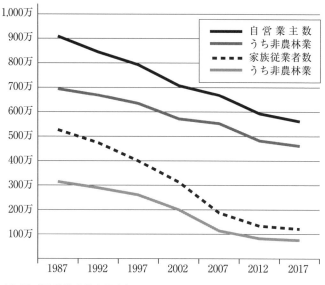

図1　自営業主・家族従業者数の動向

（出所）「就業構造基本調査」による

ねばならない[8]。その意味は、当然ながら廃業する企業数の増加、新規開業企業の減少ということになる。それぞれにはさまざまな背景と要因がかかわっているだろうが、少なくとも2つの課題がそこから抽出される。第一には、なぜ新規開業が低迷しているのか、である。これも『白書』のデータから見れば、日本の開業率はこの15年間4～5％にとどまり、先進経済圏でも米英の10％前後とは大きな開きがある。フランスはこれより低かったが、2009年の「経済近代化法」による個人事業主制度導入で、一挙に10％以上に跳ね上がった。中国をはじめとする新興工業国・発展途上国での活発な開業は言うまでもない。

　廃業率については、『白書』の分析では、他の先進国に比べてこれも低いとされている。日本の廃業率は4％前後で、英米などの半分以下である。しかし、一部の極論を除けば[9]、廃業を促せば開業が増え、経済が活性化すると考える議論はなく、実際に政府の政策も、廃業を抑え、開業を促すこと

に主眼が置かれている。

　むしろ、いまの日本では「いまある」企業が存続していくことも重要な意味を持つのであり、単なる「新旧交代」を目標とする必要が顕著に存在するわけでもない[10]。少なくとも今日の現実からは、雇用就業機会の確保、地域経済を支える供給者の役割、また事業・所得機会の存続のうえからも、現存企業の存続を期することは重要かつ不可欠の課題と位置づけられるであろう。

（2）繰り返す「創業支援ブーム」を越えて

　安倍政権の「日本再興戦略」の2014年改訂版では、「ベンチャー創造の好循環」を掲げ、あらためて「ベンチャー企業家」に脚光を浴びせた。思い起こせば、第一次、第二次、第三次のベンチャーブームが過去のものとなったいま、四たびのブームへの期待がここからも高まる。ただし、またもや「創業支援」と「ベンチャー支援」の混同と混乱が生じる恐れもなしとはしない。

　ここで必要な前提的作業は、まずもって「企（起）業者（家）とは何か、誰か」ということであろう。開業率10％という目標値を掲げた以上、ごくわずかで例外的な「成功起業家」のサクセスストーリーだけで、現実を動かすことはできない。しかし、世間にはそうした「イメージ」と思い入れが横行していることも事実であろう。「起業家」とは、画期的な事業機会や優れたアイディア、研究や発明の成果などを携え、徒手空拳から果敢に事業に挑戦し、さまざまな困難やリスクをものともせず、大きな成功を収め、急成長企業を生み出して経済的な成果を手にするとともに、社会の名声と羨望を集める存在であるといった観念である。実際に、ビル・ゲイツ、孫正義、渡邊美樹といった名が多くの人々の脳裏に浮かぶだろう。過去の各ベンチャーブームにも、そうした固有名詞が広く伴っていたとできよう。

　しかし、残念ながら「現実の」企業家の圧倒的多数はそうではない。もちろんそのコアのイメージは、少なくとも「独立心事業意欲旺盛な企業家」「やり手のビジネスマン」「創意ある専門技術者・発明家・イノベーター」ら

なのであろう。けれども、例えば「就業構造基本調査」のデータに照らしてみれば、それともやや違った実像が見えてくる。

(3)「就業構造基本調査」から分かること——自営業主と会社役員、業種・地位・仕事

「就業構造基本調査」の平成24年版及び5年後の平成29年版で見ると、有業者総数が6,442万人（6,621万人）〈括弧内は29年、以下同じ〉で、そのうち自営業主が591万人（562万人）、雇用者が5,701万人（5,921万人）、家族従業者が134万人（122万人）[11]となっている。雇用者のうちで347万人（337万人）は「会社などの役員」である。就業構造基本調査での自営業主（個人で事業を営むもの）には「内職者」も含まれているが、これは平成24年で18万人にとどまる。自営業主の中には農林漁業等の従事者110万人（98万人）が入っているので、これらを除くと、463万人（464万人）が第二次・第三次産業での自営業主数と推定できる。他方、「平成24年 経済センサス」での中小企業数が385万社、うち会社企業が168万社なので、こちらでの個人事業数は差し引き217万社であり、また「平成29年 経済センサス」では381万社、うち会社企業数が172万社で、個人事業数は209万社になる。「就業構造基本調査」での自営業主数とはいずれもかなりの開きがある。また、会社役員数から見るに、大企業を含めても「社長」の数は169万人程度と想定されるが、「就業構造基本調査」での地位は「役員」であるから、当然同一企業に一定数の役員がいる可能性は大である。また、「役員」には近年増えている諸団体、公益法人などの役員も含まれ、NPO法人なども入っていると思われるので、このことは留意すべきだろう。この人たちは、新たな「社会企業家」の分類も構成すると思われる。

こうしたずれなども念頭に置いて、「平成29年版 就業構造基本調査」での自営業主及び役員の特徴をそれぞれ見ていくと、まず業種としては建設業が各79.0万人、64.8万人、卸・小売業が各61.6万人、69.1万人で、製造業は各37.5万人、49.7万人にとどまる。飲食・宿泊業[12]では各36.4万人、12.1万人

である。その他のうちで、生活関連サービス・娯楽業で各46.3万人、9.6万人、他に分類されないサービス業及び複合サービス業、不動産賃貸業を合わせて、各63.1万人、50.9万人である。これに対し、学術研究・技術専門サービス業が各48.8万人、20.5万人、教育・学習支援業が各23.7万人、3.7万人、医療福祉業が各25.2万人、16.9万人となっている。この3つのサービス業種は今日性と専門性が比較的高い業種と仮定すれば、合わせて自営業主97.7万人、役員は41.1万人である。つまり、大雑把には代表的な従来型業種である建設業と製造業に自営業主は116.5万人、役員は114.5万人が従事し、卸小売及び飲食・宿泊業には各98.0万人、81.2万人が従事している。在来型の生活関連サービス業や不動産業等には各109.4万人、60.5万人が従事している。つまり、自営業主だけで見ても、建設業製造業、卸小売飲食宿泊業、生活関連サービス業等、専門サービス業等の4つの業種クラスターが、おおむね100万人から200万人の数的規模で存在しているのである[13)]（図2）。

図2　業種群として見た自営業主・会社役員構成

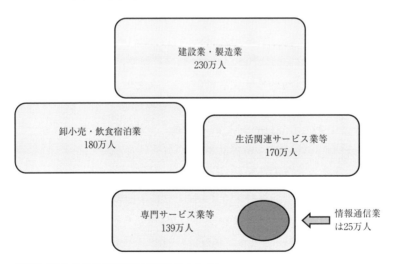

（出所）「平成29年 就業構造基本調査」にもとづく

ソフト開発、情報処理、インターネット関連サービスなどは、現行の「日本標準産業分類」では「情報通信業」に区分されている。ここでの自営業主数及び役員数は各12.4万人、12.9万人であり、5年間では＋5.1万人（70％増）、＋2万人の増加であるものの、極めて大きなクラスターを形成しているとは言えない。「経済センサス」でも企業数は4.5万社程度である。従来の統計との接続性（特に、情報サービスや映像、放送などを「サービス業」から「情報通信業」に組み替えた2002年の改訂）、あるいはまたコールセンター業のように新たに「他に分類されないサービス業」に入ったものの存在などを考えなければならないが、ともかくICTの時代に合わせて企業と事業者が激増しているともまだ言えないのである。

　業種に続き、「従業上の地位・職業」からも見てみよう。「平成29年調査」で自営業主561.7万人のうち、「専門的・技術的職業従事者」は110.4万人と最も多い。ついで「サービス職業従事者」が77.3万人、「生産工程従事者」が74.1万人（この順位は平成24年に比べて逆転している）、「販売従事者」が60.8万人、「建設・採掘従事者」が68.5万人で、これら4職種で全体の50％を占める。これに対し、「管理的職業従事者」は6.4万人にとどまる。一方で「会社などの役員」336.9万人のうち、「管理的職業従事者」は116.0万人と多いが、「専門的・技術的職業従事者」39.3万人を加えても半分以下である。他方、「生産工程従事者」「サービス職業従事者」「販売従事者」「建設・採掘従事者」を合わせると116.1万人で、「役員」全体の34.5％を占める。ここで自営業主より多いのが「事務従事者」50.5万人である。
　「平成24年調査」に比べると、自営業主のうち「専門的・技術的職業従事者」数は10.2％増加で、対照的に「生産工程従事者」は13.6％減、「販売従事者」は15.6％減、「建設・採掘従事者」は1.0％増である。「管理的職業従事者」は1.5％の微減である。ここでは絶対数減の中で「専門職」の割合が増しているといえる。「会社などの役員」のうちでは、「管理的職業従事者」は2.5％増加、「生産工程」などの4職種計では8.9％の減、「事務従事者」は2.1％の

減であった。より「経営者」的性格に向かっていると想定できる。

　「就業構造基本調査」での「従業上の地位」は、「日本標準職業分類」にもとづき、各人の地位名称と従業状況にもとづいて区分される。特に「職業」は、「実際に従事していた仕事の種類」によるとされる。それゆえ、「自営業主」は個人経営の商店主、工場主、農業主、開業医、弁護士などを指すとされ、「会社役員」には社長、取締役などが該当するとされ、形式的要件で決まっていると思われるが、「職業」のほうは、実際にどんな仕事を主にしているのかから定められていると言える。だから、「名目」社長や重役でも、「管理的職業」、すなわち「事業経営方針の決定・経営方針に基づく執行計画の樹立・作業の監督・統制など」内部組織の経営・管理に従事しているとは限らず、自営業主のうちではこのように経営・管理に専念している人は1％余なのである[14)][15)]。

　「専門的・技術的職業従事者」は、「科学的知識を応用した技術的な仕事に従事する」、「医療・教育・法律・宗教・芸術その他の専門的性質の仕事に従事する」ものとされる。したがって、自営業主のうちでも開業医、弁護士、会計士、建築士・設計士、著述家、芸術家、プロスポーツ選手などはここに入り、その数が自営業の2割近く、100万人余に及ぶことは見逃せない。「会社役員」では、この割合は1割余にとどまる。これらに対し、「生産工程従事者」「サービス職業従事者」「販売従事者」「輸送・機械運転従事者」「建設・採掘従事者」という、直接に生産や建設、販売、修理、サービス、運転などの作業に従事する人々が「自営業主」でも半分以上を占め、「会社役員」でも3分の1以上になるのである。例えば、「飲食店店主」や「店長」でも、自ら調理を行う際には「サービス職業従事者」に区分される[16)]。

　言い換えれば、中小企業（従事）者たる「自営業主（者）」や「会社役員」（もちろんその中のかなりの人数は大企業の社長や役員であろうが、規模は中小だが大企業の子会社であるものなど含めて、実質的な「大企業」が4〜

5万社あったとしても、それらの「役員」の総数は50万人程度だろう[17])のうちでは、「経営・管理者」として仕事をしている人々はおよそ6〜70万人くらいとなるだろう。ただし、前記のようにこの枠組みのなかで社会企業家の性格を持つ人々が増加していると考えられる。その人たちは直接に作業に従事したり専門職である可能性もあるが、企業家としての特徴や能力形成、志向性などからは新たなジャンルを構成していると見るべきかも知れない。ともあれ、「経営・管理者」として仕事をしている人々をひとつの職業クラスターとすれば、それをしのぐ規模なのが、生産や販売、建設やサービスなどの仕事を直接に担っている人々のクラスターで、およそ300万人存在している。さらに、非営利を含め専門職で自ら業を営んでいる人々のクラスターも、100万人以上の規模である。

この後者の二存在は相当の相違もあるが、分類では「サービス職業従事者」として第二の「職業クラスター」に属するはずの理美容師などは、資格を有する「士業」の側面もないわけではない。この職業で自営業主ないし役員となっている人々は、業界組織の構成員数から見れば15万人程度は存在していると推定できる[18])。

(4)「就業構造基本調査」から分かること──近年の起業の動向

「平成24年 就業構造基本調査」はいくつかの独自の設問設定をしている。そのひとつが「起業者数」である。この調査結果の「留意点」では、「『会社などの役員』及び『自営業主』について、今の仕事(事業)が自ら起こしたものであるかどうかを調査し、自ら起業した場合に『起業者』としています」としており、要は創業者かどうかを見る項目になっている。自営業主総数591万人中で、「起業者」は368万人、会社などの役員347万人中で146万人がこれに該当する。役員には従業員中から役員に昇格したものも相当数いるだろうから、「起業者」が全体の半分以下であるのも頷けるが、農林漁業等を含めた自営業主では、全体の3分の2近くは「起業者」、つまり自ら事業を起こした起業家なのである。ただし、平成14年の前回調査に比べれば「起

業者」の総数は77万人減っている[19]。他方、自営業主や役員から「起業者」を引いた残りのすべてが後継者であるとは限らないだろうが、これに近いものと見ることができる。

「起業者」の占める割合は年齢に比例している。60歳以上の年齢では258.2万人、つまり「起業者」全体の50.2％を占め、逆に39歳以下では11.3％にしかならない。しかも同年齢層の有業者全体のうちで、60歳以上層では20.4％が「起業者」であり、39歳以下のうちでは2.4％にしかならない。もちろんそこには、かつて起業した人々が高年齢化している面と、高年齢になって、雇用労働から引退し、起業した人々の両方が存在していると言える（「就業構造基本調査」ではいつ起業したのかは聞いていない）。

この調査では最近 5 年間での起業の有無も聞いている。「転職起業者」の総数は48.3万人、産業では「学術研究、専門・技術サービス業」が8.4万人と最も多く、次いで「卸小売業」6.8万人、「建設業」5.3万人となっている。これらは同一業種での転職起業の割合も高い。また、転職起業者の比率が相対的に高いのも、「学術研究、専門・技術サービス業」である。

職種に関する起業動向のデータは示されていないが、こうした業種での特徴から見れば、弁護士会計士などの専門職関連からの起業が引き続いてかなりの割合を占め、さらには経験を経た技術者や管理職などから起業する人々も相当数いると想定することもできる。ただし、「就業構造基本調査」も依拠する「日本標準産業分類」での「学術研究、専門・技術サービス業」とは、学術・開発研究機関、法律事務所会計事務所、コンサルタントなどの専門サービス業、広告業、獣医や建築設計、機械設計、計量などの技術サービス業を示すもので、相当に幅が広く、また「新しい存在」とも言えない。見方を変えれば、このような独立自営の事務所等を開業するという道筋が従来から明確に存在している業種での起業が、数は増えなくともむしろ相対的に重みを増しているとも理解できる[20)][21)]。商業や建設業での起業がこれに次いでいる[22)]。

(5) 今日の「企業家」「起業家」の実像

　以上の事実から見れば、日本の「企業家」は図３のように、１）大企業の社長を含めた「社長業」（経営と管理に従事している人々）が６〜70万人、２）生産・販売・サービス等の「仕事」を主にしている「職人・あきんど・技能者」ら約300万人、３）専門職・士業等の約100万人、という３つの大くくりから構成され、２）には業種上、製造・建設・卸小売・飲食店・宿泊・生活関連サービスなどが主に含まれている。３）にはさまざまな専門サービス・教育・医療・福祉などの事業が含まれ、この層が近年相対的には増加しており[23]、それは開業動向の調査に現れている開業者の高齢化とも関連があり得る。しかしまた、建設業や商業・飲食店業・生活関連サービス業（先に見たように、それを代表するのは理容美容業である）などでの開業傾向は引き続き存在している。これが実態なのである。もちろんそのほかにも、特定職種業種のニューサービス業やICT系などでの開業の動きも若い世代などで活発であるとは想像されるものの、非常に多いとも言えない[24)25)]。

　他方で、開業率が低迷し、廃業率が高いままであることは事実である。中小企業庁（2014b：p.128）は、小規模事業の減少率が近年相対的に高いことを指摘する。しかしなお、自営業小規模企業層を含め、相当数の企業は後継

図３　「職業」「従業上の地位」から区分される「企業家」たち

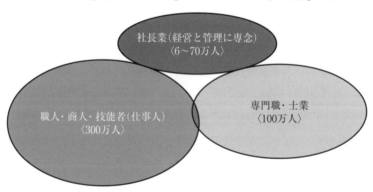

（出所）「就業構造基本調査」にもとづく

者へのバトンタッチを果たし、存続を維持していることも、こうした実態から想像可能である。そうでなければ、2）や1）の数は激減してしまうことになるだろう。実際に個人事業は209万件存在し、小規模企業全体として325万社（者）になる。「就業構造基本調査」での非農林漁業自営業主が約460万人であることもすでに指摘した。

　先に挙げたように、世間で常識化している、志高く、成長分野を捉え、ビジネスに秀でた「ベンチャー起業家」のイメージは、統計から見える実態とはかけ離れている。本書第4章で指摘されるように、欧米諸国などでは広く進められてきた、雇用就業機会確保としての創業支援策にはほとんど関心が払われなかった日本の政策動向や社会的機運とは裏腹に、「仕事する」「稼ぐ」ための起業者と自営業・中小企業者こそが「多数派」なのである。

4．求められる社会的・政策的課題とは

　「新しい事業を起こす企業家（者）を生み、育てる」ための社会的な機運の醸成と支援的な政策の展開と並び、「いまある企業の経営を継承し、存続と発展を担っていく次世代企業家の醸成」も極めて今日的な課題であることは、誰の目にも明らかである。もちろんこの2つは同一の性格を持つものではない。特に、経済的制度的な環境づくりと具体的な支援策の展開という点では、前者は明らかにより積極的で介入主義的なスタンスを持つことが避けられない。「ゼロから業を起こす」ことは一般に容易ではないからこそ、「背中を押し、道を開いてやる」政策も十分に正当化されるものである。そしてそれは、日本だけの課題ではない[26]。

　しかしまた、既存企業の存続を図るのも決して容易なことではない。次章で詳しく見るように、『中小企業白書』などでは現在ある中小企業の相当部分が今後廃業する可能性が示唆され、その重要な理由は「後継者がいない」ことで[27]、この傾向は小規模になるほど顕著である。多くの企業が放って

おいても続く状況にあるとは言えず、廃業がますます進むということは決して望ましくはない[28]。もちろんこうした「後継者難」は、経営状態との関連が強いことも否定できないだろう。経営状態が良好で、将来の展望があれば、黙っていても後を継ごうという人間は出てくるだろうし、その逆であれば、「こんな状況の事業を息子に継がせたらかわいそう」「苦労は自分の代で終わりにしたい」といった意見もよく聞かれるところである。だから、後継者がいないから廃業するというような短絡的な見方は必ずしも当を得ていない。

　ただ、悩ましいのは税制面などで事業の承継存続の環境を整えても、肝心の「主役」を欠いてはどうにもならないものである。その点で、昨今はよくある「子が継ぐ」かたちにこだわらず、他者への譲渡を含む「第三者の継承」の推進にも関心が向かっている。政策面でも上記のように、MBOや第三者への譲渡継承を含む継承支援の動きが目立つ。事業の存在価値と将来性を認め、新たな担い手になろうという人が現れるのであれば、それも望ましい方向性だろう。けれども、「所有」の継承問題と「事業」の後継とは本来意味が異なるし、非親族であっても事業の担い手となる後継者には、それにふさわしい能力と経験、意欲、ひいては責任感が欠かせないものである。ために、多くの非親族承継者は社内から出てくる傾向にあるし、それはそれなりの正当性合理性を持つと言えよう（政策公庫総研 2018）。しかも、子や親族などが後継者となるかたちは依然マジョリティでもある。「世襲化、古い家業意識だ」とする批判はあろうが[29]、「家業」であればこそ、困難を押してあえて継ぐ心理もあり、またその必然性も正統性も妥当なものとステークホルダーから受け止められる側面もある。

　子や親族が後継者になるということにはもうひとつの問題もある。そういった立場の人たちが「企業家」としてふさわしい能力や適性を備えているか、という問題である。人間個々人はそれぞれ独立した人格存在なのだし、

江戸時代のような職業の世襲制は本来なく、個人の「選択の自由」が保証されている社会なのだから、当人がそもそもなりたくない、向いていない、無理だというのを誰も強制はできない。また逆に、客観的に見てどうにも無理な立場・責任を、当人が主観的判断で引き受けてしまうようなことも当然起こりうるわけで、その場合の悲劇性はいっそう大きいことになる。企業家の遺伝子も家系も本来はない。職業選択の自由と各人の個性や志向性に合わせた生き方の幅は先進社会では大きいのであるし、それと「企業家の道」が常に一致しているというわけではない。次章で見るように、企業家のありようや働き方はさまざまであるにしても、「雇われて働く」こととの一般的な差異は否定できない。

　それだから、後継者の企業者としての主体性、意思、能力と人格、経営の手腕といったものは、現実の企業経営にとって極めて重要な課題である。中小企業にはそれは存立と命運を左右するほどの問題であるとせねばならないだろう。しかもここでの仮定的な設定のひとつは、優れた創業企業家と「伴走」[30]し、幼時から経験を積み、身近な存在としての創業者らとともに歩んできた、したがって起業文化（enterprise culture）の環境[31]のもとで育ってきた子や親族には、それだけの意思と能力が身についているとする「環境決定論」的、ないしは「ロールモデル重視」的な見方である。「仕事」能力の継承などに限れば、むしろこれは普遍的な意義を持つだろう[32]。

　いまひとつは、それゆえにこそ、中小企業者の生き方暮らし方に不満を持ち、ああいう人生は送りたくない、苦労を重ねたくはないと反発する傾向もある、逆にある程度経済的に恵まれた環境のもとで育ち（それはしばしば、親が十分面倒を見てやる時間がないので、代替的な「愛情」表現という形をとる）、将来の地位も約束され、むしろ挑戦心や自立心を持たず、「甘やかされてしまう」「お坊ちゃん化する」というようなネガティブな側面を認めざるを得ない、パラドキシカルな見方である。ことを単純化すれば、次章で見るように「独立」の志をマインドの中心に置く企業家性と、「親のあとを継ぐ」「親の願いに従う」という行動とには基本的な矛盾がないのか、と問わ

れることにもなる。いずれの仮定が正しいものか、それは現実のなかで検証するしかないし、答えは一様ではないかも知れない。

　どのような見方をとるにしても、企業家（者）主体として事業の継承発展を担っていける後継者をどのように見出し、その責任と権限を実質化し、そしてどのようにその人格的能力的な成長を期するかという課題は極めて今日的なものと言えよう。それはある意味で、人間の成長論であるとともに、教育や社会環境をめぐる議論になる。それらを「そもそも」論的に問い、中小・小規模企業の「継承」の実態などと合わせて考察してみようというのが、本書のひとつの問題意識である[33]。

　本書では以下の各章で、こうした主体形成の条件と課題、そのための教育・学習の仕組み、企業者や後継者の学ぶ機会と社会環境、これに対する政策的支援の課題と「働く場」づくり、承継者の主体性を確立する制度的環境の位置づけ、中小企業支援政策とそのあり方、拠り所などについて、さまざまな角度と論理、実態から多面的に検討をする。

　本章は次章とともに、一般財団法人商工総合研究所の平成26年度委託研究・日本学術振興会産業構造・中小企業第118委員会実施『中小企業の新陳代謝』に係る、研究結果の一部にもとづくもので、初出は、三井「企業家・後継者の能力形成と事業承継」（『商工金融』第65巻8号、2015年）である。

（注）
1）三井は中小企業家同友会と協力し、2010年「中小企業憲章」閣議決定にかかわってきたが、そのよりどころは「比較中小企業政策」研究であったためか、あまりあてにもされていない。これに対し、教育学者太田堯氏（元日本教育学会会長）の同会に及ぼした影響は多大なものがあると感じられる。政策論だけでも中小企業家にはあまり役には立たないということだろう。
2）2014年の「小規模企業振興基本法」の制定により、そうした実態にようやく

目を向け、また世界の流れに合流したと言うことができるが、従来から「中小企業基本法」では「従業員20人以下（商業等では5人以下）」を「小規模企業」と規定してきたため、こんどはこれに加え、「概ね従業員数5人以下」を「小企業」と規定した。「小規模の中に小がある」という、言語的には奇妙な状況になっている。そしてこの「小企業」は英語定訳では「micro enterprise」とされているのである。三井（2014）、中小企業庁（2014b）。

3）もちろん、「エビデンス重視」の議論にもそうした傾向がある。皮肉なことだが、数字と数式は、音楽の楽譜同様に「国際共通語」でもあるので、翻訳の要なく普及流通し、ためにそれらが「世界で主流」「学問の中心」などという印象を与えがちなのである。

4）「制度的企業家」論として、主には制度、ルール、主体、コントロール、変化などのキー概念による、経営学・組織論の議論の「論点整理」と、視点の提起を試みているのが桑田他（2015）である。「実証主義」批判として有益であり、ひとつの重要な論点を提示するものであるが、基本的に「制度的環境」を主題とするもので、企業者主体との関係には言及が少なく、本書とはかなり視角を異にする。

5）寺岡寛『中小企業の社会学』信山社、2002年、同『中小企業の経営社会学』信山社、2018年。

6）中小企業者の学習と成長に関しては、本書　第2章、第3章を参照。

7）今日の「経営学」にあっては、組織と管理・戦略の定式化にとどまらず、人間行動を意識し、行動科学、心理学等とのかかわりの深めていることは当然確認できる。

8）「新陳代謝」を求める立場から、「日本は米国等に比べ、企業が多すぎるのだ」とする珍説もあるが、統計の読み方を知らない初歩的な勘違いであろう。「経済気象台　好循環を起こすM&Aを」（『朝日新聞』2018年3月2日号）。

9）第二次安倍政権の「成長戦略」の「日本産業再興プラン」（2013）では、「開廃業率を欧米並みに」とし、10%以上の開業率というKIPを掲げた。そこには「新陳代謝論」「ゾンビ企業論」が見え隠れするが、「既存企業が新規開業を妨げている」とする根拠はいまだ示されていない。

10）「新旧交代」論は、清成忠男氏がこれを唱えて以来、その意図を外れて繰り返

し述べられる「素朴な謬論」の典型である（清成 1970a；1970b）。清成氏自身が、「既存の企業が新規開業を妨げている」などと主張したわけではなく、前近代的な中小企業が高度成長とその後の経済発展を通じて淘汰され、成長性ある企業が取って代わってきていると位置づけたのである。つまり重要なことは経済の成長と構造変動なのであった。しかし、いまに至るまで、「さまざまな中小企業支援策などが"ゾンビ企業"を生きながらえさせ、新企業の誕生を妨げている」という類の論を振りかざす人たちが跋扈している。どのような論理を展開するのも自由だし、「生き残るべき企業」か否かを判断して仕分ける方法があるはずと主張するのも勝手ではあるが、最低限、淘汰さるべき企業が現実に「参入と新生を妨げている」とする具体的な証拠を示すべきではあろう。他方で、「古くからある」大企業のみならず、「地域独占」電力企業が自然エネルギーによる発電や電力供給参入、ひいてはエネルギーの地産地消化を「妨げる」一方で、莫大な利潤を生み出しており、にもかかわらず災害や事故への危機対応さえ満足にできないことは、誰でも実証証明可能なのだが。

11) 非農林漁業の家族従業者数は2002年調査で195万人、2007年調査で106万人。2012年調査で78万人、2017年調査で75万人と激減を続けている。そのこと自体が重大な検討課題だが、本章の趣旨からすれば、このなかにはその事業の後継者になり得る子が入っている可能性も大きく、まさに後継難を象徴する性格を持つ傾向かも知れない。

12)「日本標準産業分類」で宿泊業が飲食業と同じ中分類業種に変更されたのは、経済的性格や従来統計との連続性などから見て非常に疑問がある。その理由は「旅館、その他の宿泊所」は飲食の提供に係る収入のウェイトが高くなっていることに求められたが、皮肉にも、観光庁などはインバウンド観光客誘致拡大の決め手として「泊食分離」を打ち出し、こうした統計区分とは逆の方向を進めているのである。

13) 5年前の「平成24年版　就業構造基本調査」では、建設業の自営業主82.3万人、役員66.0万人で、平成29年には自営業主数は3万人減っている。卸小売の自営業主は71.7万人で10万人減、役員は75.2万人で6万人減である。製造業は自営業主44.7万人で7万人減、役員は56.8万人でやはり7万人減である。飲食・宿泊業では各41.0万人、11.9万人であった。生活関連サービス・娯楽業で各45.6万人、9.6万

人であり、また他に分類されないサービス業及び複合サービス業、不動産業賃貸業を合わせて、各59.1万人、49.7万人であった。言い換えると、卸小売業及び飲食・宿泊業に各112.7万人、87.1万人が従事していたので、5年間で自営業主14万人減である。そして従来型の生活関連サービス業や不動産業等には各104.7万人、59.5万人が従事していた。こちらも若干減ではあるが、大きくは変わっていない。

　これに対し、学術研究・技術専門サービス業が各46.2万人、20.6万人、教育・学習支援業が各24.6万人、3.6万人、医療福祉業が各22.5万人、15.1万人となっていた。この3つのサービス業種は今日性と専門性が比較的高い業種であると仮定すれば、それぞれ合わせて93.3万人、39.3万人であり、自営業主3.4万人、役員1.8万人増加している。

14) 当然ながら、経営・管理に専念できることと、企業の人的規模との間には強い関係があるだろう。

15) 『2014年版　中小企業白書』では、「小規模事業者」を「個人事業者」と「法人」にわけ、前者を「家族従業員のみ」と「雇用者あり」に、後者を「経理部門を有しない」「法人Ⅰ」、「経理部門を有している」「法人Ⅱ」、「経理部門と営業部門を有する」「法人Ⅲ」というかたちに、類型の区分を試みている。興味深い指摘であるが、「雇用者の有無」は従来からよく用いられる指標であるものの、「経理」や「営業」部門有無での区分はどこまで有効有意か、今後の実証や議論を要するだろう。中小企業庁（2014b : p.142）。

16) 資格・免許職でもある個人タクシー事業者は全国で3.8万人である。全日本個人タクシー協会の情報による。

17) 「事業所統計」「経済センサス」から見れば、会社法人の中小企業は176.5万社、大企業は1.2万社とされる（もちろん、規模は中小でも大企業の子会社等はさらに相当数あるだろう）。これらの総数からすると、単純計算で1社当たり平均2名の「会社役員」がいることになる。当然大企業のほうが役員数は多いだろうし、そのうちでは「経営・管理」に実際にあたっている役員もかなりいると想像されるので、176万社余の中小企業の社長や役員のうち、「管理的職業」には区分されない人たちの割合は相当に高いと想定できる。

18) 全日本美容業生活衛生同業組合連合会、全国理容生活衛生同業組合連合会は

それぞれ、組合員数公称7万人としている。

19) 平成29年就業構造基本調査の詳細データはまだ公表されていないが、「起業者」の数では477万人、うち自営業起業者343万人、会社役員起業者134万人とされ、前回調査比で10％近く、さらに減少している。

20) 弁護士や税理士などの「士業」で開業してもなかなか食べていけないというような「現実」は別問題としてであるが。

21) 80年代後半から90年代にかけて生じた、英国での自営業者の増加傾向にはさまざまな要因が指摘されているが、かなり有力な説明は「サービス経済化」とのかかわりであり、とりわけ大都市での金融サービスや情報サービス、専門サービス業などでの開業増加の作用である。Stanworth & Gray (1991), Storey (1994), 三井 (2004)。

22) 「就業構造基本調査」の個票データを用いれば、上記の「従業上の地位」や「職業」、「業種」などとの関係から、起業の動向を見ることができるはずである。岡室・池内（2012）は、これを用いて事業継続の要因を検討している。ただし、本章での関心とは異なる研究となっている。

23) 『2015年版　小規模企業白書』ははじめて、小規模ながら専門的な技術、技能、スキルをもとにして個人で活動する事業形態としての「フリーランス」を取り上げた。その位置づけはともあれ、本章での「専門職・士業等」と相当に重なるものと言える。中小企業庁（2015b）。

24) シュムペーターは、起業家のタイプを分け、「工場主・商人」Fabrikherr、「産業キャプテン」Industriekapitan、「役員（専門職）」、「創業者」Gründerと区分した。彼の意図は、主には20世紀初めの「企業家」と「経営者」の乖離、その中での新たな創業者の可能性を強調するところにあったと思われるが、いずれにしても、今日の「企業家像」も単純ではなく、また古典的な「工場主、商人」たちも依然多数存在するのである。Schumpeter (1928) を参照。

25) 『2014年版　中小企業白書』pp.184-185は、同じ「平成24年　就業構造基本調査」の開業動向集計を用いながら、高齢者の専門サービス業開業のトレンドを指摘しても、商業・建設・飲食サービス業・生活関連サービスなどの傾向は故意に軽視している。こうしたミスリーディングな姿勢が、華々しいベンチャー企業家願望を相変わらず再生産していると申したら、言い過ぎであろうか。

26) よく知られるものとして、「経済近代化法」によりフランス政府が2009年に取り入れた「L'auto-entrepreneur 個人事業主制度」がある。それ自体は新たな企業形態・登録制（web上で可）で、18歳以上の個人を対象とし、被雇用者も登録できる（売上が給与を上回らないこと）、失業手当も受け取れる、年間売上額の上限がある（業種により異なる）、地方税（地域拠出金）、VAT付加価値税の免除措置がある、所得税・社会保障費支払いは売上比例率（13～23.5％）で負担、このような特徴を有している。一人で複数の事業は所有できないが、事業体としての多角化は可である。開業数企業数を増やすとともに、「フリーターの個人事業主化」「雇用者の副業開業」を図るもののようにも受け取れる。中小企業庁（2014a：2014b）、Ministère de L'économie et du finances（2012）などによる。

27)『2013年版中小企業白書』での調査では、経営者の年齢が60歳以上の小規模事業では、3割前後が「縮小・廃業」を将来の選択肢としている。中規模企業では，これは1割以下にとどまる。そして、廃業の理由として後継者難に関連する項目が小規模事業者では半分を占めている。中小企業庁（2013；p.126, p.140）。

28) 帝国データバンク（2015）によれば、2014年の1年間の休廃業・解散の件数は2.5万件で、倒産企業を含めて働いていた従業員の数は8万人以上であるとされる。業種では建設業が多い。それらの事業主の年齢は60歳以上で4分の3を占め、年々高齢化してきており、また「後継者不在」企業の割合も同じである。つまり、事業承継が進まないことと、廃業に至ることがほとんど同義に重なっている。しかしまた日本は、「百年企業」といった長い歴史を数える企業が少なくないこともいまひとつの特徴である。久保田（2010）を参照。

29) トマ・ピケティの『21世紀の資本』刊行以来、世襲制批判も勢いを得ている。しかし資産（価値）の継承と、ビジネスの担い手役の継承とは今日基本的に意味を異にしている。

30) 渡辺（1991）。

31) これについては、三井（2001）、中小企業研究センター（1996）を参照。

32) そこでの家族は、あとでも見るように、技能の学習継承を可能にする文字通りの「実践共同体」そのものである。もちろんそれは容易に理想化もできないが。

33) 本章では、世情よく用いられる表現をある程度意識的に利用する。「(新規)開業」は文字通りの、何もないところから新たに事業を起こす、企業を築くという意味であり、英語での start-up に当たる。「創業」はかなり曖昧な用いられ方をしているが、基本的には「(新規)開業」と同様に扱う。しかし「第二創業」の語も広く普及しているので、「(新規)開業」のみならず、事業を立ち上げる、既存企業をベースに新事業を始めるといった意味も含めている。ただし、初代の開業者は一般的な呼称に準じ「創業者」とも呼ぶ。「企業家」は広義に事業を営む主体の人々で、創業者に限らず、後継者らも含めた概念、entrepreneur である「中小企業者」にも通底する。「起業」「起業家」は何もないところから新たに事業を起こす人々に限定した表現であり、また近年の造語でもある。それゆえ、ここで主には「企業家」と記し、特定の問題関心、施策や対象などに関連しては、「起業」「起業家(者)」の呼称を用いる。「経営者」や「会社役員」などの語は、制度面や職業面からの表現になる。

(参照文献)

中小企業庁(2013)『2013年版 中小企業白書』佐伯印刷

中小企業庁(2014a)『各国の中小企業・小規模事業者政策を巡る現状(中政審小委員会配布資料)』

中小企業庁編(2014b)『2014年版 中小企業白書』日経印刷

中小企業庁編(2015a)『2015年版 中小企業白書』

中小企業庁編(2015b)『2015年版 小規模企業白書』

中小企業庁(2018)『2018年版 中小企業白書』

中小企業研究センター(1996)『「創業」と「エンタープライズ・カルチャー」の研究』

中小企業研究センター(2002)『中小企業における世代交代と次世代経営者の育成』

清成忠男(1970a)「零細企業激増は逆行現象か」(『経済評論』第19巻3号)

清成(1970b)『日本中小企業の構造変動』新評論

近藤等則(2018)『政府の銀行貸出への関与は中小企業を強くしたか』晃洋書房

久保田章市(2010)『百年企業、生き残るヒント』角川書店

桑田耕太郎・松嶋登・高橋勅徳編(2015)『制度的企業家』ナカニシヤ

Ministère de L'économie et du finances（2012），*Le guide de l'auto-entrepreneur.*
三井逸友（1991）『現代経済と中小企業』青木書店
三井逸友編著（2001）『現代中小企業の創業と革新』同友館
三井（2010）「「社会的分業」と中小企業の存立をめぐる研究序説」（植田浩史ほか編『日本中小企業研究の到達点』同友館、所収）
三井（2011）『中小企業政策と「中小企業憲章」——日欧比較の21世紀』花伝社
三井編（2012）『21世紀中小企業の発展過程』同友館
三井（2013）「理論的研究」（財団法人中小企業総合研究機構編『日本の中小企業研究 2000-2009　第1巻　成果と課題』同友館）
三井（2015）「企業家・後継者の能力形成と事業承継」（『商工金融』第65巻8号）
三井（2016）「中小企業研究の課題と方法——公益社団法人中小企業研究センターの50年の歴史に寄せて」（『中小企業研究センター年報』2016年号）
日本政策金融公庫総合研究所（2018）『親族外承継に取り組む中小企業の現状と課題』
岡室博之（2014）「開業率の低下と政策措置の有効性」（『日本労働研究雑誌』第649号）
岡室博之・池内健太（2012）「新規開業者の事業継続意欲：『就業構造基本調査』匿名ミクロデータによる実証分析」（『一橋大学グローバルCOEディスカッションペーパー 261号』）
Schumpeter, J.（1928），*Unternehmer.*（清成忠男編・訳『企業家とは何か』東洋経済新報社、1998）
芝田進午（1961）『人間性と人格の理論』青木書店
総務省統計局（2013）『平成24年　就業構造基本調査　報告書』
総務省統計局（2018）『平成29年　就業構造基本調査　結果の概要』
Stanworth, J. & Gray, C.（eds.）（1991），*Bolton 20 Years On*, SBRT.（三井監訳『ボルトン委員会報告から20年』中小企業総合研究機構、2000）
Storey, D. J.（1994），*Understanding the Small Business Sector*, Thompson Business Press.（忽那ほか訳『アントレプレナーシップ入門』有斐閣、2004）
帝国データバンク（2015）『第6回：全国「休廃業・解散」動向調査（2014年）』
寺岡寛（2002）『中小企業の社会学』信山社

寺岡（2003）『スモールビジネスの経営学』信山社
寺岡（2018）『中小企業の経営社会学』信山社
山中篤太郎（1948）『中小工業の本質と展開』有斐閣
渡辺和幸（1991）『小さな会社　後継者の育て方』日刊工業新聞社

第 2 章

中小企業の創業と継承・主体形成

三井 逸友

はじめに

　「中小企業」を論じる大前提としての「中小企業者(家)」とは何なのか、誰なのか、そしてそれをどのような枠組みと方法から論じるべきなのかという前章の提起を踏まえ、本章では起業者、後継者に焦点を当て、企業を起こし、存続発展させるために求められる企業家の一般的な能力とその形成発揮の条件・課題を検討し、今日明白な「中小企業衰退」の現象に直面している我が国経済社会の今後の可能性を考えるうえでの一助とするものである。主な論点は、中小企業と企業家の実態に関する包括的な検討、そこから導き出される、企業家の能力の再検討、能力形成の条件と後継者の課題、企業家を育てる「教育」の現状と問題点、望まれる政策的枠組みの方向性の提示である。そのなかで、特に小規模企業・家族経営の後継者にも注目している。そして主要な強調点は、企業家能力形成における「主体」と「実践」、それを通じた「学習」の発展、企業経営の存続のみならず発展と革新を担いうる力の構築にある[1]。

1．企業を「減らさない」ためには——問題の所在

　前章で見たように、開業率の低迷、廃業率との逆転が問題とされ、「起業家を育てる」「活発な新規開業を促す」ことが大きな課題と見なされ、さまざまな支援政策が展開されて久しい。そして、第二次安倍自公連立内閣の掲げた「成長戦略」にもこのことが強く意識され、創業支援の重要性が改めて強調された。金融緩和と「円安」誘導、大規模な公共投資と並ぶ「第三の矢」、日本再興戦略と「再興プラン」は停滞の20年を超え、中長期的に経済の安定と成長、雇用拡大を実現するものと位置づけられた。そのうちでは、中小企業の新陳代謝の促進、廃業率を上回る10％台開業率の実現に目標が置かれた。もちろん、周知のように創業支援はこの20年にわたる主要な政策課題であり、しかし現実には状況は容易に変わらないということでもある。GEM調査などから示される、先進国発展途上国などいずこと比べても明らかに低い開業率、それに伴う中小企業の絶対数の顕著な減少という現実を放置しておいてよいわけでもない。

　しかしまた、『中小企業白書』などのデータからは、現在ある中小企業の相当部分が今後廃業する可能性が示唆され、その重要な理由は「後継者がいない」ことである[2]。特にこの傾向は小規模になるほど顕著である。放っておいても続く状況にあるとは言えず、廃業がますます進むということは決して望ましくはない[3]。「後継者難」は、前章でも見たように、経営状態との関連が強いことも否定できない。経営状態が良好で、将来の展望があれば、黙っていても後を継ぐ条件は整うものだろう。
　それでもなお、後継者問題に政策が関与しうる条件は決してないわけではない。ひとつは、前記の個人保証問題、さらには相続税問題をはじめとして、金融面や税制面などから、事業の承継と企業存続をより容易にする環境を築くことがあり、この面ではやはりこの20年来、さまざまな方策が出され

てきた[4]。民法特例により株式の生前贈与等の対応を促進する中小企業経営承継円滑化法（2008年）はそのひとつであり、2011年の産業再生法の改正の際にも、地域中小企業の事業引き継ぎ円滑化を課題とし、金融面の支援と並んで、事業引継ぎの際の許認可承継の手続きを簡素化することがうたわれている。近年の政策においても、事業承継税制の拡充（2015年1月から）をはじめ、8.6億円の事業引き継ぎ支援事業や中小機構の「事業承継円滑化支援事業」などの支援体制の強化、財政投融資資金による株式取得や資金調達難打開のための「事業承継融資」等が新設ないし継続拡充されている。その後、安倍政権下での積極財政と補助金拡充のもとで、経営革新を推進する事業承継補助金が、創業補助金から派生するかたちで平成29年度補正予算により設けられるに至った。また中小企業庁は「事業承継五カ年計画」を策定し、いわば本腰を入れ、中小企業の円滑な事業承継と存続を図るものとした。経営者の「気付き」の提供、経営者が継ぎたくなるような環境の整備、後継者マッチング支援の強化、事業からの退出や事業統合等をしやすい環境の整備、経営人材の活用という5つの課題が掲げられている。さらに平成30年度においては、新たな「事業承継税制」も導入され、「特例事業承継計画」のもとで、贈与税・相続税の納税猶予に10年間限定の特例措置が設けられた。こうした制度面政策面での事業承継推進支援は、事業譲渡・M＆Aといった形態を含め、ますます強化拡大される傾向にある。

　しかし、このような政策的制度的環境の下で、肝心の主役たる後継者＝次世代の企業家は、いかなる力を備え、発揮していくべきなのか、以下詳しく検討してみよう。

2．企業家の持つべき能力とは何か

（1）企業家精神論の陥穽
　多くの議論はまず、企業家たる者は事業機会を発見し、事業を立ち上げ、

成功させようとする才覚と強い意志、精神力、自立心、野心などを語る。それはもちろん間違いではないが、こうした議論は得てして、一番大事なものを見失いがちである。その「精神」論自体の脱構築も本書の課題であるものの、前章で指摘したように、まずもって「企業家」は創業「起業家」であっても、否、そうであればこそなおさら、何より「仕事ができる」人であることを強調せねばならない。「私は社長を目指します」「私の仕事は社長業です」という想定自体、先の統計的実態からも分かるように概して無理なのである。「お金を稼げる」「お金になる」仕事を持たねばならない。専門職の業種・職業ではそれは当然のことだが、生産・建設・販売・サービスなどの分野でも、「仕事ができる」、言い換えれば「手に職がついている」から独立開業もできるのが、昔も今もそれほど変わらない実態とすべきなのである。

　こうしたところを、「企業家」の持てる、持つべき能力として、筆者らは従来から「（テクニカル）スキル」と位置づけてきた。もちろん、古典的職人的に、「仕事は一流」、しかしカネ勘定や事業の将来など考えるのは好きではない、といった「カルチャー」では、今日の時代には自営業としても存続が容易ではないのであり、最低限の「マネジメントスキル」を知ること、身につけることはますます必要になっているとも言えるだろう。特に、「人を雇う、使う」うえでは、そのルールや考え方を知らずにではトラブるどころか法律問題にもなりかねないのである。このような「スキル」に関して、検討してみよう。

(2)「仕事」の力、テクニカルスキル

　先に見たように、新しいビジネスのアイディア、シーズをつかみ、果敢にこれを事業として立ち上げ、展開し、企業家としてその地位を確立する、その意味で「仕事」はまさしくマネジメントそのものといった人々は新規開業する人々の多数派ではない。そして後継者でも必ずしもそうではない。新たな事業といっても、まず必要なのは、「仕事をして、お金を稼ぎ出す」力、その能力である。ものづくりや建設等での「職人」たち、売買の商いやサー

ビスで収益を得られる「商人」「技能者」たち、稼げる資格を得て、自分で仕事をとろうという「士業」の専門家たち、こうした人々こそが多数を占めるのである。あえて極言をすれば、企業家マインドやビジネスのアイディア、起業のための行動などが必要条件なのではなく、仕事が「できる」こと、「仕事力」とも言うべきものがあって、初めて起業することも可能になるのである。

　それゆえ、「仕事」の能力、そのための技能、知識、取引経験、これらを示す「資格」等といったものがまず必要かつ重要なのであり、総じて「テクニカルスキル」とも呼ぶことができるだろう。もちろんこれらにもさまざまなかたちと獲得取得のありようがあり、一様なものではない[5]。徒弟的な修業と学習を時間をかけて積み重ねるものもあれば、専門知識の「勉強」と応用問題の修練、そのうえでの「資格」として試験などを経て取得できるものもある。もっともいわゆる「士業」でも、試験にパスしたから明日から仕事をして稼げるということはほとんどなく、実習期間、「雇われ」勤務での経験蓄積期間等を経て、「独立開業できる」ことが一般的なのである。ただ、こうした過渡期の修業や経験蓄積の時期にも、かたちのうえでは「自営業者」になっていることも少なくはない。それらも実際には、「親方」や「振り役」のもとで従属的に仕事をし、賃金程度の収入を得ることが常なので、真の「独立開業」はそのあととも考えられよう。

　芸術・芸能系等の場合にも似たようなかたちがあり、仕事の能力獲得蓄積と、「修業」の時代があるもので、「自分で仕事をとり、稼ぐ」ようになるのはそう簡単なことではない。しかも芸能系ではマネジメントが「事務所」「プロダクション」などといった元締めに握られ、売上はそちらに入り、「給料」をもらうなどという、「事実上の賃労働者」のような契約状況も恒常化しているようで、「企業家」と呼べるかどうか、悩ましいところである[6]。FC契約下でコンビニエンスストアなど経営する「オーナー」にも近い面だろう。

すでに企業としての存在を確保した、一定規模の事業体の後継者の場合、主に「経営と管理」の専門職業として、経営の責任と実行を継承していくこともあり得る。けれども日本での多くの例では、あとでも見るように「仕事」のできることが前提となることも珍しくはない。「職人」や「商人」の「家業」継承だけではなく、かなりの規模の企業での、そうした経営の責を担う立場の人たちでさえ、「仕事力」重視の実情が観察できる。それはひとつには、後継者の「正当（統）性」の確保、社内の信頼構築の必要からである。「仕事の分からない経営者では」という社内経営幹部や従業員の不信を招くことなく、「仕事が分かっているトップだからこそ、こうした判断と実行ができる」という確信とリーダーシップの発揮が可能になるのである[7]。職業としての「仕事」で直接稼ぐのではなくても、求められる要件である。それゆえ、事例でも見るように後継者の場合、事業に「入社」してからも、生産、営業、開発など多くの「現場」を経て、「仕事力」を実践のなかで培うことが通常である。

(3) マネジメントスキル

　企業家に必要なものは、企業を経営するに必要な諸般の知識とその応用であることは間違いない。「仕事一本槍」の職人や士業などであっても、まず記帳計算を励行し、その現在の成果状態などを把握し、諸費用や収入状況などの関係を計算把握すること、事業の状態を客観的に見、正すべき点改善すべき点などを認識し、必要な策を講じること、そして先を見通した事業の展望を考え、その実現のための方法を実践する等は、重要なことである。そうした経営の視点と現状把握、将来への展望などは、少なくとも事業の相手先取引先などに対する説明責任の範囲にあるものであり、とりわけ金融機関を相手にするには欠かせないものである。「ともかくお金を貸してほしい」では、誰も融資に踏み切ってはくれないだろう。もちろんまた、事業の収益に対しては個人事業だろうが法人企業だろうが、税務上の計算と申告、納税が義務であり、「ネットビジネス」でこっそり収益を上げ、納税をせずにいて

脱税摘発されるなどは許されるべきことではない。

　こうしたファイナンシャルな計算や分析把握は好きではないという、「仕事一本」の人々が相当数いるのもよく見聞されるところであり、そのためお金の計算や税務の計算・書類作成は税理士任せ、自分ではほとんど把握していないなどという「実相」も珍しくはない。逆に、自営業主や社長がみな、お金の計算に強くなくてはいけないわけではないが、規模の大小や事業の中身の違いはあれ、企業は前記のように計算合理性・ファイナンシャルな存在実体なのであって、その理解と分析はステークホルダーたる他者だけではなく、企業家の自身への自己認識ととるべき方向と方法を考えるうえでの、不可欠の手がかりでもある。ここに、マネジメントスキルの最低限の要素がある。

　それは広義には、企業の財務管理と「管理会計」の方法・発想にもつながっていると言える。ファイナンシャルな表現はあくまで経営実践の結果であって、経営のすべてを語るものではないが、そこにはさまざまな実態や問題性、優位点と制約点などが集中的に表現されているのであり、企業家は財務指標と経営分析の基本的知識を持ったほうが明らかに得をする。またそのなかで、収益と費用の実態、事業の持つ有形無形の「資産」とその実際の価値、逆に借入金などの負担や返済見通し、さらには「棚卸資産」などの不良在庫化する可能性のある部分など、きちんと見直すことも特に事業後継者らには重要だろう。

　いまひとつは、従業員・スタッフたる人を動かし、「組織」を形成管理するための知識と方法である。正真正銘自分一人、誰も使っていないという「ワンマン経営」であればいざ知らず、一人でも従業員を使うことになれば、法令にもとづいた使用者責任と諸般の義務が当然生じる[8]。「今月は売上が不振だったので、給料は半分」などということは許されるはずもないし、労働保険社会保険にかかるさまざまな使用者負担、届け出や履行の義務が存在するのである。そして何より、「人を使う」ことの困難は多くの企業家が痛

感するところである。企業家は得てして、「自分」を基準に他人の働きや貢献を期待する。しかしそれは大きな勘違いであって、「なんであいつは働かないんだ」「こんなことができないんだ」などと従業員の仕事ぶりに失望する、あるいはせっかく期待をしていたら急に辞められてしまった、などの経験もよく耳にするところである（中小企業総合事業団 2004）。だから、「どうしたら、期待するように仕事をしてもらえるか」の方法と工夫、まさに労務管理ないし人事管理の考え方と実践が必要になるのである。職人的な、「俺の背中を見ていろ」「仕事は見て盗め」では、いまどきほとんどの場合うまく行かない。規則でがんじがらめにしても効果が期待できない。ここにマネジメントのもうひとつの側面がある。

　個々の人間に「どう働いてもらうか」は、さらには人をどう集めるか[9]、また企業の組織をどのように構成し、どのようにこれを機能させるかという課題に広がる。従業員数数名、あるいはほとんど家族従業者だけであれば、「組織」も名ばかりで意味をなさないが、10名以上のオーダーにもなり、職責の分担も図れば、組織存在の意味、その有効性などは重要な経営課題になってくる。これと裏腹に、経営者の立場と責任、文字通りの「経営管理」のありようが重要なものとなる。また小なりといえども、組織の形成とそれぞれの活動の展開は、不可避にセクショナリズムや責任の曖昧さ、企業全体の動きの悪さ、組織の長とトップ経営者との関係・意思疎通等の諸問題を引き起こすのであり、「組織マネジメント」の課題が企業家の肩にのしかかってくる。企業家が概して個人主義的で、また組織に縛られるのを避けんがために「独立」することが多いだけに、ここには大きな矛盾と壁がある。しかし、それもまた考え、実践しなければならない「マネジメントスキル」の一環である。そのなかで、一人ひとりの個性を尊重しながらも、一方では経営全体の現状や将来計画などの公開共有化、他方で「仕事」の進め方やそれにかかわる「情報」や手順等の客観化共有化など、経営の地道な革新努力も生きてくる。

(4) 事業の「全体把握」と「戦略性」発揮の力

あとで見るように、小規模自営業者、とりわけその若手後継者らの学習の機会でも、SWOT分析、これにもとづく競争優位・戦略立案といった「学習」のスタイルが予想外に好評で、効果もあがるという。経営の個々の課題の知識と実践にとどまらず、事業全体の現状把握と今後の展望を、市場と競争との関係で客観的につかみ、目指すべき方向を全般的に考え、自覚していくことは、極めて理に適ったことである。特に「テクニカルスキル」依存できた職人や士業などの事業者には、こうした客観的視点が十分培われず、「真面目にがんばっていれば、仕事と客は付いてくる」といった主観的願望だけに陥りがちなところもある。とりわけ今日の時代に事業を継承する次世代には、こうした見地での事業の客観評価と将来への戦略的計画的な展望づくりこそが、欠かせないものとできるかも知れない。

もちろん、ここで欠かせないのは、常に「問題意識」を抱き、現実をしっかりと客観的に見つめ、さまざまな現実を広く深く把握し、問題を掘り下げ、きちんとした評価と理解、そのうえに立つ結論と方向性を導き出せる思考力、「事業計画」づくりを含む論理的分析力である。ある意味、さまざまな意味で「学ぶ」ことの根底には、そのような知的作業の習熟と応用の可能性があると言える。そのうえに、「戦略的思考」も可能になる。そうした分析と戦略の延長上には、やはり現状把握を踏まえた、市場と顧客、マーケティングの課題と対象、実践方法、取引関係、経営資源・人材戦略、研究開発戦略、ひいては財務戦略等の検討と実行も具体的な課題となる。小規模な職人的自営業や商店・サービス業などでは、時代の変化が急で、世代交代を機に積極的な展開を図らねば生き残りが困難になっている事態も珍しくはない。そのためには、SWOT分析などを踏まえ、自社の技術技能、商品・サービス、市場と顧客、取引先との関係などを見直し、「組み替え」「組み合わせ」「組み立てる」意識的な努力が必要になる[10]。IT活用の能力なども今日不可欠になっている。

「無いものねだり」や「夢と願望」だけの「戦略経営」では無理がある。しかし、特に次世代の担い手たちの主体的な意欲や動機づけを考えるうえでも、客観的な位置づけと評価を踏まえた現状把握と未来展望を重視していくことが、これからはますます重要になるだろう。

(5) 企業家の「センス」

しかしまた、新しい事業を始める、あるいは新たな事業や商品・サービス等を開発し、市場に出す等においては、程度の差こそあってもそれらの事業機会（ビジネスチャンス）や需要の存在、あるいはシーズとなる技術や商品アイディア・コンセプトを見出し、事業のかたちを構想実践する能力は必要である。これを総称して「ビジネスセンス」（感覚・知覚・意識）と呼ぶことができよう。

「センス」は多分に個人的・感覚的次元のものであり、ある程度は生来の気質や嗜好、幼時からの環境、経験蓄積などの影響が大きいとせねばならないだろう。もちろん企業家を志さずとも、こうした事業機会などの発見発掘の力は、さまざまな職業に共通した重要な構成要素と見ることもできる。「与えられた仕事を、決められたとおりに実行する」のでは、サラリーマンでも能力を発揮しているとは言えない。「仕事」はつくり出すものでもある。その意味で、この「センス」には、常に問題意識を持ち、諸事の「現実」に疑問を呈し、あるいは何か「新しいこと」を見出そうとする精神作用と知的好奇心、思考活動が必然的に伴っている。その向かう方向や実践の方法に、企業家的な思考方法としての「事業機会」化の作用が働いているとすべきなのである。

「職人」的な人々、あるいは「資格」を前提とする「士業」の人々の場合、職業能力に「仕事」の機会が直接に結びついている、だからあえて「事業機会」探しや「センス」の発揮を図らずとも、「ともかく来る注文に応じる」ことが事業者としての独り立ちの条件だという状況も想定はできる。しかしなお、最低限、言われたままの「仕事」しかしない・できないのではなく、

「注文」の中身を理解し、自分の仕事として咀嚼実践完成できるような「センス」は当然欠かせない。それはどちらかと言えば仕事の「スキル」のほうでもあるが、そこで爾後仕事を増やし、広げていける、まさに企業家的能力の発揮につながるかどうかの分かれ目も生まれてくるのである。しかも今日では、「腕のいい」職人や専門家というだけでは、仕事の拡大どころか注文の維持も難しくなっている。企業家的「センス」は、程度の差こそあれ、さまざまな局面で必要になってきているのである[11]。

ただし、多くの「起業学テキスト」のように、事業機会を見出すことばかりに力点を置き、それがあれば起業できる、成功するというような印象を与えるのは別の意味で問題である。「センス」は必要条件であっても十分条件ではない。あとでも論じるように、「事業機会の発見」はそれだけで実るものではなく、まずもってそれを事業のかたちにするような、経営資源の確保と利用方法、顧客の確保と収益源泉の明示を含めた全体の仕組みの構築が必要なのである。

事業の後継者には「センス」の問題は別の意味でも重要である。多くの場合、創業者はまさしく「センス」あればこそ、新たな事業機会を捉え、事業のかたちを構想構築し、実践して成果を収め、企業の礎を築いてきたのである。もちろんそこには成功も失敗もあり得るが、成功すればこそ生き残ってきたのであって、その能力発揮と蓄積は間違いなくある。しかし、それが「伝承される」、あるいは「遺伝する」保証はないのであり、ジレンマがある。得てして、「二代目以降」が描く「チャンス」の姿は思いつきの域を出ず、実行したとしてもうまく行かないことも珍しくはない。しかしまた、先代からの事業を継承継続するだけでは、繰り返し強調するように、変化の激しい今日の時代には生き残れない恐れが大である。まさに「革新」を実行せねばならず、そのための「センス」を正しく発揮できることが、後継者に不可欠の能力として求められているのである。だから、あとでも論じるよう

に、後継者には問題意識醸成と探求の能力の蓄積が欠かせないと言えよう。

(6) 企業家の「コンピタンス」

　センスとスキルがあれば、創業企業でも承継でもうまく行くものかと思うと、必ずしもそうではない。経験的に言えることは、「ビジネスとは予想されざる困難や障害に必ずぶつかるものである」という「法則性」である。「事業計画」通りに進んだ企業はひとつもないという以上に、「市場経済」には嵐も落とし穴も待っている。企業経営とはまさしく「コンティンジェンシー」（偶発性）の数々への対処と適応の積み重ねである。社内外でのトラブル、仕入や物流、代金回収などでの障害、人間関係問題、ライバルの登場と行動、法制の変化などをはじめ、「予期せざる」問題の数々に直面し、これを乗り切っていかなければ、存続はできない。

　そうした諸問題に関し、企業家は個人の力を発揮して対応解決せねばならないところに決定的な意味があり、自身の能力の根本を問われるものである。独立した自らの判断と責任において、的確に対処克服し、発展の過程を正しく導いていける、一種の適応能力とも言えよう。それはまた、かなり先験的な判断力や意思決定能力とともに、多くの知識と経験にもとづく洞察力・予測力、総合的に「目を配れる」認識力、目的意識的に自身と組織を動かしていける統御力・説得力、柔軟にして迅速な行動力、さらには困難は必ず克服できるという自信と指導者的演出力など、さまざまな性格や能力、知識などの複合物と位置づけることもできる[12]。

　そのような超人的な力を、創業企業家だろうが後継者だろうが個人として備えられるのか、まさに天賦の「才能」＝タレントないしは超人的指導者ではないのか、という疑問はつきまとう。しかし、「タレント」の語がなにか抜きん出た才能や特殊な能力を指すものでもないのと同じように、それはむしろ、「普通の人間のすごさ」として実感できるものである。多くの人々がそれぞれのライフヒストリーの中で、人間生活と社会集団のうちでのさまざまな行動と経験により涵養蓄積し、「解決できる」「乗り越えていける」とい

う確信に転化してきたものとも考えられる。その意味、「打たれ強さ」「楽天性」のような性格面で捉えられることもよくあるだろうが、多くの企業家たちに詳しく聞いていけば、それらには生来の性格というよりも、こうした経験のなかから培われたものであるということが確認できるのである。なかには、スポーツやボランティア活動、「遊び」、交友関係などでのバーチャルな状況が自分を鍛え、問題を解決していける確信とその方法発見の道を教えてくれたとする答えが多々ある。

こうした能力をしてメンタルないしヒューマン「コンピタンス」と位置づけることは、実際の企業家に問われる力と経験的事実を見るうえで、欠かせないところだろう[13]。

(7) 企業家の「マインド」ないしはフィロソフィー（価値観）

本来的には、「企業家精神」の根本にはそうした確固たる「マインド」があるもので、そこにすべての原点があるとされがちである。しかし、そうした構図を描くことが間違いではないにせよ、あまりにそこを強調することが、企業家を特別な人種視し、また「企業家教育」を「精神教育」に収斂させてしまう危険性を伴っている現実を見過ごせない。そうした「マインド」を持たない人に起業することは期待できないだろう、あるいはまた社会全体として、起業することを恐れる、少なくともそうした選択が自分の将来にもあると考えない、そこに今日の日本の現実や欧米社会との決定的な相違があるというような通説は容易に否定しがたいにせよ、それでは「精神革命」を待つしかないのか、という寂しい結論に陥る恐れもある。

ここで留意すべきことは、第一には先に見たような「企業家」存在の現実の多様性である。むしろそれは「特別な人々」でないと見ることこそ、本来重要ではないのか。客観的実体はどうあれ、自分は「企業家」というより「職人」「専門職業人」と考えている人も多々いるだろう。そうした人たちをも包含する「マインド」を考えていかねばならない。第二には、「企業家的価値観」や「マインド」が相対的に存在するとしても、それもまた個々人と

図　企業家主体のマインド、能力と行動、その背景としての社会的文化的環境

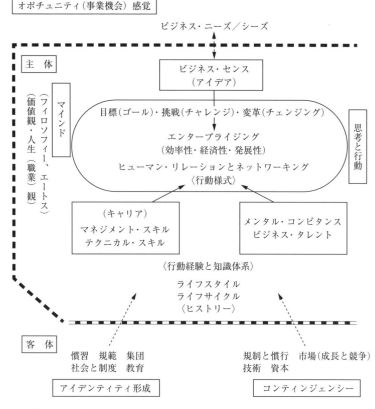

（出所）三井（2001）p.20の図表1-2を修正

して、さまざまな契機や人生経験をへて形成されていくものであり、もちろんその意味で一様なものではない。また社会としては、むしろそうした価値観や行動様式を醸成していくさまざまな契機と装置・環境を問うべきものであり、本来その意味で「起業文化」論の課題なのである[14) 15)]。単なる「精神」論とは次元を異にする。

　そうした前提を置いたうえで、世情言われる「企業家的マインド」、そこには「独立心」「自立」の意思と、それにもとづく目標・挑戦・変革を重視

するマインドセットがある。もちろんそれはどのような職業や就業形態を選ぼうが、程度の差こそあれ存在する価値観だろうが、企業家には他者への依存や服従、組織の歯車化に対する抵抗感が強いのも間違いない。特に、「働き方」としての自由と自己決定へのこだわりが、近年多い「中高年起業家」、雇用労働を経てきたのちに独立をする人々の特徴でもある（中小企業研究センター 2000）。それはまた、「仕事力」の発揮のあり方とも裏腹の関係にあり、それゆえに「職人」や「専門職業人」の職業選択とも関係がつよいのかも知れない。いまひとつには、雇用労働が社会の多数派となっている今日、それに巻き込まれていくことへの抵抗感、「自己主張ある少数派」でいたいという自尊心と抵抗精神もかかわってきているだろう。

　同時にまた、見落とせないのは「天命」「天職」（Beruf）の人生観価値観である。それは古来営々とつながれてきた、一種の自己正当化の側面を持つが、今日的には、いわゆる「自己実現」や「能力発揮」[16]としての開業、「必要とされているところのものを、誰あろう自分が実行実践する」という強い自己意識の反映でもある。そこには、時として主観的な思い違いもないわけではないし、「自己愛」の変形かも知れない。いまひとつには、「いま社会にそれが欠けている」「社会がそれを（自分を）必要としている」という社会的使命感であり、既存の経済システムや企業群では満たせないもの、それを自分が担うとする。特に後者は、今日拡大している「社会企業家」たちのモティベーションとして顕著なものとなっている。特に後継者には、そうした社会性と公益性の認識がいまや欠かせなくなっているとも言える（あとで見る、G印刷の例など）。ここでは、こうした個人主義的な職業観と社会的使命感という両項が、「天職」的な人生観のもとでともに括りうる。さらには古典的な「家業」の意識も、この枠組みのなかで位置づけることもできる。それは幾分保守的ではあるが、「家業を守りたい」、あるいはまた家族や従業員らの生活を守らなくてはならないといった「責任感」にも拡がっている。上記の意識が「ありたい」願望的であれば、こちらは「ねばならない」

役割認識と義務感的ともできよう。

　言うまでもなく、企業家のマインドと選択にはさらに多様な幅がある。「お金を稼ぎたい」「偉くなりたい」「有名になりたい」といった上昇願望もあり得るだろう。人生・職業選択での「再チャレンジ」の思い、あるいはビジネスを起こし、営んでみることへの趣味的興味もあるかも知れない。反対に、「雇ってもらえる良い機会がない」「とりあえず自分の力で稼ぎ、現状を脱却したい」といった「窮迫的自立」の思いもあるだろう。つまるところ、どこかに決定的支配的なマインド・意思形成のモデルがあるわけではなく、さまざまな背景のもとで、仕事を通じて企業を起こすという行動が生まれ、その実践の過程のなかで、自身の心境や価値観の変化、新たな志向性の高まり、自己の再発見などがあり、「持続的な」企業家が形成されていくのであると考えられよう。そうした意味でも、「スキル」や「センス」「コンピタンス」の習得形成や発揮と、「マインド」形成とは段階や順番の問題ではなく、相互の関係と相互作用があり、スパイラルのなかで発展していくものであるとすべきだろう。同時に、企業の効率性発展性と有益性を核とした「エンタープライジング」理念（三井 2001）を是とする文化的価値観は共通して欠かせないものではある。そして、これらの価値観・センス・諸能力形成と、実際の起業行動につながる準備等を総称するものが、近年しばしば使われる「起業態度」(entrepreneurial attitude) という外観とも位置づけられる[17]。

　しかしまた、ここに表現された個々人のフィロソフィーやマインドのうちでの違いをそれなりに意識峻別しないと、「教育」や「学習」の過程をきちんと理解整理、実行することができないことも否定しがたいだろう。とりわけ、新たに何かを起こそうとする創業企業家と、それを維持継承し、発展させようとする後継者企業家とには、担う役割や職務の違い以上に、マインドに踏み込んだ理解と、それにふさわしい学習と成長の場を考慮すべきものと

言えよう。実際に担うべき役割や責務の中身は、個々人のメンタルな違いのみならず、事業体の規模や業種等によってもかなりの違いがあるものと考えられようが、以下ではそれをある程度意識しながら、能力の形成と発揮をめぐる諸条件、課題を検討してみよう。

3．企業家の「教育」と「学習」

(1)「企業家教育」のディスイリュージョンメントと問い直し

　「新規開業促進」「起業家よ、出でよ」の政策展開とともに、その担い手を育てるものとして「企（起）業家教育」が求められ、さまざま試みられてきてかなりの年月が過ぎている。しかし、その「効果が大である」とする人は極めて稀だろう[18]。もちろん、後述のようにあらゆる教育は簡単かつ短期的に「費用対効果」を確認できるものではないという「反論」も可能だろう。それが明確かつ客観的に表現可能なのは「受験勉強」であり、それゆえに日本の教育制度は、すべて「受験」に向けて収斂するようになった（シューカツさえも）とすべきかも知れない。そこには決定的な困難がある（土井・西田 2002）。

　そうしたジョークの領域に安住していれば、「国が滅びる」のも間違いなさそうなので、真面目な議論も必要である。しかし、そもそも「企業家教育」の効果を云々するのが困難な理由もある。学校を出て、すぐに「起業する」というのは、少なくとも日本の現状では極めてありにくい事態であり[19]、それゆえ「起業者の有無」をもって成果評価するというのは無理がありすぎる。実際、三井研究室が実施した企業家教育実践者に対するアンケート調査で、「実際に起業したかどうか」を評価指標とすることに同意した答えは1割しかなかった。そうすれば、短絡的な成果云々を論じるよりも、いったい「企業家教育」とは何なのか[20]、企業家は「教育で生まれ、育つ」のか[21]、そもそも論的な着想は避けられないものである。

まず第一に、教育の基本的目的は特定の職業や人生選択を求めるものではなく、ある意味その基盤やイントロダクションにとどまることを、当然見落とすわけにはいかない。もちろん、医師や薬剤師のように、職業によっては特定の教育・課程を経ることを絶対条件にしているものもあり、それがないと開業もできないが、実際にはごく少数のものである。しかも日本では、この２つがつながりにくいのが一般的な様相として長く定着しており、法科大学院と司法専門職のように、無理に結びつけた制度を作ろうとして失敗する例も生じる。だから、「哲学科を出て、メーカーの営業職をやる」などという話が珍しいことではなく、そうした社会で、企業家教育だけに結果に直結すべきとする論を求めるのも無理なことである。第一、それならば「サラリーマン教育」をやっている大学があるのだろうか。日本の大学の卒業生の大部分はシューカツを経てサラリーマンになるのであるが。

　第二には、「教育」の果たせる役割の限界、もしくは「教育だけに」結果を求めたがることのひずみがある。個々人の人格と能力形成、その上に立った人生と職業の選択にかかわる諸要素はあまりに幅が広く、またあまりに複雑に絡み合っている。当然ながら偶然的な要素も多い。大学など高等教育は選択制でもあるので、選択の時からある程度は当人の人生選択にかかわるところを持つものの、それでさえも「結果責任」「製造物責任」を問われても、大学や教員も困るというものである。「大学は専門学校ではない」という言い草もかなり怪しくはなっているが、専門学校であってさえ、職業と直結することを保証はできない[22)][23)]。現実に過去において起業した人々のうち、「教育により」実践に踏み切った例は希有とせねばならないだろうが、一見それに何の関係もないような学問や教育機会の影響を挙げる人も珍しくはない。

　第三には、「企（起）業家教育」そのものの中身や方法の曖昧さがある。これに関しては少なからぬ先行研究の指摘するところでもあり、寺岡（2007）は「起業教育」と「起業家教育」とを区別すべきと主張している。つまり、前者は会社設立の方法、財務や会計の知識、生産や販売、労務などの管理技

術などの知識移転であり、要するに起業する意思のある人たちにその方法を教えること（本章で言う「マネジメントスキル」）である。これは講義などの形式でも、対応可能なものと位置づけられる。しかし「起業家を育てる」というのは起業家精神を持った人を育てることであり、寺岡の言でいえば学問と個性の両立であって、教育としては遥かに広範で困難な作業であると見られよう。寺島（2013）も同様の見地に立っている。

　高橋徳（2014）も、米国流の「起業態度から起業行動に導く」教育と、「起業態度を促す教育」とは区別すべきであり、日本は後者の流れにあると理解している。もちろんそれが狭義の「教育」によって実現するものなのか、基本的な疑問の余地はある。ただ、論議の混乱を整理するには、このような区別を明確にすることは必要な交通整理手順であろう。

（2）主体形成と学び

　さらに第四に、「起業教育」の限定をしたとしても、なお企業家のなすべきこと、なし得ることは狭い知識「科目」や「方法」の枠組み、範囲を容易に超え、むしろ簡単にマニュアル化・形式知化しがたいものであると考えるほうが現実的である。先に検討したように、企業家は「仕事」の能力をまず備え、「稼げる」力を持つ必要があるが、その範囲や責務を超え、自ら事業を構想し、実践し、そして生じ得るさまざまな問題や障害を自分自身の判断と行動で解決していかねばならない。基本的に「分業」も「責任分担」もなく、四六時中の営為である。それを制度化された「教育」を通じて「教える」「身につけさす」などというのは、至難の業である。そこに必要なのは、何よりも「自主」「自立」の精神力と思考力であり、「主体性」と「関与」（コミットメント）であり、それにもとづく問題発見と問題解決の能力の発揮である。

　もちろんそれだからといって、企業家「精神」教育が必要だというのではない。「精神」が「教育」によって形成されるという錯覚は、70年前の「精神注入棒」とともに過去のものになったはずであり、それこそ最大級の無理

難題である。「精神」と「思考力」「実行力」の形成は、それぞれの人間のもつ先天的なものも否定できないだろう。また各人の生まれ育ったさまざまな環境とその文化的諸要素、さらにはそれぞれ経る人生経験の数々によるものであり、「外部」からの影響と、「自身」のとった行動の間の複雑な相互関係の集合のなせる技である。それらを外面から表現すれば、まさに個々人の「ライフヒストリー」（谷口 2015）のありようそのものである。

　そうした「ライフヒストリー」のなかでは、「教育」の場での経験や知識はその一部を構成するに過ぎない。実際に、企業家たちにその価値観人生観や仕事と経営のうえに影響しているものを探っていくと、幼時からを含めたさまざまな「原体験」が挙げられる。もちろんその中には、学校生活、交友、団体活動、アルバイトなどのさまざまな経験が含まれるし、職業生活に入ってからの経験や見聞も多々かかわってきている（中小企業研究センター 2002；pp.32-36）。それは別に企業家となった人々だけに限られるものではない。当たり前すぎることだが、「経験」によって人は最も「学ぶ」のであり、「教科書」や「講義」はその一助でしかない。
　それだからこそ、誰よりも「自立」と「主体性」を求められる企業家には、「実践」と経験を通じた「学び」が重要なのである[24]。逆に言えば、誰でもそうした主体的な「動機」と「関心」がなければ、どのように優れた書物も授業も、ひとときの（受験のための）「知識」にとどまり、あっという間に頭のなかから消えていく[25]。だから、「起業教育」的な知識や応用方法も、主体的な動機にもとづく関心、そしておのれの思考と行動のツールにしようという「問題意識」があればこそ、「生きた」「使える」知識と知恵に咀嚼転嫁できるのであり、それは「教育」の枠組みを超えた、企業家とそれを志そうとする人々の「学習」の過程として捉えるべきものである[26]。
　それゆえ、ここで真に必要なものは「実践」を通じた「学習」とすべきである。おりしも、教育や職業能力形成をめぐっては、主体の関与と学習の環境を重視した、ポストモダンな流れにもとづく、Lave and Wenger（1991）

の「実践共同体論」が有力な存在になってきている。これを企業家教育の分析と解釈、改善方向の議論に応用したのが、古澤（2012）である。古澤は「暗黙知」としての「起業マインド」の形成を重視し、これにかかわる学習モデルを、中原（2006）に従い、「学習転移モデル」「経験学習モデル」「批判的学習モデル」「正統的周辺参加モデル」に区別し、「能力」形成論を媒介としてそれぞれの可能性と制約を検討する。起業マインドの形成とともに、起業の知識を経験を踏まえて習得するには、「正統的周辺参加」モデルが「非常によい」のだが、どのような人物（と企業家）になっていくことを目指すのか、ミスマッチ性があるとも指摘される。そして、企業家教育の進展には、経験と参加の仕組みとともに、「組織学習論」を応用していくことを唱えている。

「徒弟制」をモデルとする「実践共同体」と「正統的周辺参加」論に制約があるとしても、古澤の指摘のように、ようやく「企業家教育論」が「教育」と「学習」の見地から論じられるようになったものと言えよう。同時にまた、まさしく「参加」と「経験」を可能にする「共同体」をいずこに求めるべきか[27]、もちろん「学校」や「大学」をそこに含められるとしても、その枠組みを超え、「学ぶ場としての共同体」を論じることで、「企業家教育論」も「実践性」を確保できるようになったとすべきだろう。

(3)「実践的」知識と知恵のために

「主体性」と「経験性」を重視するからといって、従来からの「起業教育」を否定する必要はない。「マインド」の確立している人々には、それは極めて有益であるし、「座学」の世界でさえ無意味では決してない。むしろ「マインド」をいっそう強固なものにするかも知れない。特に、「事業を担うつもりである」「後継者」には「座学」も必要かつ有効であるようにも見える（必ずしもそうとは限らない現状があるのは、以下で述べる）。あるいはまた、近年目立つ、社会の問題解決に新たな事業を起こそうとする「社会企業家」志望者たちは、「主体的」意思と関与の精神、問題解決への強い意欲を

抱いている。それだけに、「企業を起こし、営む」ための考え方や知恵には疑問符を抱かざるを得ないような例が少なくない。「企業」であることは、この取り組みに対し、誰が代価を払ってくれるのか、その代価によって事業は持続可能になるのか、こうした基本を明確にしないといけない。

そこで、いわば「起業のマネジメント」の方法を枠組みとし、実践的知識の習得と応用を進め、さらにまた企業家としての事業機会発見の「センス」とその掘り下げ、ひいては問題意識の醸成錬磨と問題解決能力向上を図るような「学び」と「教育」の方法がある。こうした方法の体系化と実践経験蓄積では、米国などの高等教育機関・ビジネススクールが先を行っていることは間違いない[28]。またそうした方法を日本の条件に応用可能なものとし、徹底して簡素化・平明化したものが、高橋徳行氏の著したテキストである（高橋 2000）[29]。同氏は、起業に至る課題と枠組みを、「事業機会」の発見、「経営資源」の活用、「ビジネス（供給）システム」の構築の3つに整理し、さらにこれらをまとめて事業を立ち上げていける起業家自身の力と実行としての「起業活動のダイナミズム」を掲げている。こうした枠組みを用いることで、さまざまなビジネスの構築をバーチャルにも図り、またそのためのリサーチ深掘りや問題解決方法の実践などを進めることが可能になるものと言えよう。

類書とは対照的に、必要資金と初期投資、売上と収益性、損益分岐点、投資回収と資金繰りなどの財務的指標にもとづくシミュレーションといったことには重きを置いていない。実際に事業を立ち上げ、またその存続や継承発展などを図る際には、前述のように「数字」の把握と分析は欠かせないが、それは「マネジメントスキル」全般の中で習得応用するべきものだろう[30]。その意味では、当然ながら企業家の「学習」の課題と機会は、さまざまに広がるものであり、狭義の「教育」に限らず、自学自習を含めた多様な場と手段に及ぶものとできる。それらを自ら求め、習得活用しようとする姿勢と意欲が重要なのである。

同時にまた、多くの実践経験が示すものは、「習う」姿勢にとどまっているのではなく、自分でビジネスを構想し、「事業計画」などを組み立て、他者の前で発表し、批判や評価を受けるという「主体的参加」のかたちの重要性である。むしろそれがなければ、将来の企業家になるための学習の意味がないとすべきかも知れない。自分で考え、調べ、組み立て、そしてそれを他者に分かるかたちで説明する、また自分の主観だけでは気づかなかった点、問題点や改善向上すべき点などを他者とのやりとりのなかで見出し、更なる「ブラシュアップ」を進める、これらのプロセスは不可欠のものとできる[31]。だから、大学などであろうが、さまざまな講習会やセミナーであろうが、企業家の学習の場は「実践型」そのものまで行かなくても、「参加型」「発表と討論型」でないと意味がない。「知識」を使える「知恵」に、そして実践のきっかけと実践の課題解決に「生かす」ことこそが、企業家の学習の本質なのである。

　それだから、「主体」としての自覚とそれにもとづく強い学びの意欲、問題意識の掘り下げ、自身の手による構想立案ができないと、「学習」の効果は十分には発揮できない。「教育」全般の特徴と制約に共通するところでもあるが、逆に言えば、企業家に必要なのは必ずしもかたち自体ではないのであって、自ら学ぼうとする意欲ある人々が集まり、構成する「場」、ひいてはさまざまなコミュニティこそが重要なのかも知れない。多くの企業家たちはさまざまなきっかけからそうした場をつくり、そこによりどころを求め、悩みの解決や知恵の伝授、新たなアイディアやチャンスを知る機会にもしているのである[32]。

4．後継者の能力形成と学び

（1）後継者のジレンマと課題
　行論のなかですでに指摘したように、後継者は創業者とは置かれた条件及び求められるものを異にし、またより「経営者・管理者」的な立場に立てる

前提を有する。ゼロからのスタートではない以上、すべてを自分だけの力で築き上げるものではなく、ある程度の事業実績と事業形態の成立、資産蓄積や信用度などを所与のものとすることができるのであり、アドバンテージをもらっているようなもの、他面でシューカツの苦労に追われる同年代層に対して「恵まれた環境」にも見える。

しかし、そこには同時にさまざまな悩みやためらいもある。「企業家」であると同時に「経営者」「組織人」でなければならないというのは、必ずしも楽なことではないかも知れない。「創業者」の個性で許されていたことも、「跡継ぎ」にはより厳しい目が、既成の企業組織を含めて内外から光っているものである。概して、「いまあるものを守らねばならない」という責任感がのしかかる。対照的に、創業者には「ダメもと」の気楽な気分もないことはない。

反面で、後継者は恵まれた境遇下にあってメンタルに弱いのではないかという先入観も伴っている。そもそも、当人には自分自身の選択というより、与えられた仕事と人生のレールのうえを歩まねばならないことへの抵抗もある。「独立心」と跡継ぎということは矛盾しているのかも知れない。それゆえ、「家業」の設定にむしろ反発し、「好きなこと」に打ち込もうとして、ある意味回り道をした「後継者」も、あとの事例で見るように少なくはない。皮肉なことに、敷かれたレールを外れ、自分の意思でさまざまな人生と職業の体験をしたのちに、「この道もありか」「これしかない」というような選択として、承継の道を選んだ後継者のほうが、より強い意思と実行力を発揮することも多々見られる。当然のように、「自分で納得してのこと」というメンタルな強さ・主体性があるとともに、あとでも指摘するように、さまざまな「外での経験」、それを通じた知識や知恵の取得がプラスになることは珍しくないとも言えよう[33]。

しかも今日では中堅規模の企業でも職人自営業でも、ただこれまでの仕事を続けていれば持続できるというものではない。それだけ環境変化が激しく、競争のありようも変わっている。とりわけこの20年余は市場停滞の時

代、グローバリゼーションの荒波があらゆる分野に押し寄せてくる時代でもあった。だから後継者であればこそ、またその世代交代をよいきっかけとして、経営革新へのさまざまな取り組みを図らねばならないのである。それには時には創業者ら以上の、意思と実行力の発揮、新しい視点や新たな知識・知恵の活用、それによる新技術新製品新市場などへの困難な挑戦、諸方面との関係の構築、社内の文化と組織の変革に取り組む必要がある。もちろんまた、「思いつき」や「若殿ご乱心」でも困るのであり、革新の基軸と方向を熟慮し、実績をあげていくことも重要である。

　このような後継者の置かれた状況と課題を考えるに、当然ながら創業者らの子が最適であるという答えには必ずしもならないし、前述のように、今日の社会にあっては個人の選択の自由の尊重と職業の「世襲化」への批判に応えることも重要である。しかも、『中小企業白書』などが指摘するように、現実に身内に後継者がいないような企業も珍しくはないのだから、廃業の選択は別としても、家族以外の親族、社内外の第三者に経営を委ねる、あるいは事業全体を売却譲渡するというような選択も否定はできないし、そのための環境条件づくりも望ましい。しかし、本章ではともかく事業を存続継承する、そのなかで次世代の経営を担う主体の立場と能力、課題を考えているのだから、依然マジョリティは子の承継である現実を前提にし、合わせてそれ以外の継承者も検討することになる[34]。

(2) 後継者の環境と学びの機会

　創業者らの家族に育った次世代の後継者は、それなりの「文化的環境」にあり、それを通じて企業家的な価値観や考え方、行動のあり方などを半ば無意識的に身につけてきた可能性がある。多くの創業企業家とは異なる。実際、後継者の人々からはそうした「幼時の体験」や「家族のあり方」「親の教え」などに自分の原点を見るという理解が少なくない（中小企業研究センター 2002；谷口 2015）。ロールモデル性は客観的に重視できるだろう。も

ちろん、「ああした暮らし方、家族のあり方はいやだ」という反発を招いていることもある。またそれに伴い、かなり若いときから「仕事」の手伝いをする、見よう見まねで覚えていくという「学習」経歴も少なからずあるかたちである。ものづくり、建設、サービス、古典芸能などの「熟練技能」仕事にあっては、それが欠かせないキャリア形成であることも通常だろう。「親から子へ」の技能伝承、そこではまさしく家族こそが「実践共同体」の有力なかたちである。そこまで行かずとも、親など近親者の仕事の影響で半ば自然に知識を得る、「仕事」と自分の接点を見出し、将来の自分の仕事と定め、必要な学習や勉強の契機とするということも、珍しいことではない。

　こうした「文化的環境」は、当人のその後のキャリア形成、学歴職歴にかかわってくることも多い。特にものづくり系などの仕事においては、技術革新、IT化などに追いついていくためにも、高度な科学と技術の勉強をさせる、それによって事業の性格を大きくステップアップすることを期待するのがよくあるかたちであり、後継者の重要な役割でもある。進学の選択は理工系に限らず、「仕事」の専門分野のありように拠ることも多々あるし、専門知識の狭い「勉強」だけではなく、多様な経験、学びへの打ち込み、クラブサークル活動、交友関係とネットワークづくりなど、当人も周りもさまざま期待するものがあり得る。「大学進学」はいまどきごく普通の選択なので、「手に職をつける」的な発想は二の次になりがちだが、そこには矛盾もないことはない。また、「経営の勉強」を重視し、経営大学院、ビジネススクールなども進学の選択肢に入ってきている。ただ、経営は悩ましいものであり、「大学院で勉強した知識」がそのまま自分の方法として使えるかは問わざるを得ない。逆に、多くの後継者たちは経営の基本的知識を独学、あるいは社外の講座等で学んだと語っている[35]。このことは、「後継者のための企業家教育」の意義、ありようにも重要な示唆になる。

　近年はまた、子の学齢期の機会を用いて、後継予定者を海外留学させるという動きもよく聞かれる。事業に入ってしまえば、時間をかけて海外での生

活を経験し、そこで学ぶというのは容易になし得ないことなので、重要なチャンスと言うことができる。またそれにより、事業のグローバル化の流れへのきっかけをつかみ、新たな知識と経験を吸収し、あるいは厳しい環境に独り身を置いて自身を鍛え、自立自主の気風と精神力を培う、こうした期待は多々聞かれるところである。しかし、実際にそうした有益な機会と経験になるのか、必ずしも楽観視はできない。近ごろはかなり「分かってきた」ところだが、欧米大都市の大学などには相当数の日本出身者がおり、街中にも日本人コミュニティを形成し、「そのなかで」生きていくことはさして困難でもなく、日本人同士で付き合い、「国内では得難い経験」につながるものとも言えない。未知の地、異文化の地で「仕事をする」「稼ぐ」のは常にチャレンジングで、困難を克服して目標を達成する闘いそのものであっても、あまり課題も目標もなく「過ごす」ことはかなり容易であり、そしてマインドとしても知識や知恵としても、それほど得られるものが多いとは限らないとせねばならない。

　要は、後継者の学びとして、既成の概念で「状況設定」してやることが重要なのではなく、主体的な意欲と問題意識、それにもとづく行動と経験の機会を築くことがここでも有意義なのである。

(3)「武者修行」の意義と限界

　後継者の重要なキャリアパスは、学校を終えたのちの「就職」である。そこでいわゆる「武者修行」の一環としての就職、他企業での仕事の経験蓄積というかたちがよくあるものである。大学や学校での「学び」が世の中全般としてあまり期待されていないなか、企業での仕事の経験への期待は概して大きい。対個人サービス業や建設業、飲食業などでは、現場での経験を経なければ一人前の仕事はできないものとされるし、「士業」の世界でもインターンや実習経験を経て、はじめて資格も仕事になる仕組みができている。さらに、とかくひ弱になりがちな後継者を異なる環境に置き、「他人の釜の飯」を食わせ、組織生活を経験させること自体に意味を見る考え方もある。

ただ、安田・許（2005）では、他社勤務経験の有無は、企業のその後のパフォーマンスに有意な影響を与えていないと指摘されている。また実際にも、「武者修行」をあまり重視しない企業も珍しくはない。中小企業研究センター（2002）調査でも、「他社武者修行型」とは対照的な「未経験ぶっつけ本番型」の後継者が予想外に健闘している傾向も見られた。

　その意味でも、「武者修行」の中身が問われる必要がある。日本の大企業などでは、新卒採用者が他企業の後継者で、数年勤務ののちには退職するというようなかたちを好まない。あくまで将来の幹部候補として採用するのだという姿勢である。そのため、将来の後継者が「武者修行」で入社する際には、双方の納得のうえで、そのことを前提に入るということが多くある。あるいはまた、従来からないし将来にわたる取引関係協力関係の一環として、後継者の「修業の場」を引き受けるということもよくある。そうした前提のもとで入社し、経験を積むということが効果が乏しいというわけではないし、「修業の一環」に配慮し、比較的短期間に技術や営業や開発や仕入や管理の仕事を経験させてくれるというインターンシップにも似た扱いもよく聞かれる。ただ、もとの企業に戻り、後継者として本格的に仕事をするうえで、決定的ないしは飛躍のカギとなるような、大きな仕事と経験を委ねてくれるという保証はないし、特定の技能や専門技術、管理方法などを除けば、当人が十分な問題意識を持って探し求め、自ら取り組むか、たまたまそうした機会にあたるかなどのことがないと、なかなか有益な経験につながるものでもない。本業に「戻る」より「修業に行く」ことが先になる以上は、「問題」が当人に強く意識されるとは限らず、ここは悩ましいところである。また、「修業」が恵まれた環境であっては、「留学」などと同様にいささか意味を減じる。

　武者修行の別なかたちとしては、同業や関連業ではなく、金融機関などまったく別の業種での仕事を経験するというものもある。財務管理等が概して弱いという企業の実情からの意識的な「学び」要請もあり得るが、しばし

ば理由とされるのは、金融機関の側からはさまざまな企業の「実態」を異なる視点で詳しく見ることができる、それがさまざまな意味で将来の事業展開や経営のあり方に寄与する知識と知恵になる、という捉え方である。金融機関側から半ば「人質」的に、人材を出してもらいたい、という要請もあろう。ただ、概してはこうした「修業経験」は有益だったという印象が強いようである。金融機関に限らず、別の業種での異なる仕事の体験蓄積こそが、仕事の中身、知識と知恵の幅を広げ、視点を変えてくれるという意味で捉えるべきかも知れない[36]。後継者はおのずと、事業に入ってからの役割が定まってしまうだけに。

（4）さまざまな場・機会と期待される効果と

　前記のように、後継者の場合はその「承継にいたるプロセス」の一環として、教育と学習の機会を用いる可能性があるので、具体的な場は意識的に取り上げ活用されることになる。実際に後継者企業家が学ぶ場について、中小企業研究センター（2002）では詳しく聞いた。「経営塾」や「研修機関」の講座参加などはかなり多い。他方で、同業者、地域の経済団体、仕事仲間などとの「研究会」や「交流会」が相当に利用されている。政策金融公庫総合研究所（2014）での10社の事例では、他社での武者修行（6例）、海外留学（1例）、中小企業大学校後継経営者コース（2例）[37]、大学院MBAコース（1例）が確認できる（「武者修行」とも重複はあり）。やはり近年は、より意識的に後継者の「学びの場」が利用されてきていると言えよう。

　後継者であることは、「企業家」たるために、より組織的系統的目的意識的な教育と学習、新たな知識と知恵の取得の機会を得て、準備に時間をかけられる可能性につながっている。能力形成のうえで注目できるところである。しかし、後継者であることからくる「重荷」感、迷いや精神的な弱さをそのまま克服し、マインド面コンピタンス面で創業者ら以上の力を発揮できるようになる保証があるわけではない。問題は精神的ないし心理的な自立と

自信にあるのかも知れない（本書第5章、また落合（2016）参照）。それを欠けば、「逆境をはね返す」「跡継ぎになる気はなかったから、逆に開き直って走れる」というようなケースとは対照的になる恐れもある。前述のように、きれいに敷かれたレールがかえって重荷になるかも知れない。人間は生身の主体である。そこを克服する可能性は、ライフヒストリーの中での自分の本領を発揮しての挑戦や挫折、リーダーシップの発揮、達成実現の原体験、そのなかでの人間的な思考と行動の蓄積自体にあるのであり、学生生活、コース受講、海外経験、他社での武者修行などいずれであっても、計画・実践行動・教訓のサイクルを自ら経験することそのものが重要なのだとも言えよう。また強い問題意識にもとづく思考と探求心、問題解決及び創造的革新への道筋と方法を我が物とする意欲性意識性を身につけることが、創業者でも後継者でも企業家として同様に必要なものであり、その機会を得ることが「学習」自体であるとも言えよう。誰であっても、問題意識がなければ、優れた知識も恵まれた教育の機会も生かされないのである。

　こうした課題性が、大学等の枠組内での「後継者教育」にどう生かされているか、次章で見る。

　もうひとつの意味は、どちらかと言えば「教育」の機会で学んだ体系的知識など以上に、上記のような実践的経験、さらには多様な学びの機会を通じて築かれる、立場をともにする同士の共同の場、あるいは良き相談相手の確保と関係づくりにあるという見解である。前章で挙げたように、企業家にはそうした「仲間」同士、胸を開いて語り合い、励まし合い、また切磋琢磨し合うような関係と場を欲している。そしてその思いは後継者ほど強い感もある。個人の力を信じて疾走するリーダーたる創業者とは違い、後継者にはジレンマと「あとを行く」コンプレックスが拭いがたく、また社内外の視線も常に暖かく、信頼に満ちたものではなく、むしろ創業者以上に孤独で悩み多い存在である。それを解消し、支え合うような関係と共同の場に対する期待は強いのである。

（5）家族経営の学びとメンタリティ

　後継者が相当に「経営と管理」に専念できる中規模の企業の場合でも、「親と子」という関係のもとで後継者となる人間には、相当のプレッシャーと困難があることは否定できない。後継者の立場というに加え、親と子の血縁関係従属関係から簡単には解放されないからである。親の立場からすれば、いつまでたっても「我が子」であることは変わりはなく、幼い、危うい存在に見えてばかりで、「容易に任せられない」思いを捨てきれない。子からすれば、「偉大な親」をそう簡単に超えられないというコンプレックスと、何かと煙たい、口うるさい存在に見えがちである。

　そうした親子関係の危うさを意識し、あえて「身を引く」立場に徹する、時には自分に「仕えてきた」幹部たちとともに引退し、正真正銘子に委ねるという先代社長もいる（中小企業研究センター 2002）。しかし、なお困難なのは、事業体自身が家族経営規模で、職人や商いやサービスの仕事を継承してきたような場合である。後継者である子には、親が「仕事」のうえでの師匠、親方でもあるという三重のプレッシャーのもとに置かれてしまう。「一人前の仕事もまだのくせに」という上から目線が、事業の後継者になる義務感と、親と子という動かしがたい関係とに重なってくるのである。当人にはたまったものではない。それがために、「後継者難」が広がるという面も否定できないだろう。

　当然ながら、そうした強い血縁関係は「仕事を継承する」のに効果的である面もあるが、それは当人によほどの覚悟か強い仕事への意欲がある場合にいまどき限られるのであり、いつまでも「ダメだ、半人前だ」などと叱られ、ああしろこうしろと指図されてばかりでは、はじめの決意も揺らぐ、まわりのサラリーマン化した友人たちがうらやましくなるのが当然かも知れない。生活の場を含めて、「四六時中、親が親としている」のはほとんどの人にはメンタルに苦痛だろう。

　そうした環境は本来の意味での後継者としての「学び」自体にもプラスとは言えない。「仕事はまだ半人前だが、経営は任せられる」というのはあま

りないことであって、結局いつまでも後継予定者は責任を委ねられないままでいることになる。特に家族経営の場合、決定的な意味を持つのは「財布と判子を持つ」ことだと語られる。つまり、仕事の第一線を担い、事業の全体判断や将来展望にもかなり物言えるようになっても、「カネの現状と出入り」、またそれにかかわる財務や取引の責任には関与しないまま、いつまでも「主役」ではなく「脇役」にとどまっていることになるのである（職人経営などでは、オヤジが仕事の中心・親方で、お袋が財布と判子を握っている、仕事を実際には担っている息子はいつまでもそこにはタッチできないという状態が多々ある）。当然ながら、それでは後継者に望まれる役割を果たし得ないままに、年月が過ぎてしまう。後継者の学びの条件は整わないままで、「腐ってしまう」のである。

　だから、そうした立場の家族経営後継者こそ外に出てマネジメントの基礎をしっかり学ぶ、自身の事業経営の現状と課題、将来展望を見通す思考力・計画力を身につけ、きちんと舵取りをしていく立場に立てるような「学び」の機会が重要である。SWOT分析、顧客・市場と業界の見方、競争力の源、財務指標と経営分析、法律や制度等々を知ること、応用力を持つことである[38]。もちろん、そうした場での自己分析や発表、討論が重要であり、ここでも実践と主体的参加が欠かせない。また、後述のF木工の事例にもあるように、狭い伝統的な仕事の世界にだけ閉じこもらず、他企業他業種等にも視野を広げ、新たな知識を持つことも重要だろう。それらによって、「何を若造が」という見方しかできないオヤジたちに対する「理論武装」もできるし、自らの自信につながることも間違いない。

　こうした場に出ていくことは、日々仕事に追われ、家でも仕事場でも「親の背中しか見えない」毎日を過ごしている後継者たちにとって、客観的に自らを知る機会であるとともに、孤立を乗り越え、同年代や同じ立場の仲間たちと交流共感し合い、励まし合い、ともに学ぶ場を築く意味も大きい。そこから時には、「オヤジに文句を言う会」もできるのである。

家族経営の制約や困難を超え、21世紀に生きる普遍的な存在（三井 2014）としての真価を発揮していくためには、こうした後継者・次世代の学びの機会づくり、それを通じた自立と主体性の確立が欠かせないと言うべきであろう。

5．大学における「後継者教育」としての企業家教育──事例研究

（1）大学等の「企業家教育」と「後継者教育」

「企業家教育」の形をとる大学等での授業や活動は少なからず試みられている。少し古くなるが、経産省・大和総研が行った2008年調査によれば、大学の46.1％、247校で実践の経験があるとされる。そして、「起業家教育」を目的とするコース・専攻を設置している大学・大学院は1割、55校あるとなっている（大和総研 2009）。筆者の属していた嘉悦大学ビジネス創造学部や大学院ビジネス創造研究科においても、「社会ニーズを発掘し、ビジネスを創造する」「志の高い職業観と独自の発想力」「起業家精神を養い、社会や企業を変革する能力」「事業を構築し推進する発信力と行動力」を掲げ、筆者自身が担当する「事業創造論」でのささやかな試みを含め、企業家教育の実践を図ってきている。

これに対し、大学であっても特に「後継者教育」的な活動が多く行われているとは言えない。もちろん、それは前者のうちにあるとしても構わないのであるが、すでに指摘したように、後継者を独自に教育するという機会はあり得るし、むしろその意義や教育的な効果がより大であるということも想定できる[39]。本章としては、大学等での「企業家教育」全般を検討はしないが、特に後継者の育成に目標を置いた教育の実情に関し、取り上げてみたい[40][41]。

（2）事業承継コースの経験

TV番組（NNNドキュメント 2013年）で紹介された、大阪産業創造館と

連携する関西学院大学の「跡継ぎゼミ」のような実例もあるが、大学の課程の一環として公式に設定実践されているのが、平成13年度に設置された高千穂大学（東京都杉並区）[42]の「起業・事業承継コース」である。このコースを志願する受験者は一定の前提条件で入学を許可される場合があり、実際上後継者の立場である人を積極的に受け入れるという位置づけにある。なお、学部の入学定員が230名なのに対し、このコースの定員は20名となっている。コース[43]の必修専門科目として、「事業計画論A/B」「中小企業経営論A/B」「企業家論A/B」「事業創造論A/B」が置かれ、また企業研究、ビジネスゲーム演習、企業経営実習のような実践的なカリキュラム、実践活動としての「体験学習」の実施などを教育内容の特徴としている。また、最近は社会人アントレサポーターの力を生かし、卒業研究報告の審査などとともに、外部との連携と日常的なサポートを強化してきた。

　この「事業承継コース」を担ってきた鹿住倫世氏（現在は専修大学教授）、川名和美氏から、教育現場の実情を詳しく聞くことができた。
　その際、基本的な問題は、入学してきた学生たちが後継者であることを十分に自覚せず、大学入学の手段視している傾向が否定できないという状況にある。大学及び教員側は、「やり手の２代目」となるべく、後継者としての高い自覚と目的意識のもとで、大いに学び、力をつけて卒業してほしいと考えているのだが、「一般学生」並に、「何となく」学生生活を送ろうという姿勢が容易に拭えない。しかしその基本的な原因は、親と当人たちのディスコミュニケーション、家業が「見えない」現実から来ることが多いと判明している。つまり、当人は将来の後継者となる可能性を理解しているものの、親などがその意味や現実を正面から語らない、見せないことに問題がある。それゆえ、事業を継ぐことをいかに「自覚」させ、主体的な学びの契機を築くかが、このコースの入り口の主要な課題であり、入学時の「家業レポート」の作成やそれを通じた親らとの対話（「仕事」のことを初めて親の口から聞いたとか）、これに対する大学・教員側からのフィードバックを積み重ね、

「当事者意識」を高め、主体的意識的な勉学と経験蓄積のきっかけを築いていくことで、効果を上げてきたという[44]。関学大の「跡継ぎゼミ」でも、同じように「家業を知る」こと、親との対話を重視している。

　もちろんそれとともに、「企業実習」などの機会を通じた実社会との接点、学習機会の広がりがよい循環を導いている。「やるべきこと」が見えてくるのであり、また「外」の目を通じ、自分の存在を客観視し、「就職難」にあえぐ多くの学生に比べ、後継者となれる自分たちは「恵まれている」との自覚、それと裏腹の責任感が芽生えてくるのである。

　高千穂大学事業承継コースの卒業生も200名を超えるが、フォローアップ調査以外の機会などを通じ、相当の成果が確認されているという。特徴的には、地方での家業事業の継承者、あるいは地方でのFCビジネス経営の後継者などが目立ち、そのなかではさらに、家業を継承しながら、新たなビジネスを展開するなど、事業承継と経営革新を結びつける動きも広まっているという。解釈すれば、地方都市などにおいてはそれだけ、後継者が「学べる」機会やコミュニティの場が乏しくなっていることの証とも言えよう。

　卒業生の一人、地方都市で家業の菓子製造や土産物卸売の事業を、専務として継いだM氏は、商品コンセプトを大事にした新商品の開発や販売に注力するなかで、「人の話には耳を傾ける」「人を動かすにはまず自分が動く」「仕事とはお金を稼ぐことではなく、感動を与えることだ」「失敗を恐れてはいけない、新しいものをたくさんつくってみよう」などの理念を実践しているという。こうした経験と思いをまた、在校生に語る機会を通じ、大学事業承継コースとしての好循環を生んでいることも特筆されよう。

　このように、コミュニケーションとコミュニティ関係のうちで、「自己認識」「家業認識」を通じ、承継企業家としてのフィロソフィーとマインドを培っていけば、後継者たちにはむしろふさわしい文化的環境があるのであり、それをまた手がかりと学びの契機とし、実践的な学習方法を活用するこ

とで、企業家の能力、スキル、センス、コンピタンスと戦略的思考力を自覚的に身につけていくことも相当可能になるものとすることができる（もちろん、ここで「仕事のスキル」を身につけることはできないが）。ここには全体として、「企業家的態度」の形成と体化に寄与できる、「企業家教育」の実践的な実例を見られるのである。それはまた、後継者たち自身の新たなコミュニティを構築するきっかけにもなる。

6．後継者とその能力形成・役割——事例研究

　事業の後継者の立場に置かれても、「企業家教育」経験も経営の勉強も実際にはほとんど何もなしに、それどころかその「仕事」さえ知らずに「飛び込み」で事業を継承し、それで十分すぎる成果をあげてきた例というのも決して珍しいわけではない。それだけ、継承「企業家」というのは悩ましい存在でもある。しかしまた、そうであればこそある意味大胆に、あるいは真正面から、経営革新につながる取り組みを実行できるということも想定できるのである。これを現実の事例[45]のなかから見てみよう[46]。

(1) A機械の事例——「技術」の仕事力と「経営」のフットワークの役割分担

　ものづくり系の企業としては、後継者が大学工学部などで技術系の勉強をし、それを次世代の経営革新に生かそうとする、そうした「後継者の育て方」はよく見られる。まずは、「仕事」の継承と発展を重視しようとする姿勢である。

　1950年代創業の、ベアリング製造企業A機械は、創業者自身工学部出で、大手企業での経験ののち、帰郷して当時まだ少なかった専門技術分野をいち早く手がけ成功させた。さらには自社の加工設備の内作を機に、その外販にも事業を拡大し、今日に至っている。後継者と目されてきた長男はやはり大学理工学部を卒業、取引先でもある大手機械メーカーで「武者修行」5年の

のち入社、生産機械の設計やメンテを担当し、その後外販設備等の製造子会社Aテクニカルの社長になり、さらに40代でA社の社長に就任した。この経歴からも判明するように、現社長は技術屋に徹しており、いわゆる「経営者」としての「勉強」の機会が多かったわけではない。そのため経営塾に参加したり、意識的に学ぼうと努め、父の経営姿勢を受け継ぎつつ、「ワンマン経営から参加型経営へ」という変革に取り組んでいる。

　他方で現社長の実弟は大学文系卒業後金融業界に勤務し、当社の事業への関心は乏しかったが、経理担当者の退社を機に、父の強い働きかけで30代で同社に入社、経理・総務・人事を担当し、兄の社長と二人三脚の体制を組むに至った。このような実の兄弟が同じ社内の後継者の立場にあるというのは何かと難しい面を伴うものの、T社においては、兄と弟とが事実上完全分業を組むかたちに落ち着き、兄は開発や製造、社内中心、現専務の弟は営業や人事、総務中心で外回りといった役割に分かれている。同時に、専務は組織改革や外部との連携などにもフットワークよく動いてきている。それによってT社の業績は好調であり、100億円以上の年商をあげている。このように、「仕事」技術一本というのも継承のうえでは必要十分とは言えないが、結果としての役割分担で、「仕事」と経営・管理をうまく回すというシナリオも、後継体制のひとつのかたちである（現在同社は、量産製造部門のA機械、開発・工作機部門のAテクニカル、総務・経理・人財部門のA社というグループ経営になっている）。

（2）B硝子の事例──180度違うキャリアから「飛び込んで」も、学びと信頼構築で

　B硝子の現社長は学生時代は成績優秀、国家公務員試験に合格し、幹部官僚としての仕事をしていた。それが社長であった父（工学部卒の技術屋）の急逝で呼び戻され、40歳にしてやむなく社長に就任したのである。同社は70年の歴史を持ち、専門技術で業界の雄たる存在、100人以上の従業員を擁する確固とした企業だから、「社長業」が交代したことでいきなり困難に陥る

恐れはなかったが、現社長には継承に大きな不安がつきまとい、以降懸命に「勉強」をした。一方では経営に関する書を読みあさり、さまざまな研修やセミナーに臨み、交流の機会にも積極的に顔を出し、資金の流れと財務管理をまず身につけた。人の動かし方も学んだ。他方で製造現場にも入り、毎日職人たちと一緒に仕事をし、技術のことにも経験を積んだ。もちろんそれによって、一人ひとりの従業員の姿が見えてくる。そのうえで、従来通りの経営ではこの先はないと痛感、思い切った経営改革に踏み込み、職人芸の世界から技術と開発力主体の企業への脱皮、新市場開拓などともに、経営体制も刷新していったのである。

このように、後継者には「学び」は欠かせないし、それも「勉強」の範囲だけでなく、「仕事」の第一線での経験蓄積と強くかかわっているものである。それはマネジメントの力を蓄えるに必要なだけではなく、社内の信頼を勝ち得、戦略的な改革と革新を実行するうえでの不可欠な条件にもつながっている。同時にまた、官僚時代から身につけた、「現場重視」「経験重視」の姿勢、必死の新米社長的になんにでも首を突っ込まず、皆が「言いたいことが言える」雰囲気の醸成努力がある。さらには「笑いがたかい」と部下に批判された官僚的な強面を意識的に崩し、和やかな接し方をつくろうと努力したところにまで、現社長の「生かすもの」「変えるもの」のありようが見えている。

(3) Ｃ精工の事例 ──「技術」は現場で勉強し、大胆な変革を決断

京都でアルミ加工業として1960年代に創業したＣ精工は、小規模ながら独自の技術力を誇るものであったが、長期化する不況と取引先からのコストカット要求に苦心する状況が続き、現在経営を背負っている副社長は絶対に後を継ぎたくはないと考えていた。その実兄が後継者となっていたものの、障害を持つ身で十分な働きができない、経営は苦しくなっている、切羽詰まった両親に泣きつかれて、大学文系を出て商社に就職も内定していた現副社長はやむなく家業（当時10人規模）に入ったのである。しかし、じり貧状

態の経営の向上の展望はなく、3年にして大胆な経営転換を宣言し、責任を引き受けることになった。まず、従来からの受注の8割を占めていた貸与設備での自動車部品賃加工を一切やめ、「背水の陣」で新規の需要開拓に賭けた。また思い切った設備投資を行い、3年間無給と引き換えに当時最新のNC旋盤やMCを購入、これらの使いこなしに夢中になった。技術畑出身でない、怖いもの知らずの強さ、大胆さである。他方で、IT化の動きを捉え、社内の職人的ノウハウを徹底的にIT情報化し、情報共有と自動化、ネットワーク化を図った。そのもとで、量産型から中量生産、さらに少量試作生産へと企業の体質を大きく変えていったのである。

　結果として、20年を経てC精工はITと加工技術を駆使し、医療、計測器、航空機、特殊車両等向け精密機械部品等の試作加工をメインとする60人以上の規模の企業に発展した（のちに社名も変更している）。技術は仕事をしながら勉強するという現副社長の姿勢が実ったのである。これはもちろん当人の天性の能力や才覚が花開いたということであろうし、学生時代からバイトで家業の現場に入り、手伝っていた経験も生きている。「技術」だけではなく、「経営」もきちんと勉強したことはない、けれども人と話はしても、決断をするのは自分であるという確固とした姿勢がある。そしてその背後には、現状を否定してでも「人間らしい創造的知的な仕事の場をつくろう」という強い思いと、これを信頼し、あえて任せてくれた先代の姿勢が貫かれているのである。

(4) D精機の事例──「革新」は瀬戸際と大胆な実行の産物

　D精機は1960年代創立の埼玉県の金型製造業企業で、もともと金型メーカー勤務の創業者が、高度成長の波に乗って仲間とともに独立開業したものである。以来弱電機器向けの金型の製造で経営は順調のように見えたが、機器生産の海外移転やバブル崩壊で足下には危機が忍び寄っていた。さらに1990年代に社長が事故に遭い、経営の責を果たせない状態になって、急遽社長の座を継ぐよう求められたのが、長男の現社長である。しかし本人は幼時

から、仕事にばかり打ち込んで顧みない父親に反発し、口をきく機会も乏しく、一時は荒れ、その後大学進学もするが、バイトに熱中してトップセールスの記録を出すなど、かなり「自由奔放」に生きていて、事業の承継などは眼中になかった。大学卒業後にはバイトの流れから電機メーカーのプログラマーになり、活躍していたものの、母親が病気になったことで頼まれ、家業の経理を見るために24歳で入社した。その後、父の事故という事態に直面し、決断を迫られたのである。

　現社長は跡継ぎの意識はなかったが、やる以上はすべてを任せてもらう、嫌な人間は辞めてもらっていいと宣言、以降、大胆に企業の経営と文化を変えていった。結果として、注文通り設計図通りのものをつくる職人的「型や」的な体質から、「なんでもやります」「つくることにルールはない」の挑戦心あふれる技術者集団に変貌したのである。そのために若い人材をどんどん採用していった。高価な設備も惜しみなく買ったが、仕事の中心は価格競争に陥りにくい小型精密金型に集中し、余計な設備と工場はリストラした。そこには現社長自身の若さとITに通じた知識が物を言っているが、同時に３年間現場に入り、すべての仕事を経験し、身につけるという努力の積み重ねが生きている。他方で同業者の自主的なグループを作り、勉強の機会を広げている。また、若手とベテランの協力、技術のマニュアル化も駆使されている。「新しい」「面白い」「楽しい」企業を目指す（「社訓」や「帝王学」は嫌いという）現社長の下で、業績は好調、「元気なモノ作り中小企業300社」にも指定されている。

　Ｄ精機は世代交代を典型的なまでの経営革新につなげた。しかもそれは「継承」でも「外からの知識・知恵の搬入」でもなく、少々荒っぽいまでの大胆な決断とリーダーシップ、次世代の個性に拠っている。同時にその裏には、熱心な学びと習熟の姿勢がある。

(5) E 社の事例──「理論の受け売り」ではなく、地に足の着いた経営理念と求人活動に徹した成果の力

　本来はものづくり系の企業でありながら、全く違ったキャリアパスを経た後継者の例もある。「プレス機のメンテナンスと改造」というユニークな事業を営み、業績好調な E 社は、元来老舗のプレス機メーカー E 機械製作所が前身である。戦時経済下での統合、戦後の再出発と競争激化のもとでの再編を経て、同社は「商社に飲み込まれてしまった」が、その経営者の子であり、常務であった創業者が1970年代に起こしたのが現在の E 社である。メーカーの伝統のうえに、「知識集約化」の時代の到来を見越して、メンテナンスサービスに特化した事業を立ち上げるという大胆な決断が、同社の礎であった。当人は文系学部出身で技術畑出ではないところもユニークである。そして後継者と目された長男の現社長も経済学部出身で、さらに経営系大学院を修了、「経営の勉強」を一番してきた立場であることは間違いない。

　現社長は、武者修行など経ることもなくいきなり当社入社、当時60人規模の企業の取締役工場長の肩書きでマネジメントをやらされることになった。これは「大学の学問への過信」や「独りよがり」の表れなどでは全くなく、父の一種の「ショック療法」でもあったと考えられる。当然ながら、現社長は社内で何をしたらよいのか途方に暮れる状態であった。そこで懸命になったのは、ともかく遅刻しない、朝の体操をきちんとやる、事務所の掃除をする、全員先輩である社員に挨拶をする、この４つを励行し、また生産管理の担当として、現場のプロジェクトの進捗を一から体験、その向上に努力した。他方で、当時深刻であった人手不足を考え、学校回りを４月から開始、求人活動に全力を傾け、ともかく新人10人を集めて入社式を敢行した。これは創業以来の出来事であった。人を入れれば、まず仕事のできる人間になるよう教育せねばならない、またその人たちが「やる仕事」をつくっていかねばならない、それに徹して、以来20年間疾走してきたのが実感であるという。このような徹底した「求人活動」により、毎年度10人以上の新卒入社を確保、県下でも指折りの新卒人気企業、若い企業に育て上げていったのである。

こうした努力と成果が現社長のリーダーシップを築き上げ、企業規模も倍化し、創業者が安心して社長を任せられる2010年代の「世代交代」につながった。また現社長の弟は商学部卒業後大手商社に勤務していたが、本人の経験と志望、企業の今後の事業課題から、当社米国営業所代表として海外事業の前線に立ってもらい、管理と営業の二本立て体制を築いている。
　現社長は「経営学を学んだ」からといって、「欧米仕込み」の理論を振り回すようなこととは正反対なのも特徴的である。むしろ「日本的経営こそが正しい」と、徹底した姿勢を貫いている。年功序列、家族的な経営、反成果主義で待遇の差別なし、チームワーク、働きやすい環境作り、人材教育の重視、こうした経営スタイルを守ってきているのである。他面で、経営内容の公開、社内コミュニケーション推進、仕事における徹底したマニュアル化、見える化、情報共有、個人の自己目標と自己管理推進なども着実に推進してきている。仕事が顧客ごと、設備及び現場ごとの非定型的なものであり、なおかつ高度な設計や設備製造、取り付け、メンテナンスなどの複雑な作業と技術の組み合わせなので、「後方支援部隊」も含めて、全体の円滑な動きと協力・協働関係が欠かせない。こうしたところには、前社長現社長を含めた、「学び」と理論化、実践経験との結合が多分に生きている観がある。「独立自尊」「自立と連帯」「半学半教」、こうした理念を経営に生かす、それは先代からの継承でもあり、現社長はそれが後継者としての自分の責務であると考えている。大きな経営革新はそのあとの世代の仕事だろうと展望して。

(6) F木工の事例 ── 職人的自営業の仕事の継承から革新へ

　F木工は静岡県の伝統工芸産地の企業で、四代続く木工業である。完全な職人自営業であり、1950年代生まれの先代も4人兄弟の長男で、職人だからと大学進学希望を断念させられ、商業高校卒業後に家業に入って両親のもとで職人修業をした。しかし仕事には不満があり、家を出て他の勤めをするなど繰り返したのち、32歳で家業に戻り木工に専念することになった。伝統的な行き方にはなお飽きたらず30代末で独立、「クラフト」の看板を掲げ、加

工設備も整え、木箱などの独自製品はじめ、さまざまな需要に応えてきた。

その子、1970年代生まれの四代目の現社長は幼時からこの環境で育ち、「宮大工が夢」であるほどものづくりが好きで、祖父からも仕事を継いでほしいと言われ、家業の手伝いなどしながら仕事を身につけ、また進学の夢を叶えられなかった父の薦めで、大学にも進んだ。ただ、これは経営学科であった。しかし、家業に戻っても木工分野での急速な技術と市場の変化を見るにつけ、「武者修行」が要ると考え、取引先の関係の同業企業に入り、3年近く勤務し、設計、加工から社員教育まで幅広く経験することができた。PCを駆使した設計や加工、生産管理など学べたことが大きく、技術型の経営を目指し、家業のなかでも父とは異なる製品分野に受注を拡大し、CADを生かした高度な加工方法で新需要を開拓してきている。また、思い切った設備投資も重ね、加工技術の幅を広げている。

四代目が戻って10年、2010年代には正式に事業を引き継ぎ、社長となり、父は会長となった。またこの際に懸案の法人化も行った。それでも従業員数3人の職人業であることは変わらないので、現社長も先代も現場で木工の仕事に勤しんでいる。この事例は、職人的な「仕事」技能の継承とともに、進学や「武者修行」を通じ、外の知識と経験、とりわけ新しい技術・ITの利用能力を取り入れ、経営のステップアップを図ることが必要かつ重要であることを示している。他方また、現社長は「仕事」の力だけではなく、確固とした経営理念とともに、記帳とお金の管理、それを手がかりとした経営状況の把握、主体的な展望の構築が欠かせないことを痛感してきた。大学進学分野の選択もそうであるが、現社長は地域の同業者同士や中小企業の連携活動にも熱心で、「外の学習機会」の重要さも指摘している。

(7) G印刷の事例

G印刷（従業員数40名）は創業以来、薬品ラベル・説明書関係の印刷を中心に130年の伝統を有している。六代目の現社長は必ずしも後継の意思はなかったが、父の急逝や兄の辞退もあって、社長になることを決意、大卒後の

他社武者修行を経て入社した。しかしバブル崩壊と売上減少の危機的な状況下に、社内の停滞と混乱を打開せねばならず、孤軍奮闘ながらトップの責任で問題解決と経営革新に取り組んだ。他方で社会企業家との交友からユニバーサルデザインへの取り組みを始め、エコ素材利用・包装・発送を含めて「ソーシャルプリンティング」企業へと飛躍を遂げてきている。代表的にはエコカレンダーを製品化し、顧客からの好評を得た。他方でソーシャルメディアを活用し、情報発信とともに社会の声に耳を傾けている。この現社長の思いと実践には、創業以来の社会と健康への奉仕の「経営哲学」への振り返りとともに、「働くこと」、また（価格の叩き合い競争ではなく）「社会に役立つ仕事」に対する自身の信念が結びついている。企業の「存在価値」としての「使命」への社長の確固とした信念に、社内外の理解と共感、信頼が広がっているのである。近年は特に、国連の掲げるSDGs（持続可能な成長目標）を最大の経営課題とし、積極的な取り組みと成果により、国内外での注目を集め、企業の存在意義を大きく知らしめている。SDGsには多くの事業機会と事業発展の方向が示されているのである。

　このような社会的企業としての取り組みは、翻って現経営者の抱く大きな経営理念と「天職」意識を高めるものでもある。逆に言えば、自分がなにゆえに後継社長としての責を担っているのか、その動機づけ、文字通りの「天職」の思いとして、極めて重い存在と言えよう。

7．まとめ

　本章においては[47]、近年注目の的となっている「中小企業の新陳代謝」促進という見地の批判的な検討を踏まえ、新規開業とともに既存企業の存続としての事業継承を、「企業家主体の存在意義と能力発揮」として捉え、これを企業家の能力形成の意義と内容、及びその「学び」のメカニズム等から解明し、また起業事例を通じた検証を試みた。したがって、資金や税制、支援体制などからの多くの議論や施策動向とは視点を異にし、それらは別章の

課題でもある。また、「誰を後継者にするか」の議論とも異なる。

　そのために、実態を客観的に見ることがまず必要である。前章で挙げたように、企業の大多数を占め、1,200万人からの人々が働く場・稼得の場を得ている300万以上の小規模企業[48]への関心が高まり、これに対する独自の施策がなされるようになってきたのは、妥当なことである。

　こうした実態を「就業構造基本調査」などから検討すると、今日の「企業家」全体のうちで、「経営と管理」＝社長業に専念していけるのはそう多くを占めず（もちろんそれは企業の規模にかかわっている）、「現場」の仕事中心に働いている、さらには「専門職」の活動に主に従事している人々が多数である。これらの多様な現実を踏まえ、「新規開業を促す」意味と対象、方法も考慮すべきで、特定の「ベンチャー企業家」などというイメージで語ること、あるいはもっぱら「ビジネスアイディア」の新規性を競うことは現実離れしており、そこに傾斜した「支援策」は有効なものではない[49]。むしろマジョリティの実態に即して考えれば、「独立して稼げる」仕事力の獲得と実践機会の確立こそが、先にあるべきではないのか。そしてその意味では、今日注目される「フリーランス」[50]といったかたちの働き方に従事する人たちの、仕事と暮らしの実態、課題解決も重視すべきではないか。

　企業家の能力、とりわけスキルとコンピタンスの獲得と発揮は重要であり、それを欠いて、企業家論を「精神論」に終始させることは現実的生産的ではないが、根幹にそうした「マインド」ないしは価値観（フィロソフィー）ないし人生観や職業観のあることは否定できない。そこにきざす主体性と意思を欠いて企業家の能力や役割は発揮できないし、能力形成自体にも自発的動機づけと問題意識が乏しいというジレンマを生じさせる。日本での「企業家教育」が目立った成果をあげず、試行錯誤が続いているのには、「制度化された教育」の限界とともに、マインド面の機運醸成[51]を意図するものと、「起業の方法」を教えようとするものとの間の錯綜もあるからで、この矛盾を指摘する主張も近年多い。

しかしなお、「精神」を教え込もうとすることが必要なのではなく[52]、カギは「参加」と「実践性」、自主性自発性にもとづく「学習」の過程自体と経験蓄積、旺盛な問題意識としっかりした思考の積み重ね、その主体的な応用の意欲そのものの醸成である。そしてそれを支える社会的仕組みとコミュニティにある。企業家の価値観やマインドがもともと、当人たちの諸般の経験や人間関係などによる「ライフヒストリー」のなかから形成されるものである以上、企業家の「学習」の場としては、「仕事」の力の獲得育成と実践をはじめとして、主体性共同性と実践性の好循環をどう構築発揮し、成果としていくかが重要なのである。最近の「学習」理論を踏まえれば、「参加」と問題意識の掘り下げ、自主的行動・探索と成果の確認のサイクルこそが、「企業家教育」というより「企業家学習」の神髄のはずである。

後継者にはある意味困難もジレンマも大きい。創業者らの「あとを継ぐ」こと、「レールを敷かれる」こと、経営を発展させることなどの間には多くのプレッシャーと葛藤がある。後継者の「学び」の機会と方法などに関しては、従来からあまり環境が整ってきているとは言えず、企業家の一員としての後継者ならではの悩みや課題に応える場も必要である。そのなかで後継者は近年、意識的な「学び」の場として大学・大学院や中小企業大学校などを活用している向きもある。しかし、「後継者のため」をうたった大学はまだ少ない。大学後継者コースの実態からは、カリキュラム編成以前に後継者自身の「マインド」・自覚の覚醒が重要であり、その手がかりは企業家たる親らとの「対話」、実情を「知る」ところからも始まる。そうした契機を生かせば、後継者の自覚的な成長は実現できる。

上に挙げたようなジレンマゆえ、やむなく「逆境」から開き直った後継者のほうがたくましく、経営革新を率先実践できるといったパラドックスも生じる。また外で「学んだこと」がすぐに成果につながるわけではなく、「経験」と「知識」獲得を目指した「武者修行」や「海外留学」が期待されたほ

どの意味を持たない現実もある。それらが無意味なわけではなく、ここでも「独立心」と「主体性」「実践性」、「現場」での従業員や関係者らとの対話と信頼構築、そして「問題意識の醸成・発揮」と「実践知」（黒瀬 2012）蓄積がカギなのである。「何をか成し遂げた」ことから、後継者の本領が発揮できる条件が確立されるとも言えよう。

　「仕事」中心の小規模家族経営などにおいては、後継者は三重のプレッシャーにさらされる。その外の「学ぶ場」、実践的かつ創造的な学びの蓄積、そうした場を通じた「仲間」コミュニティ形成は、この家族経営後継者にこそ必要である。このような現状認識と積極的で息長い取り組みを通じて、「持続する」企業家企業の承継と発展を期することが、我が国での重要な課題と言わねばならない。そのことが、持続可能な経済社会の構成員、その活力と発展を支える「多様性の経済」[53]の担い手たる「中小企業者」の存在意義の発揮をもたらすのである。

＊付記

　本章は一般財団法人商工総合研究所の平成26年度委託研究・日本学術振興会産業構造・中小企業第118委員会実施『中小企業の新陳代謝』に係る、研究結果の一部にもとづくもので、初出は、三井「企業家・後継者の能力形成と事業承継」（『商工金融』第65巻8号、2015年）である。

　これらに関しては、他にも様々な事例研究等のファインディングスを踏まえており、また、筆者のささやかな「企業家教育」実践経験も下敷きにある。
　専修大学大学院商学研究科2002〜2010年度「起業論」
　嘉悦大学経営経済学部・ビジネス創造学部2012〜2017年度「事業創造論」
　嘉悦大学大学院ビジネス創造研究科2013〜2018年度「事業創造論」

（注）
1）企業家の能力と事業承継を論じるには、世代交代とイノベーションの可能性、

あるいは社会企業家の性格と課題も重要な論点と思われるが、紙幅の都合から言及しなかった。また、筆者としては三井（2015a）で示したように、安定した雇用機会につけずに悩んでいる「フリーター、失業者」などの創業の機運こそ、政策的に支援推進する必要があると考えるが、その方法や課題、実態等は、本書第4章などを参照。

2）前章でも見たように、経営者の年齢が60歳以上の小規模企業では、3割前後が「縮小、廃業」を将来の選択肢としている。廃業の理由として、後継者難に関連する項目が小規模事業者では半分を占めている。中小企業庁（2012）

3）中小企業庁研究会2001年調査では、回答企業経営者の73.7％が「自分の子供」に継がせたいとした。しかし、『2014年版　中小企業白書』での調査結果だと、小規模企業でも半数近くが「社外の第三者への事業承継」も考えられるとし、むしろ中規模企業より多い。ただ、「家業継承」の発想は変わってきているとはいえ、前章でも見たように、実子を含めた後継者がいないことで、廃業を余儀なくされる実態は今日も多々見いだされるのである。事業承継の困難が小規模企業の減少の背景であることは否定できない。中小企業庁（2014b）

4）こうした課題は、もちろん我が国だけでのものではない。EU欧州連合や欧州諸国でも、税制面や資金面などから「business transfer」に関する問題解決を目指す政策が試みられてきている。三井（2011）を参照。

5）「スキル創造論」の見地について、学習理論のみならず、行動科学や脳神経学、情報と認知論、推論方法論などを動員した研究と議論が行われている（古川 2015）。

6）無知なマスコミ業界の人たちは、こうした契約形態の意味さえ理解できず、「事務所に雇われる」とか、スキャンダルを起こして「解雇された」などと平気で記す。そんなことが頻発すれば、まさしく「不当労働行為」で訴訟ものである。実態は逆で、自営業主としての芸能人個人が、「事務所」にマネジメントを委託契約しているのである。「専属」関係と引き替えに、「事務所」は売り込み、仕事をとるなどのマネジメント努力を行い、出演料等の売上は「事務所」を経由して「支給」されることになっている。これは「請負契約」でさえない。逆に言えば、そうした人たちの立場と労働条件にかかわり、現代の「フリーランス」問題がある。

7）事例で見るように、行政官僚から後継経営者になったＢ硝子の社長は、製造現場に入り、3年をかけてすべての仕事を経験、そのうえで経営革新の必要を確信し、実行に移した。また全国に知られる産地企業の革新例である富山県のＮ社でも、カメラマンから婿養子のかたちで後継経営者になった現社長は、のべ10年かけて製造をはじめすべての仕事を経験し、伝統的工芸品の製造技術力にデザインを組み合わせれば新たな製品展開は可能になると確信、新事業を成功させた。

8）そこに、自営業経営での「家族従業者」の存在が持つ意味もある。彼らは「雇用関係」のもとにはない。しかし、前記のようにその数が近年急減していることも、後継者問題ともかかわって見落とせないところである。

9）後述のＥ社の事例参照。

10）Ｆ木工の事例、参照。

11）第一級の「職人技」で知られる金属彫刻業のＺさんは、かたわら近年はインターネット活用を図ったり、またタレント級の人たちからの個人的な注文に応じた特製アクリル印鑑を提供したりしている。もっとも、その「新しい仕事」できちんと稼ぐ、受注を広げていくといった志向性がないのが、職人たるＺさんの個性なのだが。三井（2011b）も参照。

12）中小企業研究センター（1996）、三井編（2001）。

13）それはまた、「ケイパビリティ」の議論と重なるところもあるが、それが主に組織の問題解決と資源活用、戦略推進力を問うのに対し、ここではどちらかと言えば、個人の発揮する主体的な「能力」に限ったものである。

14）三井（2001）参照。

15）根本（2018）は、共有される「文化的価値観」という観点と指標をもって、GEMの各国データを分析し、「起業意識」に及ぼす影響を検討している。ここでは個人主義対集団主義、チャレンジ志向とリスク回避といった価値観がかかわり、日本の回答データはかなりの異質性を示すとともに、人的ネットワークの果たす可能性にも言及されている。

16）一般に企業家の起業目的意識を問えば、こうした「自己実現」や「能力発揮」の答えが上位に来る。周知のように、「自己実現」（self-actualization）はマズローの欲求五段階説から提起された概念だが、そうした段階論を外して、「自己

実現」の言葉だけが主観的自己正当化のように一人歩きしている観も拭えない。

17)「起業態度」は「起業行動」と区別される概念として用いられてきているが、別の見方をすれば、GEM 調査などで、起業「行動」以前の「意思」、「事業機会」や「知識」「スキル習得」「人脈形成」「資金」など、経営資源の活用とビジネスシステムの構築を図れる前段階、言い換えれば行動の前提、企業家の意思と力の高まりを相対評価するうえで概念化される包括指標とも理解される。それによって、「起業行動」の低迷する日本の現状なども、再評価できる面もあるだろう。ともあれ、筆者の解釈としては本章のような位置づけが可能なのである。高橋徳（2013）、加藤（2014）を参照。

18) 中小企業庁（2014b）での調査では、日本での「企業家教育が十分に行われている」とする回答は、5.4%しかなかった。

19) 筆者も加わった、学生ら1,000人余に対する1996年調査で、「大学出たらすぐに独立起業する」との答えは1.1%しかなかったが、「いずれ独立する」との答えは21.5%あった。中小企業研究センター（1997）。

20) 中小企業庁（2003）は、起業家精神を培う教育の内容として、次の3つの側面があることをすでに指摘している。①起業家精神の醸成をはかる側面、②経済的なものの見方・考え方を養う経済教育的側面、③起業に必要な知識・技術等のスキル習得育成を図る側面、である。②が企業家教育の範疇に入るものかどうか疑問もあるが、一般的な理解と言えよう。

21)「企業家教育」（entrepreneurship education）の世界的権威である、米国バブソン大学のバイグレイブ教授は、日本中小企業学会第30回大会（2010年）の招待講演の題名を、「企業家は教育で育つのか？」との問いかけにした。高橋徳（2013）も参照。

22)「大学は就職予備校ではない」というのも、学問の自由とリベラルな教育の意義を説くうえでの重要な御旗であった。もちろん高等教育を受けるのは、自身の知的関心や身につけたい学問、教養などであって構わないはずだし、「生きる糧を得るすべ」と無理矢理結びつけられれば、「職業選択の自由」を制限し、教育投資の「効率性」を図ろうという、かつての「社会主義」、現代の「新自由主義的市場原理主義」に行くしかなくなるだろうが、ここでの主要な論点ではない。

23) 奇妙なことに、個人的グループや私塾は別として、「起業家を育成します」という看板を掲げた専門学校は日本ではほとんどない。さまざまな教育、指導の機会はあるが、「教育ビジネス」としては成り立たない。もちろん、行政やその助成支援を得て実施されるタダ同然の「講座」「セミナー」が多くあり、有料で「起業家育成をします」という看板を出しても、容易に受講者を集められないこともあるだろう。筆者が関係した社会起業家育成事業も内閣府の助成によるもので、講座受講は無料、そのうえビジネスプランコンテストで優秀と認められれば、開業資金になる賞金を得られた。
24) 前出の中小企業庁（2003）も、「経済活動の当事者として、「自分の選択」を「自分の決断」において「活動すること」を学ぶこと」であり、経済活動を教材としながら、「座学（教科）学習と体験学習を一体とした総合教育」たるものとしている。
25) 筆者が嘉悦大学で担当していた学部「事業創造論」の初年度授業で、受講学生が各プロジェクトを組み、ビジネスプランを作成発表するなか、1チームが「コンビニ開業」を発表したので、「セブン‐イレブンやファミマに対抗して生き残っていけるような方法を考えたら」と助言したところ、「そんなことまで考えなくちゃいけないんですか、それならぼくは本当の企業家になっちゃうんじゃないですか！」と逆ギレされた。バーチャル設定下での「本当の企業家になったつもり」の動機づけというのも容易でないことは間違いない。
26) 「まず精神から」「主体的動機から」というような段階論をここで述べているのではない。前章で指摘したように、人間の思考の過程は多様で双方向的であり、経験の作用は輻湊的である。
27) 本書第3章、参照。
28) 米国バブソン大学の教育内容をテキスト化した、Bygrave & Zacharakis（2008）は、「起業家革命の時代」「起業プロセス」「事業機会の認識と具体化のプロセス」「ビジネスモデルを理解し、戦略を構築する」「起業家のマーケティング」「ビジネスプランの策定プロセス」「見積財務諸表を作成する」「ベンチャー金融の国際的動向」「創業資金・成長資金の調達」「借り入れその他の金融」「起業に関する法律と税金の問題」「知的財産」「起業後の成長戦略」の各章から構成されている。同著者らの前著『アントレプレナーシップMBAハンド

ブック』(Bygrave & Zacharakis 2004) に比べ、序章と「ビジネスモデル・戦略」「創業チームをつくる」が加わり、「起業と小企業への外部支援」「フランチャイズ」「起業家とインターネット」が削られた。

29) なお、高橋氏は本書を全面改定した新版を2007年に出している（高橋徳 2007)。それに伴い、キーワードの表現変更などもある。また、前書で豊富に取り上げられた起業事例に関し、個々のフォローアップによる現状記載を多々行っているのも興味深い。

30) 『2014年版 中小企業白書』の調査では、起業しようとする人々の直面している課題や学ぶべきことなどの最多のものが「経営知識一般（財務・会計を含む）の習得」である。

31) 筆者の経験からすると、近年意外に見落とされているのは、ビジネスを営むうえでの「企業形態」の選択である。株式会社に限らず、NPO 非営利活動法人、LLC 合同会社、一般社団法人などさまざまな法人形態が制度化され、それぞれなりに一長一短もある（制度としては古いが、知られていない形態の代表は企業組合である）。

32) そうした「実践共同体」の学びの機能を手がかりにした実証事例研究が、長山 (2012)、川名 (2015) などである。

33) NHK「21世紀ビジネス塾」(2004) で紹介された、浅草の老舗履物屋の長女が、大学を出て演劇活動に打ち込んだのち、家業に戻り、外での経験と培ったセンスを生かし、伝統の商品とは異なる、デザインとはきやすさを重視した製品群「楽岬」を開発、販路も新たに開拓し成功したというのはいかにも示唆的である。

34) 政策公庫総研 (2018) の調査から言えば、「非親族承継」であっても、社内の人間があとを継ぐ例が多い。学習・習熟とともに、組織や創業者一族らとの信頼関係の持つ意味が大きいと言えよう。

35) 中小企業研究センター (2002) で取り上げた事例のうちには、大学や大学院レベルで経営を学んだという例はなかった。また、本章事例の E 社の後継社長は経営大学院で学んでいるが、「理論の受け売り」とは正反対の姿勢を守ってきている。

36) 量産加工の「古典的な」孫請けローカル工場を大きく変革し、高度加工技術

を軸とする試作品加工や設計開発製造までの一貫対応などを特徴とする企業に脱皮したSP社の後継者は、実業高校卒後地元金融機関に3年勤務したのちに入社、のちに社長を引き継いでいる。この銀行勤務経験で、数字を読むこと、経理管理をきちんとやることを身につけ、「金の借り方」も学んだという。しかし、ものづくりの技術と管理、人材管理を大きく変えたのが、同社長の実績となったのであり、それも主には社長就任後の苦難の時代を乗り切る中のことであった。その苦闘の日々では、銀行での営業体験も生かされたし、2000年代には大口取引先の倒産の危機も乗り切った。中小企業金融公庫総合研究所（2008）調査、及び中小企業基盤整備機構編JNET21「中小企業ニュース（2015年1月）」による。また、政策金融公庫総合研究所（2014）での事例企業の「娘婿」後継者は、後継になるという事情が決まってから前勤務先を退職し、「武者修行」で同業に勤務をしている。しかし当人の意見としては、「他社経験を積むのなら絶対に異業種がいい」と考えるという。

37) 中小企業大学校でのコース受講が2例もあるのは、意図的にそうした事例を取り上げたわけではなく、たまたまのことである。

38) 服部（2011）参照。

39) バブソンカレッジのバイグレイブ教授は、後継者のほうが企業家教育の効果が高いとしている。

40) もちろん、今日の「学校教育」における選別と単線的な進路追求、そのなかに組み込まれた主流的な価値観人生観に対し、疑問を抱き、異なる生き方働き方を自ら主体的に求めようとすること自体が、ある意味絶対的マイノリティであり、既成のシステムへの「反抗」という形を取らざるを得ない現実もある。その意味、そのシステムの一環として「企業家教育」を構想すること自体、矛盾の極みかも知れない。

41) 日本の大学等でよく行われている「企業家教育」に関しては、寺岡（2007）などで類型化が提起されている。筆者の実感でも、「成功した企業家に話をしてもらう」「起業に要する基本的な知識や方法論、経営・財務・マーケティング・製品開発などの学習を進める」「各人の考えるビジネスアイディアやモデルビジネスプランを出させ、これをめぐるプレゼンや討論をさせる」「成功した企業家のもとで、鞄持ちなどのインターンシップ修業体験をさせる」などが典型的で

あろう。

　そのうち、「成功した企業家」を呼んで話をしてもらうというのは一番実施しやすく、それだけに主体性実践性を欠いたまま「いいお話」で終わる危険も大であろうが、その枠のなかでの工夫の余地もある。当人が「ありのままの」ライフヒストリー体験を「語り」、それと聞く側とがおのれの「自分史」「ふりかえり」探求などとの重ね合わせを試み、そこに双方のインタラクティブな対話を重ねていくことで、ロールモデルまで行かずとも、「等身大」の企業家像をより実感でき、おのれ自身との接点と共通性、あるいは自分の中での問題意識としての人生観職業観への問いかけのきっかけ等をつかんでいく可能性である。まず「参加」の実質化を重視する教育的観点と言えよう。これは谷口彰一氏の授業実践から得られた示唆にもとづく。それでもつまるところは、実践と経験の積み重ねの「手触り」「手がかり」を実感できることが決定的であろうが。

42）高千穂大学は大正3年開学の高千穂高商が前身で、100年の伝統を誇り、多くの卒業生を輩出し、そのうちには企業家・経営者も多数存在する。「後継者コース」設置の狙いとしては、これらの校友の子弟などを迎えたいという考えもある。

43）大学として、このコースの位置づけを「自分で会社を興したい、実家の事業を継ぎたいなど、経営者をめざす人のためのコースです。企業経営のあり方や事業計画の立て方、有名な起業家について学ぶとともに、実際に企業研究・見学を行います。理論と実践の両面から、経営者にふさわしいスキルを習得するのが目標です」と紹介していた。

44）事業承継コースの今後としては、所定のメニューの提供以上に、学生自身の手になるプレゼンや主体的行動中心にシフトしていくことを構想している。

45）以下の事例は、中小企業研究センター、政策公庫総研での調査や各種研究会、シンポジウムなどの機会、また嘉悦大学大学院の「ライブケース」授業等を通じて接してきたものである。

46）ここでは、「士業」などの専門職や、理美容などの「技能者」事業の承継事例というものは取り上げていない。もちろんそれらの場合、まず「仕事」力とそれにかかわる「資格」取得が大前提になるだろう。

47）本稿では、医師など「専門職」クラスターでの起業と後継実態には言及でき

なかった。既述のようにまず資格取得がすべてに優先するうえ、事例的に考察するのに困難があり、職種業種によっては、コンサルタントや支援ビジネスがすでに相当に活動しているとも思われるからでもある。

48)「平成24年経済センサス」によれば、小規模企業の従業者数は全体の25.8％、11,923,280人である（中小企業庁 2014b）。

49) かつて濱田康行氏らは「まちの起業家」は放っておいても起業していくが、多くの資金を要し、開業のリスクも大きい「技術・ノウハウ付スピンアウト型」起業こそ支援が必要であるという主張を展開した。今日まだそうした論調が政策の背後に見えていると感じるが、「まちの起業家」が容易に起業しない、できなくなっているから、開業率がこれだけ低下し、また承継されることなく消えていく企業の廃業率が高止まりし、開業率を上回り続けているのである。濱田（1996）、三井（2000；2001）も参照。

50)「フリーランス」への注目は、近年の『中小企業白書』などの特徴でもある。中小企業庁のとらえる「フリーランス」とは、常時雇用する従業員がおらず、本人の技能提供を主事業とし、また自身が「フリーランス」と認識している事業者とする。実態調査の結果、その3割は「専門・技術サービス業」、1割は「情報通信サービス業」、2割は「その他のサービス業」、これに次ぎ「教育、学習支援業」が4.6％となるという。中小企業庁（2015b）。ただ、これらの存在が他の統計調査でどれだけ把握重複しているのか、検討を要する。また、「就業構造基本調査」で、現在有業者の5.7％が副業・兼業を希望しているという事実も注目されている。

51) 中小企業庁は産業競争力法の2018年改正により、「創業機運醸成事業」を新たに始めた。そうした社会的文化的機運の不可欠性に注目するのは分かるが、内容が「企業家教育や若者向けのビジネスプランコンテスト」では寂しい。問題は、日本の教育行政と学校教育制度が、起業家への道に何の関心も払わず、ひたすら「試験を通じた社会的スクリーニング」維持に終始していることであろう。2011年「中小企業憲章」が掲げた「省庁横断的な取り組み」は、虎ノ門の壁を越えられないのである。

52)「精神」の教育がやはり重要なのだとすれば、その意味はむしろ、「マジョリティが志向する」道にあえて抗し、「誇りある自立したマイノリティ」の生き

方、まさしく「多様な」働き方を選ぶ精神の意味を考える機会を持つことにあるのではないか。いまや「大学」選択どころか「就職（社）先」まで「ブランド商品」化し、パソコンの前で「会社（名）選び」と「エントリーシート」づくりに皆が懸命となり、「人気・有名企業」にはウン万人の「志望者」が殺到するという異様な「シューカツ」の現実を見据え、「自分の道」を選ぶ意思と勇気を持つ若い世代が増えねば、間違いなくこの国は自滅する。

53) 筆者は四半世紀前に「多様性の経済」の意義を唱えたが、当時誰も注目しなかった（三井 1993）。

（参照文献）

APCE（2011），*Practical Guide for Entrepreneurs*.

Bygrave, W. & Zacharakis, A. (eds.)(2004), *The Portable MBA in Entrepreneurship*, John Wiley & Sons.

Bygrave & Zacharakis (2008), *Entrepreneurship*, John Wiley & Sons.（高橋ほか訳『アントレプレナーシップ』日経BP社、2009年）

文能照之（2013）「事業承継企業のイノベーション創出活動」（『近畿大学　商経学叢』第169号）

中小企業庁（2003）『動き始めた教育現場〜地域と一体となったたのしい起業教育』（平成14年度創業・ベンチャー国民フォーラム調査報告書）

中小企業庁（日本システム開発研究所実施）（2008）『創業支援に関する民間支援団体等の状況把握及び活動実態調査・研究』

中小企業庁編（2008）『中小企業事業承継ハンドブック　経営承継円滑化法対応版』

中小企業庁編（2013）『2013年版　中小企業白書』佐伯印刷

中小企業庁（2014a）『各国の中小企業・小規模事業者政策を巡る現状　（中政審小委員会配付資料）』

中小企業庁編（2014b）『2014年版　中小企業白書』日経印刷

中小企業庁編（2015a）『2015年版　中小企業白書』

中小企業庁編（2015b）『2015年版　小規模企業白書』

中小企業総合事業団（2004）（日本総合研究所実施）『ニュービジネス創業の動向と支援課題』中小企業総合事業団

中小企業研究センター（1996）『「創業」と「エンタープライズ・カルチャー」の研究』社団法人中小企業研究センター

中小企業研究センター（2002）『中小企業における世代交代と次世代経営者の育成』社団法人中小企業研究センター

中小企業研究センター（2005）『「コミュニティビジネス」のひらく可能性──新しい起業とコミュニティによる問題解決』社団法人中小企業研究センター

中小企業金融公庫総合研究所（2008）『ものづくり基盤の強化と技能継承』

大和総研（2009）『平成20年度　大学・大学院における起業家教育実態調査　報告書』

土井教之・西田稔編（2002）『ベンチャービジネスと起業家教育』御茶の水書房

古川康一代表（2015）『ルールアブダクションとアナロジーによるスキル創造支援（科研費基盤研究C 成果論文集）』

古澤和行（2012）「起業家マインドの涵養に係る活動とその評価にまつわる諸問題に関する論攷」（『愛知学院大学経営管理研究所紀要』第19号）

濱田康行（1996）『日本のベンチャーキャピタル』日本経済新聞社

服部守延（2011）「ビジネススクール in AICHI」（『中小商工業研究』第106号）

樋口一清（2013）「学生の起業に関する意識調査の結果と若干の考察」（『信州大学イノベーションマネジメント研究』第9号）

関内イノベーションイニシアチブ編（2014）『社会的企業ガイドブック』

加藤敦（2014）「ICT 技術者の起業態度に関する実証研究」（学振第118委員会第279回会議発表　未公刊資料）

川名和美（2014a）「中小企業の創業とアントレプレナー・起業家教育」（『日本中小企業学会論集』第33号）

川名（2014b）「我が国の起業家教育の意義と課題──「起業教育」と「起業家学習」のための「地域つながりづくり」」（『日本政策公庫論集』第25号）

川名（2015）「中小企業の創業とアントレプレナー・起業家学習」（嘉悦大学大学院　未公刊博士学位論文）

国民金融公庫総合研究所編（1991）『世代交代期を活かす』中小企業リサーチセンター

小嶌正稔（2014）『スモールビジネス経営論』同友館

久保田典男（2011）「事業承継に際しての組織改革——中企業の事業承継におけるケーススタデイ．」（『日本政策金融公庫論集』第11号）

黒瀬直宏（2012）『複眼的中小企業論』同友館

熊野正樹（2012）「ベンチャー起業家教育の実践」（『同志社商学』第64巻3・4号）

Lave, J. & Wenger, E.(1991), *Situated Learning：Legitimate Peripheral Participation*, CUP.（佐伯胖訳『状況に埋め込まれた学習』産業図書、1993年）

三井逸友（1989）「英国における『中小企業政策』と『新規開業促進政策』」(1)(2)（『駒沢大学経済学論集』第20巻4号／第21巻1号）

三井（1993）「構造改革と中小企業組合団体の役割」（『中小企業と組合』第583号）

三井・川名（1997）「創業支援策の現状と展望——最近の創業実態の検討と『起業文化の土壌づくり』のすすめ」（『国民金融公庫調査季報』第43号）

三井（2000）「ベンチャービジネスと新しい社会経済システム」（『経済セミナー』第548号）

三井（2001）「いまだ回復しない開業率と、新しい創業の動向」（『信用保険月報』第44巻7号）

三井逸友編著（2001）『現代中小企業の創業と革新』同友館

三井（2002）「経営革新につながる『事業承継』とは」（『中小公庫マンスリー』第49巻11号）

三井（2004）「英国における中小企業政策と自営業、新規開業」（国民生活金融公庫総合研究所編『自営業再考』中小企業リサーチセンター）

三井（2005）「第二創業と世代交代の課題」（『中小商工業研究』第82号）

三井（2005）「地域からの起業と地域イノベーションの課題」（『都市問題研究』第57巻9号）

三井逸友・堀潔（2008）「中小企業の社会的責任と社会的企業の課題——企業の社会的責任と中小企業経営（3）」（『商工金融』第58巻8号）

三井（2006）「中小企業の労働問題の今日的様相——中小企業の人材活用、人材育成を考えるために」『商工金融』第56巻1号）

三井（2009）「事業承継と家族経営」・「事業継承をどう進めるかの論点と次世代の課題」（『中小商工業研究』第98号）

三井（2011a）『中小企業政策と「中小企業憲章」』花伝社

三井（2011b）「困難な時代と再評価される小企業／家族経営」（『中小商工業研究』第106号）

三井（2011c）「全体総括」（日本政策金融公庫総合研究所シンポジウム報告書『中小企業の事業承継』所収）

三井（2014）「今日の経済社会と小企業・家族経営の意義」（黒瀬直宏・上原聡編『中小企業が市場社会を変える』同友館、所収）

三井（2015a）「失業者・フリーター、ビジネスを起こす」（『しんくみ』第62巻2号）

三井（2015b）「企業家教育と後継者育成を考える」『中小企業支援研究　別冊』第2号（千葉商科大学経済研究所）

三井（2015c）「企業家・後継者の能力形成と事業承継」（『商工金融』第65巻8号）

三井（2018）「創業支援への今日的課題とは何か」（『信用金庫』第72巻2号）

長山宗広（2012）『日本的スピンオフベンチャー創出論』同友館

中原淳編著（2006）『企業内人材育成入門』ダイヤモンド社

日本政策金融公庫総合研究所（2010）『中小企業の事業承継』

日本政策金融公庫総合研究所（2014）『新世代のイノベーション──若手経営者が取り組む経営革新』

日本政策金融公庫総合研究所（2018）『親族外承継に取り組む中小企業の現状と課題』

根本忠宣（2018）「文化的価値観の起業意識に与える影響」（『商工金融』第68巻2号）

落合康裕（2016）『事業承継のジレンマ』白桃書房

鈴木正明（2013）「日本の起業活動の特徴は何か──グローバル・アントレプレナーシップ・モニターに基づく分析」（『日本政策金融公庫論集』第19号）

高橋美樹（1999）「イノベーション、創業支援策と中小企業政策」（『三田商学研究』第41巻6号）

高橋美（2006）「イノベーションと中小企業の地域学習」（十川廣国ほか『イノベーションと事業の再構築』慶應義塾大学出版会）

高橋徳行（2000）『起業学入門』通商産業調査会

高橋徳（2007）『新・起業学入門』通商産業調査会

高橋徳（2013）「起業家教育のスペクトラム」（『立教大学　ビジネスクリエーター研究』第5号）

高橋徳（2014）「起業態度と起業活動の国際比較──日本の女性の起業活動はなぜ低迷しているのか」（『日本政策金融公庫論集』第22号）

谷口彰一（2018）「創業支援策としての受給資格者創業支援助成金制度に関する一考察」（日本中小企業学会編『新時代の中小企業経営　論集37号』同友館）

寺岡寛（2007）『起業教育論』信山社

安田武彦・許伸江（2005）『事業承継と承継後の中小企業のパフォーマンス』（RIETI discussion paper 05-J-018）

渡辺和幸（1991）『小さな会社　後継者の育て方』日刊工業新聞社

第3章

新しい起業機運と「起業家教育」再考
── 学習と地域コミュニティの観点から

川名 和美

1. 起業家とは誰か、どのようにして生まれるのか

(1)「起業家」とは

　かつて高度成長期には高い開業率が記録され、企業数は著増を続けていた。しかし1980年代以降それは停滞に転じ、むしろ廃業率が開業率を上回る傾向が90年代から今日に至るまで続いている。

　こうした背景のもと、1990年代当時から創業支援政策が多々進められ、特に安倍政権で示された成長戦略は象徴的である。2013年6月に政府（首相官邸）がまとめた「日本再興戦略（成長戦略）」では、それまで5％程度の新規開業率を10％台にするという数値目標が掲げられた。その一環として起業家教育の試行錯誤も続いた。それに伴い、起業家とはどんな資質や能力を持っているのか、いくつかの研究成果が見られ、起業家をどう教育したらいいのか、海外ではどうやってきたのだろうか、そうした起業家研究、起業家教育研究に関しても徐々に日本で増えていった。

　起業家をめぐる議論の系譜は古い。先行研究で多く取り上げられてきたように、欧米での研究は古くからあり、過去の議論のなかでは「起業家」より

も「企業家」及び「企業者」という言葉が用いられてきた。ヘバートらによる（Herbert 1982）議論では、企業者論の系譜についての研究の一覧を示した。おそらく、単なる資本を提供する「資本家」と、経営者であり出資者でもある者を対比するうえで「企業家」もしくは「企業者」という言葉を分けて用いている。また、「資本家」と「企業家」との違いは、資本家は企業経営には直接タッチせず、単に資金提供者の役割を果たす。それによって配当や株式売却益などを得る。逆にそうした資本提供がなければ企業家という位置づけと理解できる。この整理ではさらに、「企業者（Entrepreneur）」をA：「純然たる」不確実性タイプ、B：「純然たる」革新者タイプ、C：不確実性と「特殊技能」タイプ、D：直観力と適合・調整力タイプ、これら4つに分類した。ここに見られるように、アントレプレナーの持つ能力や資質を示す言葉は多く見られるが、主に「不確実性」「革新者（innovator）」「特殊技能」「直観力」「適合・調整力」でタイプ分けしていくと理解しやすい。

　ではあらためて起業家とは何か、と問いかけてみれば、これらの今日の議論の前提には、先行研究で多く取り上げられてきた、経済発展における新結合（イノベーション）と「創造的破壊の嵐」を引き起こす経済主体こそが、シュンペーター（1998）の理論における「企業家」（Entrepreneur）概念であるという議論が挙げられる。また、カーズナー（2001）[1]は企業家の「創り出す」という役割に言及し、望ましい何かを生産する方法に機敏に気づくのが企業家的発見であるとして、いわば直観力に企業家マインドを求めている。彼は仲介者（middlemen）ないし裁定者（arbitrager）の重要性を指摘し、個人は種々の企業家的機会（entrepreneurial opportunity）に囲まれているが、そうした未利用機会に十分な注意を払う発見者が企業家であり成功するという。つまりは、企業家は市場が不均衡にある時に利潤機会を見出し、不均衡への対処を通して最終的に市場均衡を回復させるという調整力を伴っている。さらに、ドラッカー（1997）による、創造のために秩序を破壊・解体する者が企業家であるという捉え方もある。経済にインパクトを与える重要な存在であるには違いない。

中小企業と企業家という関係から見れば、ストーリー（2004）の研究は実証に基づいた分析がされているので示しておきたい。スモールビジネスの成長要因を①企業家（たち）の新規開業時の経営資源、②企業、③経営戦略としている。特に最初の「企業家（たち）の新規開業時の経営資源」とは、動機、失業、教育、経営者としての経験、創業者メンバーの数、自営業の経験、家族の履歴、社会的周辺性など多くの構成要素で形成されている。こうした「起業家特性」のうち、教育や家族からの影響などが重要な因子であることが示されている。

　日本でも起業家とは何かについては多く研究されているが、本質論は別稿に委ねるとし、起業家特性を構成する要素と教育の関係についての近年の議論に絞りたい。ただし、本章での定義としては、起業家とは、「法人、個人事業、NPOなどの組織形態にかかわらず、自ら新しく事業を起こし、起業家活動をする人」とする。ベンチャー企業か小規模事業か、もしくは社会的企業かなどの事業形態にはこだわらない。

(2) 日本での起業家属性

　それでは、日本の起業家はどんな属性であろうか。特にどんな教育環境にあったのかを見てみる。（財）中小企業総合研究機構（1995）の研究（佐藤芳雄他共著）は、日本の大多数を占める中小企業経営者の属性を詳細に分析した画期的なものであった。そこで鹿住倫世は、中小企業家の「企業家らしさ」を「能力」と「性格」に大別し、それぞれを整理し、中小企業家精神の本質解明に挑んでいる[2]。すなわち、「企業家能力：創造力、企画・開発力、対外交渉力、リーダーシップ、マネジメント力」「企業家性格：粘り強さ、楽観主義、独立心、チャレンジ精神、リスクテイカー」とされる。また日本の中小企業経営者は、旧来型の創業経営者が圧倒的多数を占め、低学歴、地方出身、ハングリー精神などが強い動機付けになっていたが、ここで明らかになったことは、学校教育自体が起業家教育に結びつく傾向はなかったという事実であった。

この研究のデータ源となった、1994年の『中小企業経営者の研究』3)を見てみる。20年以上も前のことであるから、団塊世代経営者が現役社長として多数を占めていたこともあり、当時50歳以上の経営者の50％以上は高校卒、中学卒であった。また経営者になるために行ったことは、「自分で必要な技術やノウハウを勉強した」もしくは「他社で知識や技術を習得した」が多数を占めている。そもそも「起業家教育」と位置づけられる教育カリキュラムなど、それまでの日本の学校教育のなかにはほとんど存在していなかったし、多くは前職での経験や、「自ら習う」という職人的な世界の修業で、特殊な技術や経営スキルを習得していたと言えよう。

　この傾向は国際比較で見るとどうなのか。ベンチャー研究の権威とも言える松田（1997）は、米国と日本の起業家を比較し、「日本はどの学歴からもほぼ等しく起業家が輩出していることがわかるが、大学院（修士・博士課程）からの起業家輩出割合は進学率割合の半分程度である。これに対して米国での大学以上の進学率割合は約50％であるが、大学卒以上の起業家は75％を超えており、高学歴ほど自主・独立型の人生を歩む社会風土があることがわかる」4)と記している。もっとも、松田が当時焦点を当てていたのは、ベンチャー企業の牽引をする起業家なのであって、その能力が企業成長に大きく左右する、いわゆる急成長型「ベンチャー起業家」の輩出を待望した。それゆえ、日本の起業家の高学歴化や、高度な研究開発型ベンチャー起業家の誕生が大学教育で行われるべきという議論に結びついていったのであろう。その後の2001年以降小泉政権下での「平沼プラン」で産学連携推進、大学発ベンチャー1,000社計画が打ち出され、6年程度で1,500社を優に超えたのは記憶に新しい。ただし、イノベーションの担い手となる起業家像に過度の期待感を持ったがゆえに、そこには、いわゆるハイリスクもハイリターンも志向しない「一般の起業家」志望が取り残されたかのような状況だったことも否定できない。

（3）起業家をどう育てるか、目指すところはどこか

　再び前掲の報告書『中小企業経営者の研究』を見る。佐藤は、「独立開業をめざす若い世代の、大学で「起業家たるに必要な要件」を享受することを望む声が大きくなり、アメリカはもとより全世界的に起業家教育が広まっていった」と1993年の前掲報告のなかですでに指摘していた。そして「10年前（つまりは1980年代）にこの分野の研究者が共通に認識していたことは次の諸点であった。〇企業家たること（Entrepreneurship）は重要な経済活動である。〇企業家になるプロセスはあまり良く分かっていない。（中略）〇大企業のなかの、企業内起業家の事実（evidence of entrepreneurship in larger corporations）がある。〇「企業家・起業家」研究は、いまだその初歩の段階でしかない（in the early stage）」というような状況を記していた。1980年代に起業家及び起業家関連の研究が欧米で活発だったのは、欧米諸国の景気低迷を背景にしたもので、日本も来るべき時代がやってきたことを表していた。

　中小企業研究の権威であった佐藤の執筆に、「実はこの『企業家の現状』（Sexton and Kasarda, 1992）が作成されているとき、「日本での起業家教育はどのように行われているか、アウトラインでもよいから情報が欲しい」という問い合わせが、執筆者の一人である、米国セントルイス大学のブロックハウス（Robert H. Brockhaus）教授からあった。もちろん中小企業大学校のことや若干のビジネススクールのことなどは知らせたが、結局「日本では、そのものとしての起業家教育は、未だない」と答えざるを得なかった」と1990年前後を振り返って書きとめていたのは印象的である。当時創業支援の課題はあったが、諸外国に公表できるような起業家教育はほとんど見られなかったのである。

　松田（1997）は、親の職業や生まれ育った環境にも注目し、「（設立年代別の独立した起業家の親の職業については）設立年代を問わず常に高いのは自営業であり、企業経営者と合算すると常に40％前後である」と指摘する。それゆえ、松田の示したような起業家の出現プロセスが描かれるのは理解に易

い。松田は縦軸に「起業スキル」、横軸には経験値をとり、人間が起業家になるまでの成長過程を、①地域や家庭環境、②教育過程、③勤務経験、④インキュベート機関の4段階に区分して考察している。学校教育のみならず、その前後にも起業家の学ぶ環境が、起業家主体形成にはどれだけ必要であるかが示されている。

我が国における起業家像が「高いロマンに、リスクを感じながらも、果敢に挑戦し、自己実現を図るために、独立性、独創性、異質性、さらに革新性を重視し、長期的な緊張感に耐えうる成長意欲の高い創業者」と、松田（1996）が示した右上がりの矢印の向かうところは、果敢なベンチャー起業家マインドである。

しかし、この方向性こそが、起業家を目指すものに相当なハードルの高さを感じさせてきたようにも思える。むしろ起業家活動は、極めて属人的なものであり、起業スキルを身につける途上で平坦な道のりを歩いたり、ときに屈折したり、休み時間があったりと、そこには人間のライフヒストリーが密接に関連してくる。必ずしも右肩上がりの頂点ばかりを目指すものではないだろう。起業家の目指すべき方向にかなり高きハードルが置かれたように思われる。この点は小嶌（2014）の指摘[5]が大いに参考になる。

（4）起業家活動の国際比較と関連する起業喚起施策の行方

起業家教育の必要性を強く日本が感じるようになったのには、国際比較のインパクトがあまりにも大きかった。今日すでに広く知られる起業家活動に関する国際比較GEM調査[6]は、日本人の起業に関する意識の低さを如実に表していた。1999年に始まったこの調査だが、毎年注目される数値がTEAである。周知のように、日本は、直近でもこのTEAが下から2番目で調査開始当時から常に最低レベルを推移している[7]。すでに起業家教育の重要性が言われ、取り組みが始まって20年近く経過してもこの数値であるのは、やはり根本的な問題を感じざるを得ない。

起業の機運を喚起しようとする諸施策が20年以上を経ても十分な成果をあ

げていないとすれば、いったいどこにボタンの掛け違えがあるのだろうか。日本における起業家精神と起業喚起諸施策、とりわけ起業家教育の間の関係を、単に否定的に捉えるのではなく、足元の現実、ひいては長期的歴史的な経緯のなかで、多面的かつ深層的に捉え直してみよう。

2．今日の起業家教育とその限界

（1）経済産業施策としての起業家教育への関心

そもそも、経済産業施策として、「教育」を扱うことになったのは、いつごろからなのであろうか。GEM 調査が始まった前年の1998年、旧・通商産業省産業政策局の「アントレプレナー教育研究会報告書」や、翌々年の2000年教育改革国民会議の「教育を変える17の提案」で、早期教育段階からの起業家教育導入に弾みがついた。そこに散見される起業家教育は、起業（会社づくり）のプロセスとして「会社の設立」「販売体験」「決算活動」などを擬似的に体験したりするなかで、起業家精神と言われる「チャレンジ精神」や「創造性」等を養うことや自分の将来の「生き方」を考えるきっかけとすることを主な目的としたもので、「生活の中から社会への自立を目指す学び」とも言われた。これにより、当時いくつかの学校では、NPO 法人や地元の商工会議所等と連携する形で独自の取り組みが始まっていた。経済産業省による「創業意識喚起活動事業[8]」などは起業家教育事業を各地で活発化させるうえで、一定の役割を果たしただろう。例えば、京都市域で行われていた幼児・小学生から社会人に至る各段階での起業家教育プログラム[9] や、2000年設立の（株）セルフウイング[10] が提供する早稲田ベンチャーキッズ（早稲田 V-KidsTM）の事業は、国や地方自治体、商工団体などで多く開催され、代表的な起業家教育活動であった。

GEM の国際比較の残念な結果は、起業家教育関連事業を遂行するうえで重要な理由となっていた。しかし、多くの学校、自治体や関連機関で行われた起業家教育は、現時点でも継続しているというところは決して多くはな

く、これには予算の問題、年度事業であること、志ある担い手の不在などさまざまな要因が影響している。

では起業家教育の継続には学校など教育機関で制度化してしまえばいいではないか、という議論につながるだろうが、以下に見るように、今日の学校教育では、起業家教育というよりも、むしろ「キャリア教育[11]」や経済産業局が推進する「社会人基礎力」のような形に包摂されてきているように見受けられる。

(2) 大学や大学院での起業家人材育成

大学や大学院での起業家教育やアントレプレナーシップ教育の受講者は、全学生数に比すれば少人数にとどまり、また、全国規模で情報交換を行うような団体や組織は存在していなかった。そこで他大学・大学院での手法や情報等の共有がされにくい状況を打開しようとの考えから、経済産業省による情報ウェブサイト「起業家教育ひろば[12]（2009年7月開設）」をはじめとして大学・大学院でのネットワーク化が図られるようになった。起業家教育を充実させるための学問的教育、産業界からの外部講師や実践的教育カリキュラムのサポートで、起業家教育に関係する研究者・教育者や実務家の情報交流のプラットフォームが構築された。

この事業を運営してきた大和総研（2010）の報告では、米国では、全体の3分の2以上に相当する2,000を超える大学で起業家教育が実施されており、MBA（経営大学院）で、近年、最も増加した講義が起業家教育関連科目であるという。カウフマン財団の報告書によると、米国の起業家教育の講座数は過去20年で20倍超に達している（1985年：約250件→現在：5,000件以上）。また、学部での教育における起業家教育の専攻やコースについても、過去30年で4倍以上に増加している（1975年：104件→2006年：500件以上）。

一方、日本はどうか。過去に文部科学省が実施した調査実績と比較すると、「起業家教育の実施校は、過去10年で約2倍に増加している（2000年：139校→2009年：252校）。また、起業家教育の講座数は、過去10年で3倍超

に達している（2000年：330件→2009年：1,078件）。しかしながら、起業家教育の浸透は進んでいるものの、日本で起業家教育を受けている大学生の割合は0.7％（起業家教育1講座当たりの受講生を20人とし、全大学・大学院生を280万人として算定）とまだ比率は低い。また、米国の大学・大学院における起業家教育にもまだ到底及ばない」と記されている。

しかし、これだけの教育機会が提供されているにもかかわらず、日本の起業に関する数値は前述のGEMにも見るようになぜ依然低いままなのだろうか。高橋（2013）は、「このような現象は、需要のないところに供給だけが増え続けているものなのか。それとも、実質的に効果の少ない教育を提供し続けているだけなのだろうか」と起業家教育の成果と意味に疑問を投げかける。以下、詳しく見よう。

（3）起業家は教育で育つのか

起業家研究で多くの功績がある高橋（2013）の最近の研究は興味深い。ひとつめは、「起業家は育てられるのか？」、2つめには、「誰に教えるのか？」という起業家の教育にかかる重要かつ根本的な問題を提起した。つまり、起業家を目指していない人にも起業家教育を行うのかということである。高橋の示した図1は、横軸に起業態度、縦軸に起業活動を置いている。この起業態度とは何か。OECD（2009）では、起業家教育を評価する時には、起業態度を身につけさせるのか、スタートアップを増やすのか、起業するための実践的知識やスキルを高めるのかといった目的別に分けて行う必要があるとしている。そして、前者のひとつをSofter outcomes（起業態度）、後者の2つをHard outcomes（スタートアップの数や実践的知識の習得）と呼び、Softer outcomesの重要性に着目している。高橋は、「起業態度のある人間がC地点にあるものの、起業家教育を二つに分けた場合、わが国でより必要とされているのは、起業態度に働きかける起業家教育であるということを示したい。わが国の起業活動は、他の先進国に比べて低迷を続けているが、その大きな原因の一つは、起業態度を有しない割合が圧倒的に多いことであ

る」と、起業活動が不活発な要因に言及する。さらに高橋（2014）のなかで、二項ロジスティック分析によって、起業態度指数をコントロールした分析も行っている。その結果、日本は、起業態度の条件が同じであれば、G7（カナダ除く）のなかでは最もTEAが高い、つまり最も起業活動が活発な国になることを検証している。つまり、他の先進国の水準まで、起業態度を有する人の割合を高めることができるならば、我が国の起業活動は米国並みかそれを上回るものになるということであり、起業態度に働きかける教育が最も効果を発揮する可能性を秘めた国が日本であるということが分かる。

　こうした起業態度が日本は極めて低い位置にある要因は何であろうか。筆者が思うに、それは、「イノベーションの担い手」や「リスクに果敢に挑戦する」などの、行政機関により起業支援の目指すべき起業家像があまりにも「偉大な存在」として描かれすぎてきたことにある。国民にとっての起業家像はむしろ、コミュニティでなじみのある身近な商店主や町工場の技術者社長、NPO等で地域活動の代表を務める近所のおじさんおばさんたちであろう。そうした等身大の起業家・経営者の姿を間近に見ることで、自分にもできるのではないかと考え、そしてそのために地域社会のなかで人や組織との関係性を築いていくことが起業態度を移行させる動力基盤になるのではないだろうか。

(4) 起業態度の移行とその時期

　では、起業に対する態度はいつ形成され、高橋氏の言う、図1におけるC地点から起業態度を有するB時点に移行しやすいのだろうか。筆者の仮説としては、高校生の時期の職業観の形成とともに、起業態度に少しでも変化が起こるような刺激を与えるべきである。なぜなら、地域をベースにした社会関係資本が、いずれ起業するときに少なからず影響するからである。

　起業活動とは極めて属人的な活動であり、単なる儲かるかどうかの合理的な判断だけでされるものではない。起業態度が「有」に移行したとしても、それがすぐに高橋氏の言う、A地点「起業活動の実践」に向かおうとする

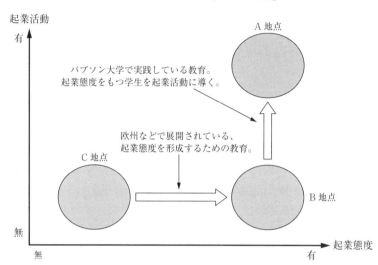

図1　2つの意味での「起業家教育」

(出所) 高橋 (2013)

かというと必ずしもそうではない。ただし、A地点に移行する時期は起業家主体の生活やキャリア取得に合わせて、いつやってくるか分からない。結婚、出産、親の介護などのライフイベント、本人のキャリア取得、転職、職場の倒産など、さまざまな出来事が起業を本格的に考える契機となる。そのときに重要となるのは、いざ起業するときに役に立つ地縁、人的ネットワークなどの社会関係資本である。店を出すには土地勘がある場所、応援してくれる古くからの友人、資金調達のしやすいなじみのある金融機関、友人関係を通じたつながりをたどって取引先を開拓する。

　こうした属人的な起業家活動は、いわば人的つながりを「裏切れない」ソーシャルキャピタルとなり、その蓄積度合いの高さがかなり起業活動に影響する。大学時期に培った社会関係資本がいいかといえば必ずしも有効ではない。現に大学進学率は50％を超えたといってもおよそ2人に1人。大学生は広範な地域から集まるものであり、地理的粘着性のある人間関係が継続するかといえばそうではない。盆や正月に帰省すれば実家の近い人間関係に裏

付けられた関係性が、起業に役立つし、それは高校時代がより効果的であると思われる。けれども、高校という教育機関が起業家教育の担い手である「場」としてふさわしいのかといえば必ずしもそうではない。重要なのは学習する主体の年齢期なのである。そこに外部との関係性が形成されていけば、起業家特性を育む基盤が形成されやすいのではないか。

「高校時代の」学習過程という仮定は、現実に地域社会のなかでの数々の事例によって検証できる。もちろんそれは学校での「教育」というよりも、より広い範囲で起業家予備軍となる主体が学習する環境として、自然発生的に形成されてきたのではないか。そこには教育機関と地域社会との関係性が重要であり、特にローカルコミュニティでは、地域社会との関係性が変数として小さくない影響を与えている。近年叫ばれる起業家教育の必要性に関し、早期から進めればいいといった主張に対し、むしろ、経済資本、人的資本、文化資本、社会関係資本など、起業に必要な資本を獲得するうえで、15歳から18歳までの時期に培われるコミュニティとの結びつきが肝要であり、大きな意味を持つのではないか。大学や大学院生の世代では、起業家予備軍主体と地域との関係性が相対的に弱まり、専門性の高い技能を習得できたとしても、その時期以前にコミュニティをベースとした社会関係資本を構築できたほうが、起業の際の強力な武器になり、長期的には有効であろう。

こうしたもとで、いくつかの具体的な設定ができる。第一には、大量の新規開業を見た戦後高度成長期に起業家教育につながる学習の場があったのではないか。第二には、実践学習コミュニティとしての職業高校の存在が重要な母体組織であったという「学習」の捉え直しがいる。第三には、起業家の学習の外部性と学習自体との関係性の確認がいる。第四には、コミュニティとしての地域の共同感情（倉沢）を生む行為と基盤性、帰属意識を積極的に位置づけるべきである。ここでの「コミュニティと起業」に関しては、あとで詳論する。

3．学校・高校における「起業家教育」の現在と過去

(1) 日本政策金融公庫主催高校生ビジネスプラン・グランプリに見る起業家教育推進

2014年1月11日、東京大学伊藤謝恩ホールにて、第1回（2013年度）「創造力、無限大∞高校生ビジネスプラン・グランプリ」最終審査会が行われた。政策金融機関である日本政策金融公庫が高校生のビジネスプラン作成をサポートし、評価・表彰するのはかなり画期的な取り組みである。以後毎年、同コンテストには参加校も増え、大きな注目を集めるに至っている。2017年度の第5回グランプリには、参加385校、エントリー総数3,247件に及んだ。

第1回には全国から151校、のべ1,546件のエントリーがあり、宇和島水産高校の「宇和海からの贈り物」がグランプリを受賞した。これをはじめとして、商業、工業、農業、水産などの専門高校の参加が目立ち、それらのプランには地域の産業や事業者との連携・協力で実現したビジネスが少なくない。農業高校（農業科など）では、実習で学んだ農産物や畜産物に関係するプランもあった。商業高校の場合、擬似株式会社などの実績があり、そうしたなかで出てきたプランを応募しているケースもある。教員の指導に加え、要望があれば公庫職員が出張授業として各高校に丁寧に指導に出向いている。

専門高校においては、職業教育や総合実践などの一環として、こうした起業関連教育は比較的受け入れやすかったようである。また、昨今のキャリア教育重視の傾向から、普通科高校でも総合学習などの時間を活用し、ビジネス関連教育を行う高校は増えてきている。実際、地域のいわゆる「進学校」のエントリーも少なくなく、これまで大学進学を重視してきた学校が、どのような考えからグランプリに参加したのかは非常に興味深いところである（第2回のグランプリ受賞は愛知県立五条高等学校、第3回は青稜高等学校、第4回は大阪府立三国丘高等学校、第5回は市川高等学校であった）。

(2) 中国地域、広島県での高校生起業家教育取り組み事例

　次に、広島県及び公庫中国エリアの創業支援センターによる高校生起業家教育の取り組み事例を紹介しよう。公庫では、エリアごとにビジネスプラン作成の段階から継続的なサポートを行っている。他地域では、高校単位で要望があれば、公庫職員が出張授業を開いて各高校でビジネスプラン作成の講義を行ってきたが、中国エリアだけは、昨年度から独自に複数高校を対象にしたプラン作成講座を開催している。この実現にあたっては、広島市立図書館が継続して行っているビジネス支援図書館との連携事業としたことが特徴的であろう。これにより、教員同士の交流も図りやすいし、起業関連書籍やビジネスプラン作成にかかるデータなどのレファレンスサービスをふんだんに利用できる。図書館で開催することで、高校生にとっては起業活動の「敷居の低さ」を実感できる。

　広島県教育委員会では、2010年度から3年にわたって「高校生の『起業家精神』育成事業」を行ってきた。この事業の趣旨は、「県立高等学校の生徒に対して、実際の起業活動に向けたビジネスプラン作成セミナーを実施し、将来、職業人として必要とされる自立心、創造力及びチャレンジ精神などの起業家精神を持ち、地域社会や産業の活性化に貢献できる実践力のある人材を育成する」としている。事業主体は広島県教育委員会と事業委託先の特定非営利活動法人ひろしまNPOセンターが窓口となっていた。NPOは、受講者募集及び受講申込みの取りまとめを除く、会場の確保、広報、受講者の所属する高等学校との連絡調整、諸準備等を含む本セミナーの実施及び常時の相談窓口の設置等の研修フォローに係るすべての業務事業主体を行ってきた。そうした実績があったからこそ、公庫の「高校生ビジネスプラン・グランプリ」への導入が県内高校で非常にスムーズになった。また起業家教育には外部機関との連携は必ずと言っていいほど必要となるが、教育委員会が率先して起業家教育を推進してきたことからすでに人的交流もできており、教員陣の「動きやすさ」につながったようである。

(3) 起業を生む地域コミュニティと工業高校の存在

　このような高等学校などにおける起業家教育の実践と成果は、決していまに始まったことではない。むしろ、高校こそが地域社会でのインキュベータであったとしても、過言ではない。

　筆者は今日の時代の起業家と起業支援、起業教育などの位相を相対的に捉えるために、人的資本、すなわち起業家主体の教育・学習機会と職業経験等と、社会関係資本、すなわちコミュニティとソーシャルネットワークの形成、ひいては文化資本、すなわち学歴や文化的素養などの個人的資産、職業価値観などといった概念を用いて、起業者、学校関係者らに対する大規模なヒアリング調査を実施した。

　事例として取り上げたのは、広島県呉市、山形県長井市、加えて東京都大田区、この3地域で、そこに戦前、戦後に設立された工業高校を中心として、工業高校の教育と卒業生たちのネットワーク、地域との関係など、学校機関を母体組織とし、その他の組織とが、ローカルコミュニティでの起業家主体形成にどう影響を及ぼしてきたかを、とりわけ経済成長とともに大量の新規開業を見た高度成長期を中心に、地域との関係性で見てみる[13]。多くの卒業生らが単に技術と知識を習得するだけではなく、地域内の強固なネットワークとつながりを生かし、「ローカルコミュニティ起業家」を多々生んできたことが重要である。

　そうした「起業教育」と「起業家学習」のバランスの良い起業家主体形成の環境を整備できたのは、工業高校という、誰から見ても「学ぶ場」があった。今日では大学を核にしたクラスター形成、産業振興の考え方が主流であるが、戦後高度経済成長期は、大学が実業界の技術や研究ニーズに応えられる存在ではない。むしろ第2次産業への産業構造転換期と重なるこの時期には、ローカルコミュニティにおいてより身近な存在であった工業高校のほうが、人、モノ、情報、社会関係資本などのつながりが強かったため、そこに

新たな技術、技能が蓄積され結集していたのである。

　それを支えたのは、同窓会コミュニティや近隣の製造業現場の第一線で技術を磨いてきた指導教員、そして工業高校からの即戦力人材を求める周辺の人々。こうしたさまざまな人々との日々の交流が高校生時分の起業家学習につながる主体的な学びの場となったことは間違いない。それはすぐに起業につながらなくても、長期的には工業高校時代に培った技術や技能、加えて先輩同輩、指導教員などとのつながりを象徴する場が、工業高校という明示的なコミュニティの「場」であったことが重要なのである。

　当時のローカルコミュニティ起業家たちは、確実なビジネスチャンスがあったわけでもなく、現代のように政策的に起業を推進・奨励されたわけでもなかった。でも卒業後、製造業に従事しながらも、新しい技術を会得し、スキルを磨いていくために絶えざる学習の機会を求めた。そして何より重要なのは、起業し、社長になるという極めて独立メンタリティの高い行為そのものを、空間的にも近接したローカルコミュニティに、同じ高校に通い、高校時代に同じ職業価値観、生活志向、などの文化資本で結ばれた身近な人が社長になっているというのが大きい。自分にもできるのではないか。自分もいつかはできるだろうという起業へのハードルを低くしていることにつながっている。そこには高学歴でも、高度な技術者でもない、ローカルコミュニティに結ばれた関係性が重要なのである。

　以上をまとめると、図2のような概念図で、工業高校を起業家学習の母体組織としたローカルコミュニティ起業家輩出と再生産の仕組みを描くことができる。

図2 ローカルコミュニティにおける起業家主体形成度の発展と起業過程における多様な資本の獲得

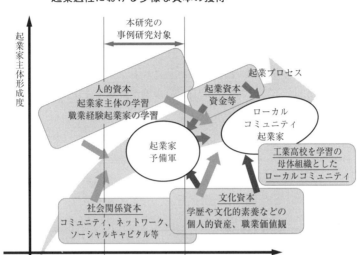

4．小規模企業の存在意義再評価と新たな起業の可能性
― 「ワークライフバランス起業」を位置づける

(1) あらためて問う、小規模企業の存在と起業の意義

　世界的なマイクロビジネスへの再評価と軌を一にした、小規模企業振興基本法の制定と『小規模企業白書』の刊行をはじめとする近年の政策動向も反映し、また「新しい働き方」の追求という流れもあって、「成長発展」だけではなく、「事業の持続的発展」を求める起業のあり方があらためて問われていると言える。そうした小規模企業には経営基盤の弱さ、資源の脆弱性という問題を一般的に有することは間違いないが、他方での小規模の効率性、柔軟性などのポジティブな側面を存分に生かし、その多様な姿を前提に捉えていくのが、今日より現実的な捉え方であろう。

(2) 職住近接と生業性の強さ

　小規模企業のうち、特に自営業に典型的であるのは、居住している場所と働く場所が同じもしくは近接している「職住近接」であることが多い。生活圏と仕事場が同地域であるということは、経営者、家族、従業員、地域の住民、取引先なども近接し、経営資源の制約もあるから、生業性も強い。広く求人・広報活動もできないから、顧客も地域に近接する場合が多い。すると例えば太田一郎（1981）が指摘するように、「小企業になるほど個人的な属性は強くなり、個人の人格と同じような『人間の顔をもった経営』といった色彩が濃くなってくる」のである。つまり属人的であるのが小規模企業の特徴であると言える。

(3) 地域への粘着性の高さ

　「粘着性」とは、字のごとく粘りつく性質である。イノベーションの研究では、Von Hippel（1994）が「情報の粘着性」という概念を説いており、それは顧客がメーカーに製品分野やニーズの質を移転することで、情報の粘着性が一番高いプレーヤーが一番革新しやすいとした。

　ここで言う「地域への粘着性」とは、小規模な企業は、事業所や生産拠点を容易に変更することができにくいのは、経営資源の制約があるため、移転費用や設備投資が大きな負担となる、また新たに移転先で従業員を雇用するにもコストがかかる、そのため一般には小規模企業ほど地域への粘着性が高いという解釈である。これは地域社会での社会関係資本や、地域社会での雇用創出、地域活動への積極的関与を小規模企業がするなど、現代において、小規模企業の地域社会とのつながりがなぜ強いのかを説明する理由にもつながる。粘着性の強さは、地域における小規模企業の強みでもあり、ときに大資本を排し小規模企業が競争優位になれる要因でもある。

　また地域をベースにするからこそ、社会貢献的目的で展開されるソーシャルビジネスには、多くの賛同者が集まりやすくなる。起業目的、業種や経営スタイル自体も極めて多様化している。

こうしたさまざまな外部環境変化は、さまざまな分野のビジネスを創出した。これらの古くて新しい小規模企業の特性を前提にすると、今日小規模企業が重視される理由は、地方創生が提唱される今の時代にあって、ごく当然のことに思える。

　さまざまなかたち、志向性での起業支援施策や機会、教育などにあっても、こうした小規模企業の基本的な存在意義とありさまを抜きにして、単なる理念型としての「起業家」を追い求めても、成果は乏しいのであり、それは過去の姿、とりわけ地域コミュニティとヒューマンネットワーク、学習と連携協働の関係を見るならば、当然のように確認できよう。

(4) 小規模企業の多様化と「ワークライフバランス起業」

　そうであっても、もちろん今日では社会と生活、技術や労働のあり方が大きく変化しており、そのなかで、新たなかたちでの起業の機運というものにも注目していく必要がある。そこで筆者は、「ワークライフバランス起業」というかたちを取り上げる。

○ICT普及による幅広い業種展開の小規模企業

　上記のような特性が小規模企業に見られたが、職住近接や生業性の強さは、小規模企業であっても、市場の広がりを制約するものではない。例えばICTの進展は、ローカルな立地の小規模企業であっても、世界を相手にビジネスができる可能性をもたらした。職住近接ではなく、家庭と仕事をあえて切り離して、仕事をする経営者も少なくはない。

　また『小規模企業白書』によれば、小規模事業者のうち小売業約59万者の業種別構成数を見ると、コンビニエンスストアなどの「その他の飲食料品小売業」が6.8万者と最も多いが、それより多いのが「他に分類されない小売業」7.3万者であり、今や産業小分類のどのカテゴリーにも入らないほど業種が多様化している現実が窺い知れる。

○最低資本金規制の撤廃とその後

　さらに、多くの新しいビジネスの「カテゴリーの多様化」が起こった要因のひとつには、2006年の最低資本金規制の撤廃も必ず影響しているだろう。中小企業政策の社会性認識が薄らいだ基本法の改正以降、創業支援の一環として開業率を上げるために、2006年5月施行の「会社法」により最低資本金規制が撤廃され、最低資本金の規制を受けない株式会社設立が可能になった。いわゆる「一円起業」である。これに先立ち、2003年2月の新事業創出促進法の一部改正（中小企業挑戦支援法）により、商法・有限会社法の最低資本金特例制度が設けられており、経済産業大臣の確認を受けた会社については最低資本金未満でも設立可能としていたが、これが恒久化されたのである。2003年の制度実施以来、この特例制度を利用して設立された確認会社は27,218社、うち資本金1円の会社は1,259社に上った[14]。

　これにより、従来ならば独立するかどうかためらっていた層も、制度の改正に後押しされ、新分野でとにかくやってみようという起業に踏み切った例もかなりあっただろう。これは小規模企業の業種や目的が多様化した要因のひとつと思われる。

○産業競争力強化法と地域の創業促進

　加えて昨今の、特に地域レベルでの創業支援の一層の強化も、小規模企業多様化の大きな要因と思われる。例えば2014年1月に施行された「産業競争力強化法」に基づき、地域における創業の促進を目的とした「創業支援事業計画」は、2015年10月時点で合計692件（47都道府県771市区町村）の申請がなされた[15]。これは市区町村が民間に創業支援事業者（地域金融機関、NPO法人、商工会議所、商工会等）と連携し、ワンストップ相談窓口の設置、創業セミナーの開催、コワーキング事業等の創業支援を実施するもので、融資の際の信用保証枠の拡大等の支援策を活用できるなど、手厚すぎるくらいの創業支援メニューが揃っており、地域レベルでの小さな創業支援需

要に応えている。こうした政策に後押しされ、さまざまなタイプの人たちが小規模事業者へと参入しやすい環境が整備されている。

○働き方や働き手の多様化、ワークライフバランスの議論

　このように、身近に創業支援の場を得られるようになった日本では、今日、かたちは株式会社であっても、自営業的働き方の起業を選択する人の存在は実に多様である。古くにあった農家の次男坊が集団就職先でせっせと職人の腕を磨き独立開業するというような伝統的なパターンはあまり見られないだろうし、また、家業をスムーズに親族が後継するというパターンも少なくなっている。自営業（起業）の選択に関する影響要因は、過去に行われてきた人口統計的要因である結婚、経験、性別、パーソナリティ、子供、年齢、社会階層、管理職の経験、賃金、倫理、学歴などの要素で証明できないとした、ストーリーの研究（Storey 2004）でもそれは示されている。

　具体的に、『2015年　小規模企業白書』で、個人事業者を含む従業者の出身地の構成を見てみよう。個人法人ともに、本社所在地と同じ市区町村出身者が圧倒的多数で、次いで同じ都道府県内という実態が分かる。また小規模事業従業者の最終学歴の構成を見ると、高等学校卒が際立って多く、個人事業と法人を分けてみても、両者ともに6割近くを占めている。中小企業全般で見ると、起業家の高学歴化と思われてきたが、小規模企業ではまだまだ高卒以下の事業者が圧倒的多数である。

　つまり小規模企業の事業者は、居住地域＝事業地域であるケースが多く、地域への粘着性が強い。地域の人脈を頼りにしたり、高校時代までの人的資本、地域で培ってきた社会関係資本などが小規模企業層にかなり重要な経営上の資本となっているのではないかという仮説が成り立つ。

　ここまで見たように、中小企業は企業といっても事業形態、組織、マネジメント、抱える問題など、多くの点で違った性格が見られる。特に小規模事業者については独自の特徴や課題がある。量的規模で一定の線引きをするならば、自営業などのように家族主体で雇用者がほとんどいない零細事業者

層、従業員数十人までの小規模企業層、それ以上の中企業層のように、3層構造くらいに分けていいだろう。

　特にこれからの小規模企業層では、ワークライフバランスや働き方の多様化が浸透し、地元志向、家庭生活との両立を前提とした女性、キャリアの乏しい若者、引退したシニアなど、これまでの小規模企業選択の中核ではなかった層の自営業参入も少なくはない。また、そうした新しい起業や自営業選択は、創業者個人のライフステージに密接に関係している。主に女性などは、出産・子育て期と仕事のキャリアを蓄積する時期が重なっていたり、また男女ともに家族の介護の課題も抱えていたりと、少子高齢社会では、個人の生活とのバランスを考慮した小規模企業の存在も無視できなくなっている。

　そこで、こうした仕事と生活とのバランスのとれた起業をする層を「ワークライフバランス起業」として、そのサポートを検討する。

　「ワークライフバランス起業」はここでの造語である。「ワークライフバランス」自体の言葉と考え方は広く知られるようになったが、内閣府の提示している「ワークライフバランス憲章」の概念から援用すれば、「仕事と生活の調和と経済成長、持続可能な社会の実現にも資する起業」である。起業を通じて、調和のとれた人間らしい生き方が実現できるのが望ましく、無論そこに競争がないわけではない。しかし、時間に追われ、満員電車で気力体力をすり減らし、組織の一員として雇用される働き方がある一方で、子育てや介護など、大切な家族とのコミュニケーションの時間を大切にしながらの起業も選択可能な時代である。

　ただし、そうなると、起業、経営、成長、加速度的発展などを目途としたインキュベーション施設を提供するとともに、小規模企業ならではの独自性・優位性を発揮しながらも、人間らしい生活も起業家が両立できるための起業環境整備が必要であろう。そうした人間の行う起業活動に対し、単なる経済合理性だけで見るサポートではない、地域環境や生活も含めた体制が、

これからのシェアオフィスやコワーキングスペースには必要である。そうした事例を以下見てみよう。

(5) ワークライフバランス起業と支援の実態

この5、6年の間に、シェアオフィスやコワーキングスペースが首都圏中心に急増している。公益財団法人東京都中小企業振興公社の「インキュベーションオフィス情報」、また「創業手帳」が運営する「シェアオフィス」サイトによれば、東京都内だけでも公的機関運営・民間運営合わせて、200カ所以上のシェアオフィスやコワーキングスペースという呼び名のものが開設され、創業支援機能を備えたものも少なくない。その動きは加速度的に広がり、各オフィスでは独自のコンセプトをもって運営していくことが、入居者確保のためにも重要になっている。

これらのうち、東京都、神奈川県、広島県のインキュベーション機能を備えたシェアオフィスを2015年に訪問調査した[16]。特に女性や子育て世代の創業者・予備軍に「ワークライフバランス起業」にマッチした環境の提供されている実態を見るためである。

行政直営のビジネスサポートであると、営業時間の制約や、入居条件や機能的な面での制約があることも多い。F-SUS よこはまも、利用時間が9～18時と比較的限られているが、開始後5年、入居者の空き待ち状態が続いている。創業当初に公的機関内につくられたシェアオフィスに入居していることで、結果として信用力につながっている。事業計画や税務・財務のサポートなど、女性起業家支援チームによる実務的サポートが受けやすいことや、主催セミナーを受講できること等が大きなメリットにつながっていると言える。女性の起業の場合は数時間に集中した生産性の高い仕事ができるオフィスであれば、利用時間が限られていてもそれで十分という声が多い。

民間運営のシェアオフィスは、意外にビジネスに直接かかわる相談を入居

者から受けることは少なく、要望があれば専門家紹介などの対応をする程度で、基本的には自立して仕事をしている入居者たちが多い。千代田区の民間運営ナレッジソサエティではメンバーの半分以上が女性で、「ひとり起業」である。そのため販路拡大の一環として、メンバーには定期的なセミナー開催を勧め、事前の告知、資料づくり、会場セッティングなどの運営、集客時の細かな対応をしている。多くの「ひとり社長」は、そうした手足になる実務作業をしてくれる人さえ調達が難しく、こうしたサポートは非常に好評である。

　東京世田谷区の閑静な住宅街にあるマフィスは認可外保育施設で、保育士が常駐している。都内の、他の子育てルーム付きのシェアオフィスは、あくまで子連れでパソコン持参で仕事をできるスペースがあるというスタイルだが、マフィスは都に認可外保育施設の届け出をし、定期的な研修、指導の下で運営しているため、保育スペースに併設されるワーキングスペースで、完全に子供から目を離して自分の仕事に集中できるという違いがある。
　豊島区大塚のこそだてビレッジも、同様に東京都の認可外保育施設である。もちろん保育スタッフは配置し、設備も十分あるのだが、「認可」にしてしまうと、その地域の待機児童から受け入れる必要がある。このビレッジのコンセプトを理解せず、単に子供を託す場としての意識の人が利用するようになると、長期的に見て「拡大家族」の理念は貫くことができない。現場のマネージャーによれば、こそだてビレッジは「子育てと働く」が共生できる場所を目指しており、週2〜3日というフレキシブルな働き方や、企業が週何日かのリモートワークを認めるなかで、子供を近くにおいて仕事をする、いわゆる「第三の選択肢」を創出するための場所である。既存の規定に準じていたのではイノベーションは起こらず、経済価値・社会価値のある継続経営にならないと強い信念を持っている。広島の中心部のビルのワンフロアを占める、女性社長の株式会社 HINT が運営する、2014年開業のポートインクも託児施設を取り入れたい意向を持つが、子育て世代以外の入居者の

理解を得るという問題もあって検討中であるという。

　武蔵小山創業支援センターでは。地元の「品川女性起業家交流会（しなjob）」という、2005年から活動する品川区を拠点とした女性起業家の交流会との接点をスタート当初から持っており、毎年のコンテストへの協賛や審査員依頼、加えてセンターの創業セミナー卒業生の起業時の加入依頼など、密接な関係を築いている。また地元商店街で女性起業家予備軍がテストマーケティングをする機会を設けたりと、地元の既存経営者団体との接点を積極的につくっている。地元にも貢献する創業支援施設の好事例と言えよう。
　広島のポートインクでも、定期的に「ポートマルシェ」を開催し、手作り商品などの販売のチャンスをミニ見本市のようなかたちで設けている。そこでは自然に、他の先輩経営者からのアドバイスを貰える機会がふんだんに生まれ、コミュニティ間の融合と新しい商品・サービスづくりにつながる場となっている。

　大塚のこそだてビレッジの場合は、ビルの7階フロアが子育て世代の両親たちの利用できる、仕事もできる保育スペース、6階はフリーアドレス型オフィス、5階は2〜8名が入居可能な12室のオフィススペースである。さらにどのフロアの会員も屋上ガーデンスペースは自由に利用でき、定期的に懇親会も開催されて交流を深めている。ビジネスも世代もライフステージも違う人たちがともにこのビルのなかで共存し合い、新しい価値を生み出していくことが目的であり、日本に古くからある長屋の現代版のようなイメージで、あえてそうした共生の環境を創出している。カテゴリー分けではなく、どんな立場の人も共に生き仕事をするスペースが本来のコミュニティであり、社会の姿であり、それを現代の形に体現しているのだという。

　これらの実態などを通じ、多様性ある社会での働き方、社会課題解決などを担う、地域への粘着性の高い起業としての「ワークライフバランス起業」

と、これを支援する仕組みの展開を見ることができた。シェアオフィスなどの事例では、決して事業経営に直結することだけではなく、起業家個人のワークライフバランスの実現をするために、ほどよく伴走するサポートで起業活動を支える事例を捉えた。

5．まとめ　起業家学習と学校・教育・地域への提言

　これらの議論の整理と事例研究などを通じ、第一に述べるべきは、「コミュニティと密接な連携体制のとれる起業家学習環境の整備」である。

　工業、商業、農業などの専門系高校を中核とした起業学習コミュニティの形成が、地域起業家が育つ学習環境づくりとなる。特に、ここで工業高校を例に挙げたのは、今日各地で高校の「総合化」が進み、地方都市では工業高校の存続が危ぶまれている地域さえあることへの懸念も含まれている。イノベーションや知の拠点として、大学を核とした産業地域の創造と活性化が期待される今日であるが、むしろここで提起したいのは、地域にある専門職業高校の存在をもっと起業家教育の拠点として活用を促すべきであり、工業高校などを核とした地域インキュベーションシステムの形成は、その後のコミュニティでの人的結束力のある起業家ネットワークが生まれ、起業家が再生産されやすいものと期待できる。

　第二には、高校期からの「起業教育」と地域をベースにした「起業家学習」の積極的位置づけである（図3参照）。
　「イノベーションの担い手」「ビジネスに対する情熱や高い志」「リスクに果敢に挑戦するチャレンジマインド」など、一般人から見れば雲の上のスーパーマン（ウーマン）のような起業家を育てることが日本の起業家教育の目的とするものではない。そうしたベンチャー的起業家を目指すことを国民、特に若年層にイメージさせ、求めてきてしまったことこそが問題だったのではなかろうか。その裏返しに近年、社会的企業やコミュニティ・ビジネスに

図3　起業家特性と「教育」「学習」

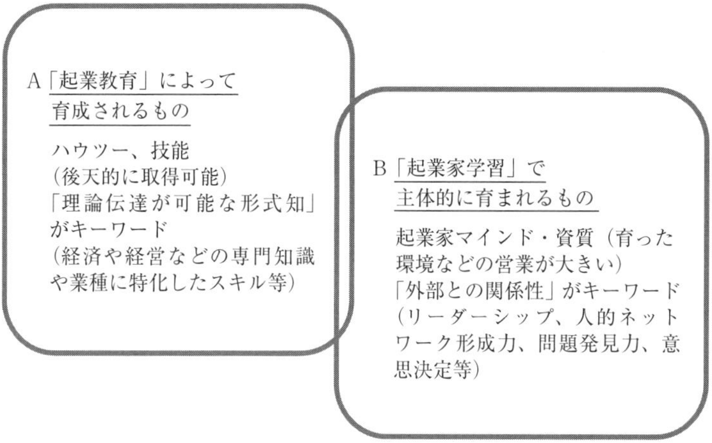

A「起業教育」によって
育成されるもの

ハウツー、技能
（後天的に取得可能）
「理論伝達が可能な形式知」
がキーワード
（経済や経営などの専門知識
や業種に特化したスキル等）

B「起業家学習」で
主体的に育まれるもの

起業家マインド・資質（育った
環境などの営業が大きい）
「外部との関係性」がキーワード
（リーダーシップ、人的ネット
ワーク形成力、問題発見力、意
思決定等）

若者の関心が向いていることは、目指す方向の違いを示している。

　誰もが起業に対する身近さを実感し、特に若年層が起業をキャリア選択肢のひとつとしての存在とすることが、いま求められているのである。ではいつごろが起業家教育に効果的なのか。幼年期や小中学生からの起業家教育がよいかといえば必ずしもそうではない。この20年の実績が示したのは、起業家教育はむしろ「キャリア教育」全般のなかに組み込まれ、「学ぶこと」「働くこと」「起業すること」、それらは「生きる力」全般に通じるものであるとの認識が強くなっている。

　では、本来の「起業」を学ぶのは、大学生の時期からの教育がいいのか。むろん現在経営学部などを中心にして起業関連科目がすでに日本でも多く開設されているが、だからといって全員が起業を志すかといえばそうではない。むしろベンチャー企業家志向の若者は支援や教育などなくても、自力で突出した能力を発揮し起業している。

　思うに、「起業教育」と「起業家学習」をバランス良く提供するには、高校からが最も適していると思われる。ただし学校だけでは起業家特性を培う

ことはできない。学校という場をベースとした諸機関、人的ネットワークのつながりが重要になる。なぜならひとつに、高校時代に培った人的ネットワークは、生活に密接につながった地元ネットワークとなり、生涯「切れにくい」つながりとなる。将来いつか起業するタイミングが来たときに、地域を基盤とした縦横のつながりが大きな社会関係資本となる。高校での起業家学習環境を本格的に整備することは、長期的に見れば効果的であろう。

　また、2つめに、とりわけ商業、工業、農業、水産などの専門高校は、地域産業に関係する人たちとのネットワークが形成されている。地域産業に特化した課題解決などの使命がもともとあり、身近な起業家学習につながりやすい。前述の高校生グランプリでそうした専門高校の事例が多いことに裏付けられる。そうした実践的な問題解決のプロセスと答えを、自分たちで外に向けて求め、学ぶことができ、地域の社会関係資本が形成されやすいのが高校時代であり、何らかの起業に関するインプットを蓄積できる優位な時期である（図2参照）。

　第三には、「起業家学習コミュニティの構築で持続的な起業家育成環境」の必要である。

　言い換えれば、起業家が持続的に育つ環境を作るにはどうしたらいいのかである。人間は起業に関しての教育を受けたり関心を持ったりしても、起業するタイミングは個々に違う。個人的なライフヒストリー、つまりは、結婚、離婚、育児、先代からの後継、遺産の相続、勤める会社での転勤、異動、資格の取得、そうした人生のイベントと起業のタイミングは大きく関係する。また、勤めていた会社の廃業、新商品の代理店契約の締結、取引先からの勧め、社内ベンチャーから社外事業への切り離しなど、予測できない起業の時期も訪れる。

　重要なのは、早期からの学校教育やシステマティックなプログラムに組み込んだ教育だけで起業家を育てるのではなく、起業に関心を持った者が、どんな時期にでも教育を受けることができ、起業家学習や起業の準備ができる

環境が整備されていることである。そのためには、地域にある高校単位での開かれた起業家教育の場としての機能強化も今後の検討課題として考えられよう。そしてまた今日的には、それぞれの置かれたライフステージ環境・状況や生活のあり方、働き方、また多様な志向性に応じた、「ワークライフバランス起業」をはじめとする起業と事業創造発展の場を築き、これをコミュニティの活性化と結びつけていくことが望まれる。「ベンチャー起業家よ、出でよ」ではない、人間的で現実的かつ創造性豊かな、起業の可能性を包含できる参加型社会と教育学習の機会の普及を目指すことこそ、そしてそのための、諸方面の地域的なつながり・社会関係資本を築いていくことこそが、今日の日本の課題ではないのか。

(注)

1) カーズナー（2001）、p.127。
2) (財)中小企業総合研究機構［鹿住倫世 1995］、p.128。
3) (財)中小企業総合研究機構（1994）より。調査対象は全国各地域ブロックの中小企業、1,996社。
4) 松田（1997）、p.77。
5) 小嶋（2014）は、第4章「起業家概念の変質と起業家社会の構築」で、戦後の自営業の役割が失業のバッファーやベンチャー企業の予備軍や苗床として広がっている実状から、創造的破壊やリスクテイクかなどの側面からだけではなく、もっと起業家概念を幅広く捉えるべきであると説いている。
6) GEM調査（一般財団法人ベンチャーエンタープライズセンター 2014）を参照されたい。GEMは、1999年に日本を含めた10カ国からスタートし、2013年には67カ国（経済地域含む）の国際比較研究へと拡大。2013年のGEM参加国が世界GDPに占める割合は90％、世界人口に占める割合は75％になる。GEMの主要な研究目的は、ベンチャー企業の成長プロセスを解明し、起業活動を活発にする要因を理解し、そのうえで国家の経済成長や競争力、雇用などへの影響を定量的に測定することにある。

7) GEMが各国の起業活動の活発さを表す指標として開発したこのTEAという尺度は、「現在、1人または複数で、何らかの自営業、物品の販売業、サービス業等を含む新しいビジネスをはじめようとしていますか」「現在、1人または複数で、雇用主のために通常の仕事の一環として、新しいビジネスや新しいベンチャーを始めようとしていますか」、そして「現在、自営業、物品の販売業、サービス業等の会社のオーナーまたは共同経営者の1人として経営に関与していますか」などの質問にもとづき作成されている。

8) 2004年度から5カ年にわたって行われた中小企業庁の事業で、創業・ベンチャー企業を生み出す国民意識の醸成と風土づくりのため、起業経験者や有識者等で構成された「創業・ベンチャー国民フォーラム」を組織し、全国でシンポジウムを開催する等、普及・啓発活動を行い、地域の特性を生かしたモデル的な役割を果たす「地域起業活性化事業」を実施していた。

9) 定藤（2002）の研究が詳しい。京都リサーチパークにて1998年から起業家教育事業を担当していた原田さんは、2003年にNPO法人アントレプレナーシップ開発センター設立。事務局長としてセンターで、教材・カリキュラム開発、指導者研修、起業家育成講座や教育セミナーなどの企画・実施、先進事例の研究・調査活動等に従事。2009年に理事長就任。継続して行っているユースエンタープライズ（http://www.youthenterprise.jp/）は、若者達が取り組む起業活動や課題解決型プロジェクトの発信サイトであり、それらの活動のプロジェクト管理や第三者の評価が得られる教育プログラムを提供している。また、このようなアントレプレナーシップの育成を奨励する実践を紹介し、応援者が気軽に参画できる仕組みを提供している。

10) セルフウイング社のサイトにこれまでの事業実績が掲載されている。
http://www.selfwing.co.jp/

11) 文部省（現・文部科学省）、職業教育の活性化に関する調査研究会議が1995年3月に発表した「スペシャリストへの道」と題する報告書は、高等学校関係者には画期的なものであったようだ。要点は以下の4つである。①職業教育はすべての人にとって必要な教育であること、また、職業高校においては「将来のスペシャリスト」として必要とされる「専門性」の基礎・基本を重点的に教育し、生徒はここで学んだことを基礎に、卒業後も生涯にわたり、職業能力の向

上に努めることが重要になっている。このため、従来の「職業高校」という呼称を「専門高校」と改め、職業教育及び専門高校のこれからの在り方を明確に打ち出した。②職業教育は、すべての人にとって必要な教育であることから、小学校、中学校、普通高校においても、職業観・勤労観を育成する教育を充実する。③専門高校及び専攻科において、産業界、大学等から専門家を招聘し、非常勤講師として最新かつ高度な知識・技術を直接教授してもらう機会を拡充する。④大学入試において、推薦入学の拡大や大学の判断により特別選抜を行うことができるようにすることにより、専門高校卒業生が専門高校で学んだ知識・技術を継続して学習できる道を拡充する。この提言は、とりわけ専門高校関係者の聞き取りでは、職業教育に関する大きな転換点であったとの評価が聞かれる。「将来のスペシャリストとして必要とされる専門性の基礎・基本の教育へ重点を置くとともに、専門教育での一人一人の能力・適正に応じた総合的な人間教育」を捉えた、キャリア教育の出発点とも言える提言であった。

12) 起業家教育ひろば　http://jeenet.jp/
13) これらの地域の起業の基底には、広島県立呉工業高校、山形県立長井工業高校、大森工業高校（もと徒弟学校、現在は大森学園）が明確に存在している。調査結果の詳細とその解釈については、川名学位論文「中小企業の創業とアントレプレナー・起業家学習」（2015年3月）CiNii　https://ci.nii.ac.jp/naid/500000964044 を参照されたい。
14) 経済産業省HPより（2015年9月15日アクセス）。http://www.meti.go/jp/policy/mincap/
15) ちなみに、当時で全国の市区町村数は1,742であった。
16) この調査は、公益財団法人全国銀行学術振興財団の2015年度研究助成（テーマ「女性の起業における資金調達および経営支援ニーズに関する国際比較」〈研究代表者鹿住倫世・共同研究者河合憲史・弘中史子・川名和美〉）による成果の一部である。

（参考文献）

石井淳蔵（1996）『商人家族と市場社会――もうひとつの消費社会論』有斐閣
遠藤俊平（1987）『工業高等学校――技術教育史の周辺』東洋書房

太田一郎（1981）『人間の顔をもつ小企業』金融財政事情研究会
川名和美（2014）「中小企業の創業とアントレプレナー・起業家教育──日本における起業家教育システムと生育メカニズム」『日本中小企業学会論集』第33巻、同友館、pp.238-250
倉沢進編（2002）『コミュニティ論』放送大学教育振興会
小嶌正稔（2014）『スモールビジネス経営論──スモールビジネスの経営力の創成と経営発展──』同友館
斉藤武雄、田中喜美、依田良弘（2005）『工業高校の挑戦─高校教育再生への道』学文社
坂田博美（2006）『商人家族のエスノグラフィー──零細小売商における顧客関係と家族従業』関西学院大学出版会
定藤繁樹（2002）「地域における起業家教育の実践──京都市地域プラットフォーム事業での検証」（土井教之・西田稔著『ベンチャービジネスと起業家教育』御茶の水書房）、pp.245-272
沢井実（2012）『近代大阪の工業教育』大阪大学出版会
末松玄六（1961）『中小企業成長論』ダイヤモンド社
大和総研（2010）「平成21年度　経済産業省委託事業　産学連携人材育成事業（起業家人材育成事業）報告書（本編）」経済産業省経済産業政策局新規産業室
髙橋徳行（2013）「起業家教育のスペクトラム──「活動」の支援か「態度」の形成か」立教大学ビジネスクリエーター創出センター『ビジネスクリエーター研究』第5号、pp.97-112
髙橋（2014）「起業態度と起業活動の国際比較──日本の女性の起業活動はなぜ低迷しているのか──」『日本政策金融公庫論集』第22号、pp.33-56
瀧澤菊太郎（1965）『日本工業の構造分析』春秋社
瀧澤（1973）『高度成長と企業成長』東洋経済新報社
中小企業庁編（1990）『中小企業白書　平成2年版』大蔵省印刷局
中小企業庁編（1995）『中小企業白書　平成7年版』大蔵省印刷局
（財）中小企業総合研究機構編（1994）「中小企業経営者の研究：中間報告　平成5年度」
中小企業庁編（1995）『中小企業家精神──その実像と経営哲学』中央経済社

中小企業研究センター（1994）「新規開業促進、中小企業間ネットワーク推進のための政策的サポートに関する研究」公益社団法人中小企業研究センター『調査研究報告』No.83

鄭賢淑（2002）『日本の自営業層——階層的独自性の形成と変容』東京大学出版会

寺岡寛（2002）『中小企業の社会学』信山社

寺岡（2007）『起業教育論——起業教育プログラムの実践』信山社

寺島雅隆（2008）「現代における起業家教育の実現性」『名古屋文化短期大学　研究紀要』第33集、pp.22-28.

寺島（2013）『起業家育成論——育成のための理論とモデル』唯学書房

中原淳編著、荒木淳子・北村士朗・長岡健・橋本諭著（2006）『企業内人材育成入門』ダイヤモンド社

中山徹（1991）「大都市小零細事業者・自営業者の生活と社会保障」『社会問題研究』第41巻1・2号

長山宗広（2012）『日本的スピンオフベンチャー創出論』同友館

橋本紀子・木村元・小林千枝子・中野新之祐編（2011）『青年の社会的自立と教育——高度成長期日本における地域・学校・家族』大月書店

林永彦（2004）『韓国人企業家——ニューカマーの起業過程とエスニック資源』長崎出版

原正敏（1988）「戦時下、技術院・技能工養成の諸局面（Ⅰ）——人森機械工業徒弟学校の誕生と終焉」『千葉大学教育学部研究紀要』第36巻第2号 , pp.39-264

番場博之（2010）『職業教育と商業高校——新制高等学校における商業科の変遷と商業教育の変容商業』大月書店

古澤和行（2012）「起業家マインドの涵養に係る活動とその評価にまつわる諸問題に関する論攷」愛知学院大学『経営管理研究所紀要』第19号 pp.11-24

一般財団法人ベンチャーエンタープライズセンター（2014）『平成25年度創業・起業支援事業（起業家精神と成長ベンチャーに関する国際調査　起業家精神に関する調査』

松田修一（1996）「独立起業家の輩出と支援システム」松田修一・大江健編著『起業家の輩出』日本経済新聞社

松田（1997）『起業論——アントレプレナーの資質・知識・戦略』日本経済新聞社

三井逸友編著（2005）『地域インキュベーションと産業集積・企業間連携 ── 起業家形成と地域イノベーションシステムの国際比較』御茶の水書房

山藤竜太郎（2012）「日本の近代化とアントレプレナーシップ教育──渋沢栄一と公立商業学校──」『日本ベンチャー学会　第15回大会報告要旨集』pp.30-33

安田武彦（2015）「経済の新陳代謝を阻むもの」『商工金融』第65巻7号

湯川次義（2004）「日本の教育──歴史と展開」安彦忠彦・石堂常世『現代教育の原理と方法』勁草書房

渡辺俊三（2008）「中小企業論研究の成果と課題」『名城論叢』第8巻4号

渡辺幸男（1998）『大都市工業集積の実態』慶應義塾大学出版会

カーズナー、I. M. 著、西岡幹雄・谷村智輝訳（2001）『企業家と市場とはなにか』日本経済評論社

ドラッカー、P. F. 著、上田惇生訳（1997）『イノベーションと起業家精神──その原理と方法』ダイヤモンド社

ヘバート、R. F.・A. N. リンク著、池本正純・宮本光晴訳（1984）『企業者論の系譜──十八世紀から現代まで』HBJ出版局

レイヴ、J.・E. ウェンガー著、佐伯胖訳（1993）『状況に埋め込まれた学習──正統的周辺参加』産業図書

ロビンソン、E. A. G. 著、黒松巌訳（1958）『産業構造の基礎理論』有斐閣

ストーリー、D. J. 著、忽那憲治・安田武彦・高橋徳行訳（2004）『アントレプレナーシップ入門』有斐閣

シュンペーター、J. A. 著、清成忠男編訳（1998）『企業家とは何か』東洋経済新報社

OECD (2009), "Evaluation of Programmes Concerning Education for Entrepreneurship", report by the OECDWorking Party on SMEs and Entrepreneurship, OECD.

Lin, N. (2001), *Social Capital: A theory of Social Structure and Action*, Cambridge University press.

Sexton, Donald L. & John D. Kasarda (1992), *The State of the Art of Entrepreneurship*, PWSKENT Publishing Company.

Von Hippel, F. (1994), "Sticky information and the locus of problem seeking：

Implications for innovation", *Management Sciences*, Vol.40 No.4.

Wenger, Etienne（1998），*Communities of Practice：Learning, Meaning, and Identity*, Cambridge University Press.

＊本章は、

　川名和美「我が国の起業家教育の意義と課題」（『日本政策金融公庫論集』第25号、2014年11月掲載）

　川名和美「小規模企業の新たな社会的位置づけ」（『商工金融』第65巻11号、2015年11月掲載）

　川名和美「中小企業の創業とアントレプレナー・起業家学習」（平成26年度嘉悦大学大学院ビジネス創造研究科博士学位論文・2015年3月、未刊）

　をもとに、川名千尋、三井逸友が再編集した稿である。

第4章

自己雇用と創業支援政策

谷口 彰一

1. はじめに

　日本の創業支援政策は、ベンチャー企業の創業支援政策としての印象が強い。1995年の中小企業創造活動促進法が、いわゆるベンチャー支援政策の根拠法とされている。1997年の商法改正、1998年の中小企業等投資事業有限責任組合法、1999年の中小企業基本法改正とベンチャー創業支援策の整備が次々と進められた。21世紀に入ると、イノベーションにもとづく好循環創出よる「安心感」と「期待感」の持てる将来像を国民に示すといった大きな旗印の下、2000年の産業クラスター政策、2001年の大学発ベンチャー1,000社構想と商法改正、2002年の中小企業挑戦支援法、2005年の有限責任事業組合法、2006年の新会社法、2008年のエンジェル税制の抜本的拡充が行われていく。こうした研究開発促進を目的とした創業支援に関する諸制度を整備することこそが、1990年代以降の日本の創業支援政策であった。ところが、海外の創業支援政策の大きな流れから見れば、日本の創業支援政策は、やや異様なものであった。海外の創業支援政策は、研究開発促進のみを目的としておらず、研究開発促進と雇用機会確保を目的とするものが両輪のように存在することで創業支援政策としてひとつの態を成している（三井・川名 1997）。ヨーロッパやアメリカでは、雇用機会確保を目的とした創業支援政策に公的

資金を用いている国は判明しているだけでも19カ国に上る。しかし、こうした雇用機会確保を目的とした創業支援政策が日本でなかったわけではない。厚生労働省の受給資格者創業支援助成金、再就職手当や、生活保護受給者に対する生業扶助による創業支援政策などが実施されてきた。このように、日本でも厚生労働省によって雇用機会確保を目的とした創業支援政策が実施されてきたが、あまり知られていない。

　このような背景及び問題意識から本研究の目的は、日本の厚生労働省による創業支援政策について整理し、その実績から制度的問題について明らかにし、雇用機会確保としての創業支援政策の意味や意義について示唆することにある。

（1）自営業主と自己雇用

　はじめに、雇用機会確保を目的とする創業の主体や創業支援の対象について整理する。総務省による就業構造基本調査の就業状態の種類（以下、就業構造基本調査）によれば、創業の主体は、15歳以上の有業者である雇い人のいない業主である自営業主に分類される。就業構造基本調査では、自分で事業を営むことにより自身の雇用機会を確保している人に該当するのは、雇い人のある業主である自営業主と雇い人のない業主である自営業主の2種類である。自営業主に分類される内職者は、一般には受動的に仕事を受けて作業を行うという形態であり、自分で事業を営むことによって自身の雇用機会を確保しているとは言いがたい。いずれの場合も自身で雇用機会を確保している点で違いはないが、第三者に対する雇用機会の確保という点で異なっている。雇い人のある業主である自営業主は、自らの雇用機会のみならず、第三者に対する雇用機会も確保している点が特徴となる[1]（図表1）。

　よって、その働き方は企業の経営者としての要素が混在する。一方で、雇い人のない業主である自営業主は、自らの雇用機会のみ確保している点が特徴となる。このような自営業主は自己雇用者（the self-employed）とも言わ

図表 1　就業構造基本調査における就業状態の種類

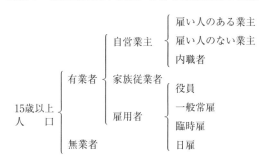

（出所）国民生活金融公庫総合研究所（2004）

れ、自身が創り出す仕事に自らの労働力を用い、自身の生計を維持するという性格がある。自己雇用者という言葉は、"the self‐employed"を直訳したものである[2]。しかし、日本では、就労の一形態としての自己雇用者が注目されることは少なかった[3]（国民生活金融公庫総合研究所 2004）。

(2) 創業支援政策とは何か

次に、創業支援とは何かということであるが、その概念の整理の前に創業について整理する。日本では、会社を新しく創ることについて起業もしくは創業を用いる。起業とは、大辞林第三版によれば、「新しく事業を始めること」であり、その意味は、事業を始めることよりも企業や商売を始める際に用いられるほうが一般的である。また創業とは、大辞林第三版によれば、「事業を始めること、また事業の基盤を築き始めること」としている。つまり、意味としての創業と起業に違いはないが、創業は新事業創出促進法の第二条による定義付けがあるという点では異なる[4]。

では、創業支援の目的についてだが、創業を考えている者に対し、資金調達や情報提供等で支援することであり[5]、その必要性は、施策発生の必然性と資金調達、市場開拓に対する高い壁の存在と言われる（黒瀬 2006）。また、その実施主体は、国・自治体や非政府団体、金融機関、民間企業などで

あり、大学など研究機関も含まれる。さらに、その手段については、場所提供に対する補助、教育訓練[6]、資金供給、情報提供などが挙げられる[7]（国民生活金融公庫総合研究所 1993、本庄 2010）。

そうした創業支援政策の目的や意義について、三井（2018）は、図表2のように4つの構成要素からなる多義的理念によって説明できるとした。その目的[8]は、「研究開発促進」「独立機会保証」「地域振興」「雇用機会確保」から成り、「新機軸と経済活力源」「産業構造高度化」「社会参加拡大」「社会的ニーズの充足」といった各意義の複合体として存在するとした。

また、こうした創業支援政策の海外での成果について、国民生活金融公庫総合研究所（2004）は、「英国を含め、多くの先進諸国が中小企業の数的増加、なかんずく自営業（self-employed）就業者の増加を近年みているのは周知のところである（その唯一の例外は日本である）」とし、日本のみが取り残されたこと指摘している。

図表2　「創業支援策の多義的な理念」の構成概念

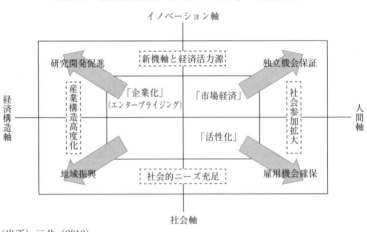

（出所）三井（2018）

(3) 近年の日本における創業支援対象

では、近年の日本の創業支援の対象とは何であったのだろうか。日本では、1970年代以降、ニュービジネスや研究開発促進を目的として創業した企業を指すものとして、「ベンチャービジネス」という表現があった。だが、その定義とは、創造的な新規開業企業を指し、その意味は限定的なはずであった（清成・中村・平尾 1971）。もともと、アメリカでは、ベンチャーキャピタル[9]（以下、VC）とスタートアップス（venture capital and startups）という新規事業創造スキームの総称こそがベンチャービジネスであったために、日本ではそれが拡大解釈されるようになったのである。そうしたベンチャービジネスがVCを含まざるを得ない理由として、技術やマーケットのリスクがある[10]。このようなリスクをアメリカではスタートアップスのわずかな成功によって、多くの失敗が帳消しとなるという全体的な仕組みがあった[11]（米倉 2005）。また浜田（1996）は、研究開発促進と雇用機会確保を目的とする創業支援との関係性を複雑に絡み合っているが、分けて考えなければならないと指摘する。さらに、雇用機会確保を目的とする創業支援は政策として行うべきではなく[12]、研究開発促進と地域活性化に無関係な創業に対しては消極的でよいとも述べている[13]。こうしたベンチャービジネスの定義から外れるものを支援の対象とすべきでないとする議論は、その後も続くことになってしまったのである（米倉 2005）。

2．海外と日本の雇用機会確保としての創業支援政策

日本においては、ベンチャービジネスの定義から外れるものを創業支援政策の対象としない議論があると述べた。では、海外での創業支援政策についてはどうなのか、本節では海外と日本の雇用機会確保としての創業支援政策をその背景や変遷から整理する。

(1) 海外の先進諸国における創業支援政策の変遷

　1970年代以降、欧米先進国では、経済が停滞すると、雇用創出の担い手として中小企業に注目が集まる（中小企業総合研究機構 2000）。イギリスでは、1980年代に入ると失業率は急激に悪化の一途をたどり[14]、1983年サッチャー政権は個人主義や中小企業を軸とした競争政策を導入する。当時のイギリスの中小企業政策の理念[15]は、新保守主義[16]に基づく自立した起業家や個人への期待にあった[17]。こうしたイギリスの創業支援政策が依拠したものは、マサチューセッツ工科大学 David Birch の主張[18]である。このようにしてイギリスでは、中小企業政策が雇用政策との関連で位置づけられ、新規開業促進と自営業者育成が創業支援政策の中心に据えられた[19]（中小企業総合研究機構 2000）。1981年には、中小企業信用保証制度、企業創業制度[20]、1983年には、企業創業制度を拡充するかたちで企業開設手当制度（以下、EAS）による創業促進策が進められた。EASとは、創業意思のある失業者の自営業主化を促進するための補助金制度[21]であった。

　フランスでは、創業の役割について経済的、社会的な視点から重視する傾向があった。Gavron R. et al.（1998）は、政策形成において国家と地域で官民双方の組織が関与したと指摘しており、新規事業創出振興庁（ANCE：L'Agence Nationale pour la Création d'Entreprise）と民間組織であるフランス起業家団体連盟[22]との協力などが挙げられよう（国民生活金融公庫総合研究所 1993）。また、フランスにおいてもイギリス EAS と類似した ACCRE スキーム[23]が実施され、その目的は失業者が創業までの過渡期を乗り切ることにあった[24]。こうしたフランスの創業支援政策の特徴は、経営指導や訓練に関心が高い点にあったと言える。さらに近年、2008年8月に成立した経済近代化法（2009年1月施行）による個人事業者制度（L'auto-entrepreneur）では[25]、個人事業者制度の対象者は18歳以上の自然人とされ、被雇用者も対象となった[26]。さらに本制度では、失業者であっても創業後に失業手当給付の受け取りができるものとなっている（中小企業庁 2014）。

アメリカでは、中小企業数が2,000万社を超え（中小企業総合研究機構訳編 2009）、その創業支援政策の中心にあるのが中小企業庁（SBA）である。アメリカでは、1953年に中小企業法（Small Business Act）が施行され、中小企業庁（Small Business Administration：以下、SBA）[27] が設置されたが[28]、その特徴はその制度の対象者の多様性にあった。SBA は1960年代、零細企業、貧困、マイノリティに対し、制度が多様化していく[29]。零細企業に対しては、1955年の特別協調融資制度[30]（Limited Loan Participation Program）導入、1964年の地域密着型の商業サービス分野の小零細企業を対象とした経営指導や小口融資が行われ、貧困・マイノリティに対しては、新公民権法、経済機会法が実施された。このように、アメリカでは1960年後半から個別企業に対する経営相談、経営指導などを実施され、その対象は小零細企業やマイノリティ中小企業であった（寺岡 1990）。

図表3　EC加盟国12カ国における政策分野ごとの政策手段の数

国名／政策分野	税の簡素化	地域発展	技術・研究開発	供給と下請業者	輸出	雇用	新規開業	情報・相談	金融	訓練	ビジネス特許	行政の簡素化	共同化	環境・エネルギー	総計
ベルギー	++	+	++	+	++	++	+	++	++	++	++	+	0	0	20
デンマーク	0	+	++	0	++	+	++	++	+	+	+	0	+	0	14
フランス	+	++	+++	+	++	0	+++	+++	++	+++	+	+	+	0	23
ギリシャ	++	++	+++	+	++	+	++	++	++	++	+	+++	+	+++	26
ドイツ	+	++	+++	+	++	+	++	++	+++	++	+	0	+	+	19
アイルランド	+	+++	+++	+	+++	+	+++	+++	+++	+++	+	0	+	+++	28
イタリア	0	++	++	+	++	++	++	++	++	+	+	+	+	+	17
ルクセンブルク	+	0	+	0	0	+	+	+	++	+	+	+++	+	+	11
オランダ	++	+	++	+	++	+	++	+	++	+	+	+	+	++	20
ポルトガル	0	+	+	+	++	+	++	+	++	+	+	+	+	+	15
スペイン	+	+	++	+	+	++	++	+	++	+	+	+	++	++	20
イギリス	++	++	++	+	++	++	+++	+	+++	0	+	+	++	0	11
総計	13	18	27	9	22	14	23	20	23	21	14	10	11	11	236

(注)　見方：0＝政策手段無し、＋は1〜2、++は3〜5、+++は6以上の政策手段を示す。
　　　ビジネスモデル特許については特許認可の集約度が示されている。
(出所)　D. J. Storey (2004)

こうした欧米先進国を中心に雇用機会確保を目的とした創業支援政策について Story（2004）は、ヨーロッパ各国における政策手段数を比較している（図表3）。また、Storey and Johnson（1987）は、新規雇用創出と新規企業設立との間の明確な関連性を認めており、OECD（2000）は、雇用機会確保を目的とした創業支援政策に公的資金を用いている国として判明しているだけでも、19カ国に上る[31]。

(2) 日本における創業支援政策の変遷

では、日本の創業支援政策の変遷から本節は整理する。日本では1980年代、新事業創出、新分野進出、創業支援が政策課題として重視されはじめる[32]（通商産業政策史編纂委員会編 2013b）。1980年代には、創造的知識集約化がビジョンとして掲げられたが、「九〇年代通商産業政策ビジョン」では、掲げられることはなかった[33]（黒瀬 2006、通商産業政策史編纂委員会編 2013a）。その理由は、今後の産業は潜在需要の発掘とイノベーションに基づいた発展を行う必要性があったことなどが挙げられ、諸規制・諸慣行、関連社会資本の整備、技術上の制約などの規制の緩和に重きが置かれるようになったからである（通商産業省編 1994、通商産業政策史編纂委員会編 2013a）。

さらに、1980～1990年代に産業構造政策の転換を図らなければならなくなった理由に日本と海外との関係性による影響も窺える。1986年の前川レポートによれば、「経常収支の大幅黒字は、基本的には、我が国経済の輸出指向等経済構造に根ざすものであり、今後、我が国の構造調整という画期的な施策を実施し、国際協調型経済構造への変革を図ることが急務」（経済産業省 2006）と述べ、貿易黒字による問題性を指摘した。さらに、「輸出入・産業構造の抜本的な転換を推進していくことが不可欠であるとされ、内需主導型への産業構造の転換が提言された」（経済産業省 2006）とし、当時の中曽根内閣は、市場開放、輸入促進及び国内実物投資拡大による内需振興からなる総合経済対策を推進させている。

こうした背景のもと、1986年、民間事業者の能力活用による特定施設整備促進法（以下、民活法）が制定[34]される。この民活法によって、400社以上の研究開発促進[35]を目的とした創業が行われ、産学官交流が活発化した[36]。1989年の特定新規事業円滑化臨時措置法[37]（以下、新規事業法）では、日本初の官営ベンチャーキャピタルである新規事業投資株式会社が設立された[38]。1995年には、中小企業の創造的事業活動の促進に関する臨時措置法（以下、創造法）が制定される[39]（通商産業政策史編纂委員会編 2013b）。創造法の目的は、中小企業の創造的事業活動[40]の促進を通じて、新たな事業分野の開拓を図り、産業構造の転換の円滑化と国民生活の健全な発展にあった。しかし、この創造法がベンチャー支援法の根拠法として持つ重要な意味は、その対象者が「事業を営んでいない個人（これから創業する人）」とされたこと、「特定中小企業者[41]」の定義付けがなされたことにあった（通商産業政策史編纂委員会編 2013b）。1999年12月の中小企業基本法改正では、日本の中小企業の基本理念や政策の柱が見直され、多様で活力ある中小企業の育成・発展へと大きく舵が切られた。こうして中小企業基本法の基本的施策のなかに創業支援政策が盛り込まれていくこととなったのである。

(3) 日本の雇用機会確保を目的とした創業支援政策

前節のようなベンチャー支援を目的とした創業支援政策がある一方で、雇用機会確保を目的とした創業支援政策が日本ではどのようにして誕生したのか、その変遷から整理する。日本では、戦後から1955年中葉以降にかけ自立的営業者[42]の存在があり（江口・山崎 1961, 1966）、貧困層のなかにおけるその実態として「雇人なし自営業層」について指摘された（江口 1980）。このような自営業層は、事実上、賃労働者化していて[43]、不安定就業者の一典型として名目的自営業が取り上げられることになる。こうした「雇人なし自営業層」の素地は、1965年以降広まりを見せる。しかし、その多くは高齢者が生活する目的から家族経営を行う「窮迫的自立」による開業によると

され、こうした零細企業は社会問題の視点から欠かすことはできないとされる[44]。

また、失業対策に沿って整理すると、日本では低失業率が長期間継続してきたが[45]、戦後日本の経済情勢のなかで4度にわたる失業対策が行われた。大竹（2000）は、「現在の労働政策の基本的な枠組みは、第二次大戦後占領体制下で作られた。戦後の高失業率と貧困問題を背景に一九四七年に職業安定法、失業保険法が施行された」と述べ、雇用対策の変遷は失業対策やその保険制度を整理する上で欠かすことはできないとした。終戦直後の高失業時代における対策については、1947年の職業安定法、失業保険法がある[46]。そうした時代の失業政策として機能したのが、公共事業を中心とした失業対策事業である。1949年の緊急失業対策法は、再就職までの一定期間雇用を確保するため、全国的な失業対策事業として行うことをまとめた法律であった[47]。1950年代は、日本は朝鮮動乱によって日本経済は好調であった。だが、駐留軍労務者等の失業問題という構造的な失業問題を抱え、1958年に駐留軍関係離職者臨時措置法、炭鉱離職者臨時措置法が施行された。このような産業構造が変化する過程で起こった構造的な失業者対策が体系化され、全産業を対象にしたものが雇用対策法[48]となる。1975年には、雇用保険法が創設され[49]、この際に就職促進給付が創設、再就職手当が始まる。1995年、第8次雇用対策基本計画にて再就職手当については、新規事業展開等による雇用創出に対する支援が明示され、開業希望者や新設企業に対する支援が掲げられる。1996年5月11日、号外労働省令第22号第二次改正により、再就職手当の要件が「就いた」から現在の「就き、または事業を開始した」に改められた[50]。その後、1999年11月の平成11年度第二次補正予算にて、中小企業の創業支援政策として514億円が盛り込まれる。大竹（2000）は、「雇用対策は、雇用維持政策から雇用創出政策に方向転換を始めた」と述べ、日本において創業支援政策が雇用政策との関連で位置づけられたとした。また、このように厚生労働省が雇用機会確保を目的とした創業支援政策に転換した背景には、ILO（国際労働機関）の創業支援の決議といった国際的潮流による

影響があったと言われる[51]（中小商工業研究所編 2000）。

3．厚生労働省による創業支援政策

　これまでは、海外と日本の創業支援政策の変遷から整理してきた。海外では、中小企業政策が雇用政策との関連で位置づけられ、新規開業促進と自営業者育成が創業支援政策の中心に据えられた。一方で、日本では内需拡大策・産業政策と失業者対策・雇用対策との関連による位置づけで国内外のさまざまな理由によって施行されていったことが分かった。そこで本節では、日本の厚生労働省による創業支援政策について整理する。

（1）雇用保険制度における創業支援政策

　厚生労働省による雇用機会確保を目的とした創業支援政策には、雇用保険財源によるものと生業扶助によるものとに分けられる。本節では、雇用保険制度による創業支援政策について整理する。まずは、雇用保険制度について簡単に整理する。雇用保険制度とは厚生労働省が管掌する強制保険制度である。その目的は、労働者が失業によって無収入となった場合や雇い止めなどにあった際に生活の安定を図るもので[52]、一般的には失業等給付という。失業等給付とは、雇用保険の被保険者が失業した際に、求職活動及び再就職支援のために支給されるものであるが[53]、失業認定[54]を受けなければならない。そこで問題となるのが、その労働者が失業状態にあるかということである（厚生労働省 2017c）。よって、就職に対する意思がない、求職活動をしない、もしくはできない場合は、失業手当の給付はされず[55]、4週間以内とする求職期間中に2回以上の仕事探しに関する活動実績がない場合も失業状態ではなくなる[56]。また、再就職するまでの期間には上限が設定されており、所定給付日数の限界がそれにあたり[57]、雇用保険制度の利用にあたっては、こうした失業認定と失業手当受給が期間内において繰り返されるということが前提となる。

図表4　雇用保険制度の概要図

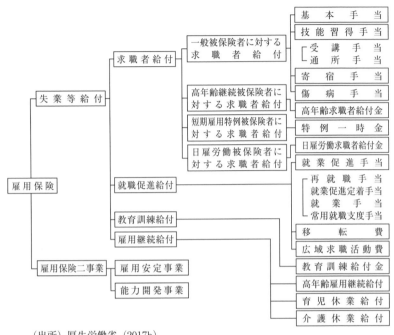

（出所）厚生労働省（2017b）

　また、失業等給付には就職促進給付というものがあり、再就職手当はそのひとつである。さらに、雇用保険制度には、失業の予防や雇用機会増大や是正、労働者能力教育や福祉増進という見地から、雇用保険二事業が設けられている。この二事業には、受給資格者創業支援助成金や生涯現役起業支援助成金[58]が該当する（図表4）。

（2）生活保護制度と雇用保険制度による創業支援政策

　前節では、雇用保険制度に基づく創業支援制度について整理した。しかし厚生労働省では、失業保険に加入していなくても利用可能な生業扶助としての創業支援政策があることもあまり知られていない（図表5）。こうした生業扶助としての創業支援政策は、生活保護法がその依拠するところで、生活

図表5　厚生労働省による創業支援制度一覧

依拠するとされる制度	具体的な創業支援制度
雇用保険制度によるもの	再就職手当、受給資格者創業支援助成金、生涯現役起業支援助成金
生業扶助制度によるもの	生業費支給制度、母子父子寡婦福祉資金貸付金制度、社会福祉資金貸付制度

（出所）厚生労働省（2012b）（2013）（2017a）（2018）に基づき筆者作成。

保護法では8種類の扶助[59]に分けられる（厚生労働省 2013）。

　生業扶助による創業支援の目的は、要保護者の稼働能力開発とその助長を行うことにより、自立させることにある[60]。こうした制度が依拠する法律としては、生活保護法第17条及び第36条、母子寡婦福祉法第32条第1項である。生活保護受給者に対する支給制度としては、生業費支給制度[61]がある（厚生労働省 2013）。その目的は、自らの生業維持にあり、小規模の事業を営むために必要な資金と、生業に必要な器具・資料を被保護者に対して、計上するものである[62]。支給対象となる事業は、食料品店（個人商店、八百屋、個人製菓店等）、文化品店（書店、古本屋、文房具店、印章店、玩具店、生花店等）、飲食店（中華そば店、大衆食堂、喫茶店等）、自由業（大工、植木職人等）、その他製造加工修理業、サービス業等である。

　こうした生業費支給制度の実績は、「生業扶助、生活扶助の一時扶助に関する保護課調べ2012年度」によれば、支給実績がある自治体は、全体の17％であった。また支給された業種は、建設業、飲食業、ハウスクリーニング等清掃業、大工、とび職、その他とされる。一方で、支給実績のない自治体は全体の83％に上り、その理由として最も多かったのは、「生業により自立を目指す者がいなかった」の94％であった。

　また、創業支援政策としての生業扶助に基づく貸付制度として、母子父子寡婦福祉資金貸付金制度、社会福祉資金貸付制度というものもある。母子父子寡婦福祉資金貸付金制度の目的は、現に児童を扶養しているものに対し

て、その経済的自立の助成と生活意欲の助長を図り、その扶養している児童の福祉を増進することにある。その対象者は、配偶者のいない女子、もしくは配偶者のいない男子であり、貸付金の種類は、事業開始資金、事業継続資金等とされる[63]。また社会福祉資金貸付制度は、都道府県社会福祉協議会が実施の主体[64]である。その対象は低所得世帯、障害者世帯、高齢者世帯等となっており、貸付は世帯単位[65]で行われる。また、こうした資金の貸付けによる資金面の援助に合わせ、地域の民生委員が資金を借り受けた世帯に対して相談支援を実施している[66]。

(3) 創業支援政策としての受給資格者創業支援助成金

では、雇用保険制度による創業支援政策について整理していきたい。受給資格者創業支援助成金とは雇用保険二事業に当たる。その目的は、雇用保険の受給資格者である失業者自らが創業し、当該事業主[67]に対して創業に要した費用の一部を助成することで、失業者の自立を積極的に支援するとしている[68]。

受給可能な事業主の要件は、個人、法人[69]を問わず、事業内容については、a) 宗教活動を目的としたものではないこと、b) 政治的活動を目的としたものではないこと、c) 風俗関連産業を目的としたものではないこと、である。また助成対象となる費用は、①法人設立の準備や設立後3カ月以内の運営にかかる経費、②職業能力開発にかかる経費、③雇用管理の改善に要した経費となる（図表6）。これらの要件は、2002年から2009年について支給額の上限を200万円で費用の合計額の3分の1に相当する額とされ、申請者が特定地域進出事業主[70]の場合には、上限300万円となり合計額の2分の1まで引き上げられた。その後2010年から2012年については、支給額の上限を150万円で費用の合計額の3分の1に相当する額とし、法人設立後1年以内に2人以上の労働者を雇い入れた場合に、50万円の上乗せを行うといった内容に変更されている。

図表６　受給資格者創業支援助成金の助成対象例

	助成対象例
法人設立の準備や設立後３カ月以内の運営にかかる経費	事務所、店舗、駐車場等の賃借料
	電気工事、設備工事、看板設置費等の内外装工事費にかかわる経費
	デスク、金庫、厨房機器、空調設備等といった設備、機械、機器、備品、車両等の動産等の購入費及びリース料
	許認可等の手続きに要した費用、金融機関への出資金払込手数料、各種手続きに係る委託手数料等
職業能力開発経費	資格取得のための講習、研修会等の受講費用
雇用管理の改善に要した事業	労働者の募集、就業規則の策定に係る経費等

(出所) 厚生労働省 (2012c) に基づき筆者作成。

　次に、受給資格者創業支援助成金の実績及びその効果である。本助成金の支給件数については、支給条件の改正以前（2003年～2009年）と改正後（2010年～2012年）で比較した場合、改正以前の平均は年度当たり1,302件に対し、改正後は1,713件と76.0％増加した[71]。また支給実績については、1件当たり100万円以上となっている。2008年９月の国際的な景気悪化が2009年以降の創業活動をより鈍化させたが、受給資格者創業支援助成金の支給実績については、2009年1,390件、2010年1,709件、2011年1,656件と景気の悪化に伴って増加した[72]（図表７）。

　次に、受給資格者創業支援助成金の実績について、①雇用労働者数、②事業の継続割合の２点から整理する。まず、①の雇用労働者数とは、本助成金の支給を受けた事業主が、法人等の設立から１年経過後に雇用している労働者数の平均値のことをここでは指す。②の事業継続割合とは、本助成金の支給を受けた事業主が、法人等の設立から１年経過後に事業継続している割合のことをここでは指すものとする。

　2005年から2012年の推移は、①の平均雇用労働者数の2.1人（平均値）、②の事業継続割合については、97.6％（平均値）であった。このような実績か

図表7　受給資格者創業支援助成金の支給実績

年　度	支給件数 (件)	予算額 (円)	支給金額 (円)	予算執行率 (%)	1件当たりの支給額平均 (円)
2003年	577	1,821,000,000	592,000,000	32.5	1,025,997
2004年	1,641	3,084,000,000	2,224,000,000	72.1	1,355,271
2005年	1,605	5,986,000,000	2,380,000,000	39.8	1,482,866
2006年	1,222	4,001,000,000	1,709,000,000	42.7	1,398,527
2007年	1,147	2,777,000,000	1,680,000,000	60.5	1,046,729
2008年	1,074	2,035,000,000	1,591,000,000	78.2	1,481,378
2009年	1,390	1,391,000,000	1,967,000,000	141.4	1,415,108
2010年	1,709	1,367,000,000	2,299,000,000	168.2	1,345,231
2011年	1,656	2,406,000,000	2,167,000,000	90.1	1,308,575
2012年	1,773	2,707,000,000	2,229,000,000	82.3	1,257,191
2013年	－	1,750,000,000	2,172,000,000	124.1	－
2014年	－	136,000,000	279,000,000	205.1	－
2015年	－	53,000,000	6,000,000	11.3	－

※2013年度から2015年度末まで経過措置期間であるため新規支給件数は発生しない。
(出所) 厚生労働省 (2003)(2007)(2009)(2010)(2012a)(2014)(2016)、総務省 (2008)、厚生労働省回答資料及び元厚生労働大臣長妻昭氏への訪問調査時資料に基づいて筆者作成。

ら、本助成金による創業支援政策としての効果は期待できるものであったと言えるだろう (図表8)。

　本助成金の利用した事業主の業種については、コンビニ等の小売業や喫茶店等の飲食サービスによる活用が多かった。具体的には、小売業 (パン・菓子販売、コンビニエンスストア等)、飲食サービス業 (喫茶店、ラーメン店、小料理屋、レストラン等)、生活関連サービス業 (理美容、クリーニングサービス等) であった。また、第1回目の支給決定を受けた事業主の産業別内訳 (2009年度) は、サービス業55.0％、不動産・物品賃貸業5.4％、卸売・小売業21.7％、建設業8.2％、通信・運輸業5.2％、製造業3.3％、その他1.2％

図表8　創業1年後の雇用労働者数平均値及び事業継続割合の推移

年	平均雇用労働者数（人）	事業継続割合（％）
2005年	2.4	97
2006年	2.3	97.5
2007年	2	97.4
2008年	1.9	97.9
2009年	2	97.3
2010年	2.2	97.8
2011年	2.2	97.6
2012年	2.1	98.1

（出所）厚生労働省（2003, 2007, 2009, 2012a）に基づいて筆者作成。

となっている（厚生労働省 2012b）。また、第1回目の支給決定を受けた事業主の地域別内訳（2009年～2011年）は、北海道・東北が7.1～9.1％、関東・甲信越が33.7～38.2％、東海・北陸が12.4～14.2％、近畿20.0～21.7％、中国・四国が9.9～12.2％、九州9.4～11.5％であった。このように受給資格者創業支援助成金の支給決定の多くは、雇用機会の確保を目的とした創業準備者へのニーズに適うものであり、その実績からも創業支援政策としての効果の期待に沿うものであった。

しかし、受給資格者創業支援助成金に問題がなかったわけではない。本助成金は、「単なる失業対策の延長」であり、雇用保険を財源に充てたことが論点となる。つまり、失業状態にある人が創業する意思を示した時点で失業手当の受給資格を失うため、失業手当を受給している期間中に創業しようと志したとしても、その相談の過程では、事業開始までの間の生活面の相談が必然的に発生してしまうという制度的矛盾を抱えていたのである。こうした制度の根本的矛盾は、欧米諸国では見られず、フランスで2008年8月に成立した経済近代化法にもとづく個人事業者制度（L'auto-entrepreneur）では、失業者について個人事業主として起業した後も失業手当給付の受け取ること

ができる。また、1980年代のイギリスにおける EAS については、その支給方法が「前払い方式」であって、支給されたものに対しての用途制限がそもそもない。

(4) 創業支援政策としての再就職手当

次に、創業支援政策としての再就職手当の概要及び実績について整理する。再就職手当とは、雇用保険受給資格者が基本手当の受給資格の決定後に早く安定した職業に就くか、創業した場合に支給することで、より早期の再就職を促進するための制度である（厚生労働省 2017a）。その受給要件は、過去3年以内に再就職手当や常用就職支度手当の支給を受けていない雇用保険の被保険者でなければならない[73]。また、待期期間[74]を過ぎた後に、就職または創業する必要がある。さらに、失業認定を就職や創業した日の前

図表9　再就職手当額の算出

所定給付日数	支給残日数		再就職手当の額
	支給率60％の場合	支給率70％の場合	
90日	30日以上	60日以上	基本手当日額(※1) × 所定給付日数の支給残日数 × 60％(※2)または70％(※3)　（1円未満の端数は、切り捨て）
120日	40日以上	80日以上	
150日	50日以上	100日以上	
180日	60日以上	120日以上	
210日	70日以上	140日以上	
240日	80日以上	160日以上	
270日	90日以上	180日以上	
300日	100日以上	200日以上	
330日	110日以上	220日以上	
360日	120日以上	240日以上	

※個別延長給付の支給残日数は、再就職手当の支給残日数としては見なされない。
※1　再就職手当に係る基本手当日額には上限額がある[75]。
※2　就職日が2017年1月1日前の場合は、50％
※3　就職日が2017年1月1日前の場合は、60％
(出所) 厚生労働省 (2017a)

日までに受けていなければならず、基本手当の支給日数が所定給付日数の3分の1以上残っている必要があり、創業した際の支給対象については、解雇や倒産といった事由の場合は7日間、それ以外の事由によって離職した場合は1カ月間の待期期間が満了した後となる。

再就職手当の額については、基本手当日額×支給給付日数[76]の支給残日数×60%または70%とされる。支給残日数については図表9の通りである。さらに、再就職手当による早期の創業を含む就業に対するインセンティブについて、厚生労働省（2017a）によれば、再就職手当については早く就職すればするほど支給額は増額されるとしているが[77]、そうした早期に支給されることが創業支援としては、どういった影響があるのかについては触れられていない。

次に再就職手当の実績[78]は、図表10の通り2005年度から2016年度まで

図表10　再就職手当受給者数推移（2005年度～2016年度）

年度	計	創業数	就職	
			ハローワーク	自己就職
2005年度	319,361	3,743	175,508	130,471
2006年度	366,633	4,247	202,078	147,869
2007年度	364,631	4,078	197,619	149,385
2008年度	347,288	4,142	183,314	145,381
2009年度	390,903	6,756	197,948	172,348
2010年度	352,861	7,210	185,921	145,492
2011年度	359,848	7,487	193,854	144,081
2012年度	387,438	8,012	213,907	147,824
2013年度	395,401	7,703	218,278	149,659
2014年度	384,596	7,234	215,180	142,863
2015年度	405,715	8,176	224,964	150,871
2016年度	404,977	8,081	226,585	148,624

※2004年以前のデータについては、記録がないといった回答を得ている。
（出所）厚生労働省による回答に基づき筆者作成。

の11年間に、76,869件の創業実績がある[79]。年度別では、再就職手当の受給者全体のうち創業を選択した割合は、2005年度は、1.1％、2006年度は、1.1％、2007年度は、1.1％、2008年度は、1.2％、2009年度は、1.7％、2010年は、2.0％、2011年は、2.1％、2012年は、2.1％、2013年は、1.9％、2014年は、1.8％、2015年は、2.0％、2016年は、2.0％であった。再就職手当の受給者全体から見て創業を選択した割合は、2005年度から2008年度については、1.1％から変化がなく、ほぼ横ばいであるが、2009年度以降は、1.7～2.1％と約2倍にまで達し、創業活動が活発となってきていることが窺える。

　このような実績からも再就職手当が創業支援政策として、創業支援政策として評価できる。そこで、受給資格者創業支援助成金と再就職手当を比較したうえで、再就職手当の効果及び課題について考察する。再就職手当は、受給資格者創業支援助成金で見られたような資金の用途制限がない。それは、イギリスのEAS制度においても用途制限がなく、そうした意味においてはよく似ている。しかし、資金の用途制限がないことによって、厚生労働省による創業支援政策が抱えた課題が解決とは言えない。再就職手当とは、失業後に早期の創業もしくは再就職を促すことを目論むものである。それは、失業以前に創業意思があれば、再就職手当によって創業が促されたとは言えないことを意味する。しかし、本来の目的に沿うものだけが、その効果ではないはずである。例えば、創業への志があったとしても人それぞれ千差万別なものであるから、その程度を量ることは到底できない。とすれば、その志が強められれば、それを創業支援政策の効果としてもよいはずであろう。このような視角から考察してみると、再就職手当の効果というものは、志を持つ創業希望者が失業状態を体験することで、創業への意思と期待がより強められるということもあるだろう。

4．おわりに

　日本の創業支援政策は、ベンチャーや研究開発型の中小企業の創業促進を目指すものが中心だった。しかし、海外の創業支援政策は、研究開発促進と雇用機会確保を目的とするものが両輪のように存在する（三井・川名 1997）。海外の雇用機会確保を目的とした創業支援政策に公的資金を用いている国は19カ国に上り（OECD 2000）、日本においても雇用機会確保を目的とした創業支援がなかったわけではない。もともとは、日本の雇用政策としての創業支援政策というものはなく、自営業者は不完全就業者であって（江口・山崎 1961, 1966、江口 1980）、その増加を図る政策というものは、あり得ないとされた。また、失業対策として1947年の職業安定法、1958年の駐留軍関係離職者臨時措置法などあったものの、それらは公共事業による雇用吸収力が目的であり、自営業者の創出は目的とはされなかった。その後、1975年の雇用保険法によって、失業の予防という観点から再就職手当が誕生し、1999年に雇用対策として創業支援政策が組み込まれていった経緯がある（大竹 2000）。こうした背景には、1980年代以降のILO決議による国際的潮流があったとも言われる（中小商工業研究所編 2000）。このように、日本では不安定就業者としての自営業者、賃労働化している自営業者といった社会問題からの関心と議論が主流で、自らの雇用機会をつくりだす意義というのは必ずしもポジティブな理解ではなかった観がある。だが、それはむしろ1980年代以降、ILOなどの研究や議論によって一定に変わってきたと言える。

　つまり、日本の創業支援政策は制度が始まった時点から、海外における創業支援政策とは異なっていたのである。そもそも、政策としての「創業」や「支援」というものは、本来、さまざまな目的性のうちでの一手段、ひとつの形でしかない。ところが、日本では、経済産業省や中小企業庁が進めてきた創業支援政策は、日本経済のすべてが救える救世主があたかもあるかのような幻想を振り撒いたことが間違いであったのではなかろうか。近年の日本

における創業支援政策は、その「目的」や「対象」については問われないままに、今日まで至ってしまっている現れとも言えるだろう。また、経済産業省によって「創業支援＝ベンチャー支援」というイメージを伝播させた結果、「起業家とは、こうあるべき論」がより広められ、国民は「創業そのもの」に対して逃げ腰になったのではないかということである。浜田（1996）で主張されていた「まちの起業家は、支援をせずとも勝手に増える」ということはなかった。「まちの起業家」への創業支援政策は万国共通に必要不可欠なものであった。また、日本の厚生労働省による雇用機会確保を目的とした創業支援政策は課題も多かったが、その意味や意義を否定するものではなかった。今日まで注目されてこなかった厚生労働省による創業支援政策の概要と実績及びその意味と意義を明らかにしたことが本研究のオリジナリティと言えよう。しかしながら、こうした雇用機会確保を目的とした創業支援策を厚生労働省任せでよいとは考えない。ここは、省庁横断的に、総合的に進めるべきであり、それらを通じてさまざまなかたち、目的性を持ち、起業を重要な機会とする「まちの起業家」の育成という発想を実現すべきである。そのためには、資金面の支援等にとどまらずに、アントレプレナーシップ、起業の方法等に関する基本的な教育と普及、文化的機運醸成といった息長い政策として、「省庁横断的に」（『中小企業憲章』2010年）取り組む必要があるだろう。こうした取り組みについては、何も特別なことではない。1980年代以降の欧米、ひいては世界中で取り組まれている課題だからである。

（注）

1）雇い人のある業主である自営業主は、雇用主としての責務が生じる。
2）1970年代以降、欧米では、高失業率と経済成長率の鈍化から彼らを雇用の担い手として、さまざまな施策が講じられてきた。
3）日本での比較的高い経済成長と低失業率による。
4）事業の開始、会社の設立、企業の分社化、事業承継などが創業という言葉に

5）中小企業庁による。
6）人材教育については、ビジネススクールによる企業家養成、商工会議所や非営利組織による研修・指導などがある（国民生活金融公庫総合研究所 1993、中小企業総合研究機構 1995）。
7）資金に関する支援方法としては、長期融資、補助金、信用保証等とされ（国民生活金融公庫総合研究所 1993）、技術支援については、技術開発にかかる資金や大学等研究機関からの技術移転が円滑となるような施策、地方自治体によるビジネス・インキュベーターによる支援等も含まれる（中小企業総合研究機構 1995）。
8）本研究においては、1980年代のイギリス EAS 制度、2000年代の個人事業者制度に挙げられる「独立機会保証」「雇用機会確保」「社会参加拡大」といった雇用政策的側面からの創業支援に関する政策（以下、雇用機会確保を目的とした創業支援政策）とし、大学等の研究機関を中核としたベンチャー創業支援のような「研究開発促進」「地域振興」「産業構造高度化」といった中小企業政策・産業政策的側面からの創業支援に関する政策（以下、研究開発促進を目的とした創業支援政策）とする。
9）ベンチャーキャピタルの定義によれば、「不確実性の高い状況における新企業創造によって大きなキャピタル・ゲインを得ることを目的とした直接投資を行う企業群及び資金そのもの」（一橋大学イノベーション研究センター編 2001）としている。
10）多様性が高い状況になると、計画された合理性よりも試行錯誤による均衡解の探索の必要性から、その過程でのリスクも当然高まる（黒瀬 2012）。
11）こうした全体的な仕組みが大前提となるために、VC が発達した。
12）「（ファミリー型企業の創造）には、何もしなくて良い。理由は、政策が手を伸ばす場所ではない。放っておいてもこの領域では起業は生じている。また、数が減っても特に問題はない」（浜田 1996）と述べている。
13）新技術・新事業については重視するが、地域振興については、概念が曖昧であることから雇用創造という尺度設定し、地域を制限したうえで実施するのが望ましいとしている。

14) イギリスの失業率は、1982年には10％を上回るほどに悪化していた。
15) こうした理念の背景には、創業と中小企業の活性化によって10％台の失業率の改善という目論みがあった。
16) 小さな政府の下での規制緩和と民間活力の利用をここでは指す。
17) 大企業による産業の独占化・寡占化という現象により、経済の衰退を招いたという認識にもとづくものであった（中小企業総合研究機構 2000）。
18) 1969年～1976年におけるアメリカの雇用増加の66％は、従業員数20人未満の小規模事業者によるものとする（Birch 1979）。
19) 1985年には、中小企業局（Small Firms Division）が貿易産業省から雇用省に移管された（中小企業総合研究機構 2000）。
20) 個人が設立後5年未満の非上場企業に投資すると減免される制度である。
21) 失業者が新会社を設立する間の一定期間において一定の手当の受給を認めるものである。
22) 民間セクターである。
23) 1977年より実施。
24) 労働・雇用・職業訓練省（MTEFP：Ministère du Travail, de l'Emploi et de la Formation professionnelle）が実施した。
25) 制度導入は一定の成功を収めたと言える（中小企業白書 2014：p.231）
26) ただし、売上が給与を上回らないことを条件とし、また、2009年12月には公務員も対象として追加された。
27) SBAの主要な機能は、①官公需受注と技術支援、②マネジメント支援、③金融支援、④その他中小企業の利益擁護、等々であるとしている。また、SBAが設立された1953年から1991年までの間に融資及び保証業務を62万件余り、671億ドル実施した（清成・田中・港 1996）。
28) 中小企業投資会社（SBIC）によるものは、7万件、110億ドルとなっている。その他、経営相談について786万件に達した（清成・田中・港 1996）。
29) 融資に際しての条件や手続きといった改善が行われた。
30) 卸・小売・サービス業を営む小零細企業への融資を促進させる目的であった。
31) ヨーロッパでは、オーストリア・ベルギー・デンマーク・フィンランド・フランス・ドイツ・ハンガリー・アイルランド・イタリア・オランダ・ノルウ

エー・ポーランド・ポルトガル・スペイン・スウェーデン・イギリス、北アメリカでは、アメリカ合衆国・カナダ、オセアニアでは、オーストラリアである。
32) そうした課題解決を図るために政策が行われるようになったのは、1980年代中葉以降であった。
33) 産業構造政策は、最適産業構造実現のため、産業間の資源配分に影響を与える政策だけに、異例のこととなった。
34) 民活法は、内需振興策の一環として、民間を活用して、技術革新や情報化、国際化といった産業構造の変化に対応した新しい産業インフラ整備を目的として制定された。
35) 民活法によって研究開発・企業化基盤施設（1号施設）が整備されている。
36) 代表的なものとして株式会社KSPが運営する「かながわサイエンスパーク」などが挙げられる。
37) 主な事業内容は、債務保証・出資業務・情報提供となっている。
38) しかし、認定条件が厳しく、申請手続きが面倒というものであった。
39) 創造法は、研究開発促進を目的とする創業支援政策の根拠法とされている。
40) 「創造的事業活動」とは何かという点については、立法段階において法律の名称を巡る議論があった。当初中小企業庁は技術法の流れから創造的事業活動とは「研究開発」を伴う事業活動を広く意味すると考えていたが、それでは過去の研究開発がすべて創造的事業活動になり、この法律においてのみ別の言葉を使うのは一貫性がないとの指摘がなされた。そこで創業と研究開発を包含する概念と考えることにしたが、これらすべてが創造的事業活動とは言えないのではないかとの指摘があり、「中小企業の創業及び研究開発等の支援による創造的事業活動」とすることになった。「創造的事業活動」を直接定義することは難しいため説明付きの表現とした（通商産業政策史編纂委員会編 2013b、p.649）
41) 創業5年未満の企業（製造業、印刷業、ソフトウエア業、情報処理サービス業に属する）、もしくは、売上高に対する試験研究費の割合が3％を超える企業。
42) 生産手段やその他の小規模な営業のための諸手段を所有し、業主や家族を主とする家族単位の労働を行うものを指す。
43) また、1955年から1965年以降も大量に存在し、新に供給されつづけているとしている。

44）こうした主張は自営業主の開廃業の事象について「窮迫的自立」のみを用いて理解しようとする一部の主張をもたらしてきたとも言える。
45）日本の創業支援政策が産業政策となった理由のひとつとされている。
46）しかし、その効果は十分発揮されることはなく、その理由として、当時は農業や自営業者による廃業等に起因する失業が多く、その時代の法律では、彼らは失業保険非対象者とされたことを指摘する（高梨 1999）。
47）1949年予算から公共事業費が失業対策費と分離されたため、失業対策事業と分離して労働省が管轄して実施することとなった。
48）1966年施行。解雇をはじめとする大量の雇用変動の場合の届出等を規定し、その後の雇用保障強化政策へとつながっていく（大竹 2000）。
49）従来の失業給付制度に失業を予防するための諸施策が付け加えられ、雇用安定事業、能力開発事業、雇用福祉事業の三事業が創設された。
50）厚生労働省雇用保険課の回答による。
51）1986年の「中小企業の促進に関する決議」においてインフォーマルセクターの起業家と自営業の個人を推奨することを重視すること、若年者雇用を促進するための職業教育、技術教育、基礎的な経営教育などの重要性が位置づけられた。
52）労働者が職業訓練を受ける際にも用いられる。
53）倒産・解雇等の事情により時間的な余裕なく離職させられた受給資格者を特定受給資格者とする。また、受給資格者に該当しない場合でも派遣切り等の理由によるものも含まれる。
54）指定日にハローワークに行き、失業認定申告書に求職活動状況等を報告する必要がある。
55）例えば、病気やけがで就職できない、妊娠・出産・育児のため就労不能、定年退職により休養の検討、結婚等で主婦となり就職できないといった際は失業手当を受けられない。
56）自己都合などでの退職の場合、離職理由による給付制限に該当し、待期期間満了後3カ月間は失業手当が支給されない。
57）給付日数は離職者の年齢、雇用保険の支払期間や離職理由によって決められる。

58) 2016年度から新設された。社員の求人や資格取得など雇用創出にかかる経費のうち、その3分の2を最大200万円まで補助するものである。また、条件のなかに60名以上の社員2名若しくは40歳以上の社員3名を雇用することが条件となっており、2016年度予算として8億7,203万9千円が計上されている。
59) 生活保護法では、生活扶助，住宅扶助，教育扶助，介護扶助，医療扶助，出産扶助，生業扶助，葬祭扶助の8種とされる。
60) 対象者は、困窮のため最低限度の生活を維持することができない者及びその恐れのある者とされている。
61) 基準額45,000円以内、特別基準額75,000円以内となっている。
62) 基準額の範囲内でその必要最小限度の額としている。
63) 融資の上限額は283万円、無利子または年利1.5％。償還期間は、一定の据置期間経過後、3〜20年。
64) 県内の市区町村社会福祉協議会が窓口となっている。
65) 世帯の状況と必要に合わせたものになる。
66) 創業に用いられる融資制度は福祉資金に分類され、融資上限は460万円。利子は、無利子または年利1.5％、償還期間は、据置期間経過後20年以内、据置期間は6カ月である。
67) 雇用保険の適用事業の事業主となることが条件となる。
68) 創業後1年以内に継続して雇用する労働者を雇い入れなければならない。
69) 法人設立した場合は、創業受給資格者が出資し、代表者でなければならない。
70) 創業受給資格者が地域雇用開発促進法第9条第1項に規定する同意雇用機会増大促進地域で、この地域に係る同法第5条第1項の地域雇用機会増大計画に定められた計画期間内に法人等を設立する事業主であって、当該法人の設立から第1回目の支給申請時までの間、継続して同一地域内で法人等を設立して雇用保険の適用事業の事業主になっているもの。
71) 本助成金は2003年度2月から開始された制度であるため、2002年度の支給実績はない。
72) こうした傾向は、1980年代のイギリスEAS制度についても同様な動きが見られた。
73) 原則としてである。

74) 待期期間は7日間とし、待期期間中に仕事等をしたことにより失業の状態でなかった日や、失業の認定を受けていない日については、待期期間に含まない。また、受給資格に係る離職理由により給付制限（基本手当が支給されない期間）がある方は、求職申込をしてから、待期期間満了後1ヵ月の期間内は、ハローワークまたは職業紹介事業者の紹介によって就職したものであることとしている（厚生労働省 2017a）。
75) 離職時の年齢が60歳未満の場合は5,805円、離職時の年齢が60歳以上65歳未満の場合は4,707円であり、毎年、8月1日に毎月勤労統計の平均給与額により改訂される。
76) 支給給付日数については、90日、120日、150日、180日、210日、240日、270日、300日、330日、360日に分けられる。
77) 具体的には、基本手当日額4,000円、所定給付日数90日の方が給付制限期間中に就職した場合、所定給付日数90日に対して、基本手当の支給残日数が90日となり、給付率は70％と仮定すると、再就職手当は、4,000円×90日×70％＝252,000円となる。
78) 2004年以前のものについてはコンピューター上に記録がないとしている（厚生労働省からの回答による）
79) 厚生労働省からの回答による。

(参考文献)

江口英一・山崎清（1961）「日本の社会構成の変化について」『日本労働協会雑誌』第3巻、第1号、pp.28-46

江口英一（1966）「零細企業とその人びと」『経済』第26号

江口英一・高田博（1972）「小零細企業における「蓄積」の分析」『経研年報』、第2号、pp.1-114

江口英一（1980）『現代の「低所得者層」——「貧困」研究の方法（下）』未来社

大竹文雄（2000）「転換期迎える雇用対策」『エコノミクス』第2号、pp.98-110

清成忠男・中村秀一郎・平尾光司（1971）『ベンチャー・ビジネス：頭脳を売る小さな大企業』日本経済新聞社

清成忠男・田中利見・港徹雄（1996）『中小企業論』有斐閣

黒瀬直宏（2006）『中小企業政策』日本経済評論社

経済産業省（2006）「民活法政策評価研究会報告書」
厚生労働省（2003）「平成15年8月実績評価書」
厚生労働省（2007）「平成19年8月実績評価書」
厚生労働省（2009）「平成21年8月実績評価書」
厚生労働省（2010）「行政事業レビューシート：事業番号636」
厚生労働省（2012a）「平成24年実績評価書」
厚生労働省（2012b）「厚生労働省行政事業レビュー（公開プロセス）」
厚生労働省（2012c）「受給資格者創業支援助成金のご案内」
厚生労働省（2013）「第15回社会保障審議会生活保護基準部会：資料2」
厚生労働省（2014）「平成26年行政事業レビューシート：事業番号485」
厚生労働省（2016）「平成28年行政事業レビューシート：事業番号0498」
厚生労働省（2017a）「再就職手当のご案内」
厚生労働省（2017b）「雇用保険制度の概要」https://www.hellowork.go.jp/insurance/insurance_summary.html（2018/1/3）
厚生労働省（2017c）「雇用保険の具体的な手続き」https://www.hellowork.go.jp/insurance/insurance_procedure.html#risyoku（2018/1/3）
厚生労働省（2018）「生涯現役起業支援助成金のご案内」
国民生活金融公庫総合研究所（1993）『新規開業白書平成5年版』中小企業リサーチセンター
国民生活金融公庫総合研究所（2004）『自営業再考』中小企業リサーチセンター
総務省（2008）「厚生労働省が実施した政策評価についての個別審査結果」
谷口彰一（2017）「創業支援政策としての受給資格者創業支援助成金制度に関する一考察」『嘉悦大学研究論集』第60巻、第1号、pp.1-22
谷口彰一（2018）「日本における雇用機会確保としての創業支援政策に関する研究——厚生労働省による創業支援に関する助成金制度を中心に——」（嘉悦大学大学院　博士論文）、pp.1-112
中小企業総合研究機構（1995）『中小企業家精神』中央経済社
中小企業総合研究機構（2000）『欧米先進各国における中小企業政策の変遷と評価に関する調査』
中小企業総合研究機構訳編（2009）『アメリカ中小企業白書2008・2009』同友館

中小企業庁（2014）『2014年版中小企業白書』
通商産業省編（1994）『21世紀の産業構造』通商産業調査会
通商産業政策史編纂委員会編（2013a）『通商産業政策史1980－2000　第1巻総論』経済産業調査会
通商産業政策史編纂委員会編（2013b）『通商産業政策史1980－2000　第12巻中小企業政策』経済産業調査会
寺岡寛（1990）『アメリカの中小企業政策』信山社
浜田康行（1996）『日本のベンチャーキャピタル』日本経済新聞社
一橋大学イノベーション研究センター（2001）『イノベーション・マネジメント入門』日本経済新聞社
本庄裕司（2010）『アントレプレナーシップの経済学』同友館
三井逸友（1989）「英国における『中小企業政策』と『新規開業促進政策』（1）」『駒澤大学経済学論集』第20巻、第4号、pp.69-125
三井逸友（1989）「英国における『中小企業政策』と『新規開業促進政策』（2）」『駒澤大学経済学論集』第21巻、第1号、pp.51-154
三井逸友・川名和美（1997）「創業支援策の現状と展望　──最近の創業実態の検討と『起業文化の土壌づくり』のすすめ」『国民金融公庫調査季報』第43号、pp.1-36
三井逸友（2018）「創業支援への今日的な課題とはなにか」『信用金庫』第72巻、第2号
米倉誠一郎（2005）『日本のスタートアップ企業』有斐閣ブックス
Birch, David L. (1979), *"The job generation process"*, M.I.T. Program on Neighborhood and Regional Change.
Gavron, Robert, Cowling Marc, Holtham, Gerald and Westall, Andrea (1998), *"The Entrepreneurial Society"*, Institute for Public Policy Research (IPPR). (忽那憲治、高田亮爾、前田啓一、篠原健一訳『起業家社会』同友館、2000)
OECD (2000), *Employment Outlook*, OECD.
Storey D.J, Johnson, S (1987), *"Job Generation and Labour Market Change"*, Small Firms and Self-Employment in the OECD Countries, pp.8-38.
Storey, D.J. (1994), *"Understanding the Small Business Sector"*, International

Tomson Business Press.（忽那憲治、安田武彦、高橋徳行訳『アントレプレナーシップ入門』有斐閣、2004）

第5章

中小企業の事業承継と主体的・制度的条件
── 非親族承継に関する一考察

津島 晃一

はじめに

　現実の中小企業経営では、個人保証を抜きにしてガバナンスを議論することには意味がない。それにもかかわらず、残念ながら経営学の分野では、個人保証に関する本質的な議論が乏しい。

　それには2つの大きな理由がある。まずは、個人保証が何たるものかを理論的に説明した研究がないからである。概ね個人保証は、借入金の獲得のために、経営者が不本意ながら提供するものであるとしか扱われてこなかった。

　もうひとつは、個人保証が、経営者の意思決定に対して不確実性を与える要因であるからである。つまり、個人保証と経営者の意思決定の関係は、経営環境の変動に影響を受けやすいために、研究対象にしても理論が組み立てにくい。個人保証にかかわる問題は、ロバストな理論のみに依存しようとするとおのずと回避されてしまう。

　そうなってしまう理由を、タレブは、

　「学校にいる人たちは、不確実な中で意思決定をしないといけない状態に本当に直面することもないから」（タレブ 2009：p.19）

　と喝破している。そのような現状の経営学の限界を、タレブは、ブラッ

ク・スワンという言葉で揶揄している。ブラック・スワンとは、経営学上の想定外の事態が生じた場合のことを指す。つまり、経営学が、既存の理論のうえに立ってのみ発展したために、既存の理論で説明できないことに対しては、黒い白鳥のようにいるはずもないと一蹴するのが常なのだという意味である。

近頃、こうしたこれまでの経営学の問題点に気付いた研究が現れた。林・山田（2018）は、中小企業のガバナンス・シフトを論じるなかで、中小企業の持つ発展性と問題性という対立構図を与件（前提）であるとして批判している。確かに、大企業対中小企業、元請対下請、株主対従業員、これらに代表される二元論的議論では、中小企業による主体的なガバナンス・シフトを説明しきれない。

中小企業のガバナンスは、現時点での取引関係だけにとどまらない広範囲な環境変動の影響を受ける。それゆえ視野を広くして、現実の中小企業経営を観察することが望まれる。そのためにも、これまで尊重されてきた二元論に与件として囚われることなく、中小企業の事業承継を論ずることとする。

本章はこうした視点に立って、事業承継という、ガバナンス・シフトが避けられない事態のなかでの個人保証の影響を議論する。そこで、まず1．ではポッシビリズムの視点を用いて事業承継を観察する。ここでは、事業承継に新たな理論を持ち込む必要性を訴える。それに応えるのが2．である。ポッシビリズムの観点から事業承継に心理的オーナーシップ論を適用する妥当性を説明する。3．では、心理的オーナーシップ論を用いる対象事例の概要を記述する。4．では、取り上げた6つの事例を比較検討する。事例の比較検討結果については、5．で考察し結論を導く。そして最後に、事業承継の円滑化のための提言を行う。

1．ポッシビリズムから見た事業承継

大企業では、所有と支配の分離の経営形態がすでに長い歴史を持つにもか

かわらず、今日、中小企業でそれに似た経営形態が存在するという認識は一般的ではない。私有財産制を特徴とする資本主義の原則からすれば、オーナー経営が当たり前である中小企業では、所有と支配の分離を論じる意味が見出せなかったのかもしれない。ともかく大企業では何かと話題になる所有と支配の分離が、中小企業ではこれまで顧みられることがなかった。

ところが現実には、事業承継を通じて所有と支配の分離が中小企業にも出現していたのである。日本の非親族承継が、少子化や親の事業を継ぎたがらない子供の増加などという社会現象により増加してきたことが主要な要因である。

そして、このような中小企業では、個人保証をしている経営者が一旦経営革新の実行で最終決定権を行使したら、他の何者によっても容易にその遂行を妨げることはできない。それをもって、個人保証をしている経営者には、大株主にも侵しがたい最終決定権が確立すると見るべきなのである。

このような極めて現実に則した考え方は、大株主の権利が絶対か否かという議論からは、いわば逸脱している。法的には大株主の権利が保護されているにもかかわらず、個人保証をする経営者が大株主に対して優越する場合があるというのは、大株主が絶対か否かの二分法的な考えとは相容れない。

とはいえ、こうした常識から逸脱した考えも、ポッシビリズム（可能性追求主義）を提唱した政治経済学者Hirschmanによれば、そのままで容認され得るであろう（高橋 2015）。Hirschmanは、彼の著作のひとつにおいて、零細企業を含む現代の組織社会における人間の行動原理を明らかにしている（ハーシュマン 2005）。例えば、企業の業績が低下したような場合を考える。市場原理主義者であれば、経営者が、単純に競争原理に促されて業績回復に努力すると考える。しかしHirschmanは、このような業績回復メカニズムに対し、離脱オプションと発言オプションが働くと主張する。

これを所有と支配の分離した形態の中小企業で考えれば、経営者は、大株主に対して、常に離脱と発言のオプションを有しているということになる。この場合の経営者は、個人保証をしており最終決定権がある。同時に、経営

者自らはいつでも退任できるという、大株主に対しての離脱の効力を所与としている。

経営者の離脱の効力には、経営者の発言の効果を最大化する組み合わせを生む可能性がある。つまり、業績回復メカニズムにおいては、離脱が可能な経営者による大株主に対する発言が、非常に効果的に働くのである。

具体的には、経営者が、個人保証を代わってほしいと大株主に向かって発言することが、経営者の離脱オプションの効力を最大化すると考えられる[1]。現実には、こうした極端な発言がなされることは稀であろう。やらないという意思決定だけで実行可能な離脱とは異なり、発言は時と場合に応じて自由自在に加減されるものである[2]。

それでは、発言の効果を強める働きをする離脱について、経営者に、それを思い留まらせるものは何であろうか。Hirschman は、それが忠誠心であるとする。経営者に忠誠心があれば、それが防護壁となって離脱を妨げる。そして、業績回復メカニズムが前進を続ける。しかし、この忠誠心でできた防護壁には高さの限界があり、離脱を完全に防ぎきることができないので、発言の効果は担保されたままにされる[3]。つまり、経営者に、いかに高い忠誠心が具わっているように見えても、離脱が可能である限り、その発言は大株主にとって圧力となり続ける。

このように経営者は、離脱と発言とのせめぎ合いを見せつつも、長らく企業に留まることで忠誠心の存在を誇示できる。ただし、この経営者の忠誠心は、不忠の行為である離脱の可能性を含んでいることを忘れてはならない。所有と支配の分離した形態の企業の経営者は、大株主に対して、いつでも離脱という裏切りを行えるのである[4]。

そして、もし経営者が離脱してしまうと、大株主は、自分の発言が致命的なほどに弱められることを知っている。なぜなら、自ら承認した経営者に離反されたら、大株主は、権威を大きく損なうからである。

それでは、大株主に対して経営者が有利と言える所有と支配の分離した形態で、どんなに厳しい状況であっても経営者が離脱を思い留まる理由は何で

あろうか。もちろん、高い報酬や社長という地位の名誉もあろう。しかし、極限状態においてでも経営者の離脱を阻む最も重要な理由は、やはり忠誠心である。

ただし、この場合の忠誠心は、経営者が、厳しい現実から逃避せずに、既存の枠組みを変えようとする意思にもとづくものである[5]。具体的に経営者が考えるのは、「自分がここで辞めれば、自分に従ってきてくれた従業員に迷惑がかかる」、または「会社が潰れてしまうかもしれない」ということである。そうした事態を生じさせないために、経営者は、できる限りのことを尽くして苦境を乗り切ろうとするのである[6]。

今日、日本における事業承継に関する議論は徐々に活発になっている。しかしながら、経営学が現実の事業承継の円滑化に貢献できているとは言いがたい状況である。それを打開するには、これまで経営学で一般化された理論に依存するのではなく、ポッシビリズムのように現実に対して極めて忠実な思考法を用いる必要がある。

本章は、そのような必要性から、心理的オーナーシップ論を適用して事業承継の実態に迫る。それによって、株主対経営者、株主主権対従業員主権といった従来からの枠組みを超えた議論を展開して、事業承継によって現実に生じているガバナンス・シフトを明らかにする。

2．心理的オーナーシップと最終決定権

前節では、大企業の経営者支配と同じような形態が中小企業でも成立する可能性が高いことを、Hirschmanの主張をもとに説明した。ここでは、株式会社制度における株主の地位が絶対ではないことを、法的な側面からもう一度確認したうえで、中小企業としての経営者による支配の確立の背景を考えたい。

株式会社の株主有限責任制のもとでは、すべての損失を株主だけが負担するわけではない。残余財産分配請求権とは、株主に与えられている権利のひ

とつであるが、企業の株主が、企業の解散時に債務を弁済した後に残る財産に関して分配を請求することができる権利のことである。この場合の財産とは、価値を有する財産に限られ、清算の結果、債務が資産を上回る債務超過の場合は分配はなされない。それと共に、株主個人が企業の負債の返済義務を負うこともない（会社法104条）。このとき、得津によれば、会社の支配原理が株主利益最大化から債権者利益最大化に移り、債務超過が倒産手続開始の原因になるのであるという（得津 2013：p.113）。

続いて破産法から見ると、企業の破産後、優先的に清算される債権は、公租公課や雇用費用などである。企業への貸付金など一般の債権がそれらに劣後するが、当然のこととして株主の請求権などは登場しない（破産法98条）。これは、破産の段階で実質的に株主の責任が終わっていることを意味しており、株主としての立場だけで債務者になることはない。これらを念頭に置いたうえで、経営者が、株主より重い責任を負担する存在であることをさらに考察する。

Gordonは、リーダーシップを、企業を組織して指導する職能であって、企業のあらゆる活動を方向付けする職能であると定義している。その一方で、経営者の職能とは、時にはリーダーシップというより危険負担であるとも述べている（Gordon 1948：p.5）。

危険負担という観点からすると、個人保証している経営者のほうが、株主よりも、ステークホルダーとして統治とのかかわりを持つべきであるとの指摘がある（加護野・砂川・吉村 2010：p.11）。この指摘は、株主をはじめ企業には多数のステークホルダーが存在するが、企業を統治するという観点からは、個人保証という負担をしている経営者のほうが株主よりも優越していると解釈できる。

実際に、金融機関から借入のある大多数の中小企業では、主として経営者が個人保証を行っている（中小企業庁 2017：p.248）。これも、紛れもない危険負担であり、統治の主体たる経営者ならではの役割である。個人保証が経営者による自主的な行動であるとすれば、そこには高いレベルの心理的

オーナーシップがあると見ることができる。

(1) 心理的オーナーシップ論の概要

　個人保証を行うという危険負担は、経営者に責任感をもたらし、この責任感が、自らが主人公となる場所、すなわち企業に対して多大な労力と資源を献身的に投入することへの動機となる。Pierce, Kostova and Dirks によれば、この動機をもって心理的オーナーシップ（psychological ownership）の根源であるとする（Pierce, Kostova and Dirks 2001：p.300）[7]。経営学の分野で、心理的オーナーシップの概念が用いられるようになったのには次のような背景がある。

　1980年代から90年代にかけて、アメリカの産業界における品質と生産性が、日本やドイツに対して競争優位を保てなくなっていた。この状況下のアメリカでは、それまでのトップダウンによる階層的支配を行ってきたやり方を見直し、権限を分散化して従業員に権限を与える方向で改革を行う企業が目立ってきた。それがために、この時期からオーナーシップという言葉が、「問題の所有」という概念で盛んに用いられるようになった。オーナーシップという言葉が、問題を解決するためや、現状からの望ましい変化へ遂げることの主体であることを意味するようになったのである（Druskat and Kubzansky 1995：pp.3-4）。

　このオーナーシップの概念が発展して、心理的オーナーシップに関する研究につながった[8]。その結果、心理的オーナーシップは、従来からの「オーナーシップ＝企業の所有」という概念からは離れた新しい概念となった。そして、心理的オーナーシップによって、競争優位に立てるという主張さえ現れたのである（Brown 1989：p.15）。

　心理的オーナーシップは、組織へのコミットメントとは異なる概念であり、組織が「自分（たち）のもの」であるという感覚のことを指す[9]。コミットメントとの明白な違いは、心理的オーナーシップが、組織へのコミットメントを持続させる働きをする点である（Vandewalle, Dyne and

Kostova 1995：p.221)。そのうえ、心理的オーナーシップは、組織構成員を して、直接かつ系統的に組織の生産性向上の活動へと駆り立てる役割を果た す (Druskat and Kubzansky 1995：p.5)。

また、心理的オーナーシップは、株主であることを意味する財務的オーナーシップに対する概念であるとも位置づけられる (山田・松岡 2014：p.19)。財務的オーナーシップと心理的オーナーシップとの質的な違いを述べれば、それは、株式所有割合に相関するかしないかである。財務的オーナーシップは、株式所有比率に応じて増減するものであるが、心理的オーナーシップは、株式所有の増減に影響を受けることなく時間の経過と共に増大し、経営への影響は累積的である (山田・松岡 2014：p.23)。

心理的オーナーシップは、その位置づけによって別の二通りの説明が可能である。ひとつめは、形式的オーナーシップをもととし、その発展の過程で生じるのが心理的オーナーシップであるという位置づけである。

ここに言う形式的オーナーシップには、次の3つの権利が含まれている。第一が、組織に属する資産価値のある物を所有する権利である。第二が、そうした所有物に対して支配し、何かしらの行為を行う権利である。第三が、そうした所有物の状況に関する情報を掌握する権利である。組織の構成員は、形式的オーナーシップの3つの権利を行使する中で、あたかも組織の所有物が自分という個人の物であるかのような思いを発展させていくのである。その結果、所属する組織に対する心理的オーナーシップの形成に至るのである (Pierce, Rubenfeld and Morgan 1991：p.125)。

2つめは、自己と対象物との関係での位置づけである。一人の個人は自己とその対象物との間に存在する距離を認識しているが、そこに「自分（たち）のもの」という意識が生まれることによって自己と対象物との距離が縮まり、やがては対象物が自分のものであるかのように思え、自己と対象物との区別がつかなくなる。ついには自己と対象物を同一視することにさえなるのである (Dirks, Cummings and Pierce 1996：p.3)。

このような高いレベルの心理的オーナーシップに至った組織構成員は、形

式的オーナーシップを考慮することなく、組織を発展させるための自主的な努力を行うことになる（Dirks, Cummings and Pierce 1996：p.5）。言い換えれば、組織構成員が身分を維持し、さらに向上させようとして組織の業績への責任感を強くするのは、心理的オーナーシップが高まっているからなのである（Pierce, Kostova and Dirks 2001：p.303）。ここで説明した自己と対象物との関係が、心理的オーナーシップの発展によってどのように変化するのかを次の図で示す。

図　心理的オーナーシップの発展段階

（出所）Dirks, Cummings and Pierce（1996），p.4より。

　ここまでをまとめると、次のようになる。組織構成員による心理的オーナーシップが発展すると、法的な権利とは関係なく組織へのコミットメントを持続させ、結果として、その組織構成員に、あらかじめ組織によって形式的に定められたのではない任意で自主的な行動を行わせることになる（Dirks, Cummings and Pierce 1996：p.20, Vandewalle, Dyne and Kostova 1995：pp.211-214）[10]。

　山田・松岡によれば、心理的オーナーシップは、事業創造の推進力や組織

のアイデンティティとして企業発展のある段階まで寄与するという（山田・松岡 2014：p.19）。なぜなら、特に初期の発展段階にある企業では、経営者個人が、その時点で支配している資源がどの程度かということなどは考慮せずに機会を追求するからである（Stevenson and Jarillo 1990：pp.23-24）。

つまり、心理的オーナーシップは、企業発展のある段階においては、株式所有などの経営資源に依存せずとも、企業目標の達成に貢献するものなのである。この場合の企業のある発展段階とは、必ずしも創業当初のみではなく、企業が業績回復しなければならない場合などにも顕著な心理的オーナーシップの貢献が予想される。

具体的に述べれば、経営危機におけるステークホルダーからの期待は、広い意味での経営能力に優れた経営者に対してのほうが、大株主に対してよりも上回るのが当然と言える。なぜかと言えば、この場合、高い心理的オーナーシップを有する経営者へのステークホルダーからの信頼があるからである。

また、もともと経営者の仕事における能力の評価というものは、その人の過去の業績のみに依るのではなく、むしろ実績以外の面に対して主観的になされるものであるからである（Korman 1970：p.39）。経営危機のような場面では、経営者の実務能力はもちろん重要であるが、ステークホルダーからすると、再建途中で逃亡されるリスクに最も敏感になる。つまり、特に経営危機の場面では、ステークホルダーの期待は、経営者の心理的オーナーシップの高さに寄せられるのである。

（2）経営者による支配と心理的オーナーシップ

ここまでに述べた認識のうえに立って、以下では、心理的オーナーシップがどのようにして経営者による支配の確立に貢献するのかを説明する。Pierce, Kostova and Dirks（2001）の研究では、企業の従業員が持つ心理的オーナーシップの根源には、次の主要な3つの動機が見出せるという。

第一には、自己効力感である。ある環境を変えようとするために有効な働

きをしようと熱心に取り組むことが、人に、企業への責任感を生じさせる。第二は、人と企業との同一性意識である。人は、自己認識や、他者に対して自らを区別する意識を持つとき、自己と企業の一体感を自覚する。第三は、人が企業においてある立場を有することである。責任感やそれに関係する心理状態は、我が家とも言うべき、ある種の縄張りを持ちたいという個人的な動機によってもある程度の説明が可能である。

　Pierce, Kostova and Dirks は、これら３つの動機によって、普通の従業員でも責任感が生じ心理的オーナーシップの高まりへと繋がると説明している（Pierce, Kostova and Dirks 2001：p.300）。ただし、従業員ではなく、経営者が個人保証することも、これら３つの動機のいずれとも深く関係することになる。つまり、経営者には、自ら個人保証をすることによって、３つの動機が形成され心理的オーナーシップが高まる。その結果、個人保証をした経営者は、株式所有の裏付けがなくともオーナー経営者と同等の責任感を持つのである。

　一般的に、オーナー経営者には、株式所有割合に裏付けられた範囲での権利と責任が備わっていると認識されている。ところが、個人保証をした経営者は、仮に所有株式がなかったとしても会社の負債に応じた責任が生じるので、おのずとその責任感もオーナー経営者に引けを取らない。

　このことから、オーナー経営者が所有と支配が一致した形態で経営を行っているのに対し、個人保証を行っている経営者には所有と支配の分離した形態で経営を行う可能性が生まれる。すなわち、個人保証をした経営者の心理的オーナーシップの高まりによって、オーナーが別に存在したとしても、経営者による所有と支配の分離した形態での経営が行われるのである[11]。

　個人保証をした経営者による所有と支配の分離した形態の経営が行われるに至る過程では、次のような心理的オーナーシップの高まりが生じるものと考えられる。これについて、上述の３つの動機それぞれに基づいて説明する。

　まず、第一の動機である自己効力感に対してである。個人保証は金銭消費貸借契約に付従するが、企業にとって経営革新のような前向きな資金

調達であれ、当座の運転資金のようなつなぎの資金調達であれ、経営者がそのために個人保証することの有効性は、普通の従業員の貢献とは比較にならない。経営者が、個人保証することで果たす役割を自覚しておれば、自ずと大きな自己効力感を持つ。そして、この時の自己効力感は、個人保証をしていない株主の自己効力感とは異質である。

次に、第二の動機である同一性意識に対してである。個人保証をした経営者は、少なくとも借入金の完済までは、個人資産を担保として企業に提供したのも同然の意識となるので、自身と企業を一体化して認識する。そのため、自ら個人保証するほどの責任感は、従業員はもちろん、他の個人保証をしていない経営陣のメンバーや、株主さえ含めた誰の責任感とも異質である。そして、個人保証しているという意識が、経営者に、特別な責任感があるという自覚を長期にわたって持ち続けさせる。また、個人保証をした経営者の同一性意識は、株式所有割合に影響されることがない。

さらには、第三の動機である立場を有するということに対してである。経営者が個人保証すると、取引金融機関に認められた存在として、企業を代表していることが明示される。この動かしがたい事実は、この経営者の存在感を他者に対して優越させる。すなわち、個人保証した経営者は、企業内で、もはや容易に他者からの干渉を許さない排他的な場所を確保したことになると見なされる。ここでの排他的な場所とは、株主であろうと安易に立ち入ることができない場所である。個人保証をした経営者は、この排他的な場所において自立した経営が行える。

Pierce, Kostova and Dirks によれば、株主であるという法的オーナーシップ（ownership）は、社会のなかで優先的に認識されており、株主の権利は社会的に保護されるべく特定されている。片や、経営者の心理的オーナーシップ（psychological ownership）は、経営者が、先に説明した３つの動機のうちのひとつの感覚を持っているときに、企業に関係するによって優先的に認識される、と説明されている。

故に、心理的オーナーシップによる責任感と権利を規定するのは、企業に

関係する個人であるということになる（Pierce, Kostova and Dirks 2001：p.307, Korman 1970：p.39）。個人保証をする経営者は、保証することでもって法的な権利を社会的に保護されるということはない。しかしながら、個人保証をする経営者は、企業に関係している個人から、その経営者としての責任感と権利を優先して認識されるのである[12]。

　経営者としての責任感と権利が、企業を取り巻く個人から優先して認識されることについては、いくつかの例を挙げて説明する。例えば、経営が順調なときには、株主が株主であることでもって評価されることもあろうが、企業に関係する個人からは概ね経営者に高い評価が集まる。

　これとは逆に、経営が危機に瀕したような場合、株主は債権者や従業員などと共に経営者を追及する側に回る。このとき、この企業に関係する株主を含む個人は、経営者が離脱のオプションを選択することに最も警戒心を募らせる。つまり、個人保証をした経営者には、関係する個人から、逃げずに経営危機を克服するようにとの強い期待が集まる。言い換えれば、このような場面での経営者には高い心理的オーナーシップがあるはずだと個人から信じられているのである。

　もうひとつ別の例で、企業の売却の場面を想定してみる。オーナーに自社の売却計画があった場合、個人保証をしている経営者の意向を無視してはその計画を実行できない。やはり、金融機関をはじめとする債権者や従業員にとって、売却計画の可否は、個人保証をしている経営者の判断に依るものと見なされる。それは、経営者の心理的オーナーシップへの信頼がそうさせるのである。オーナーの一存で売却が可能になるのは、経営者が個人保証を外されてからのことである。

　これらが、個人保証をしている経営者おいて、心理的オーナーシップがその責任感と権利を規定している実態である。そこには、社会的に保護されるべきものとの概念はない。しかしながら、法的な根拠がなくても、実態としての個人保証をしている経営者は、企業に関係する個人から心理的オーナーシップが確実に認識されている。通常、法的に認められた権利を持つ株主以

上に、心理的オーナーシップの高い経営者が企業の趨勢を決定づける存在であると見られている。

まさに、個人保証をした経営者は、離脱のオプションを有しながらも、企業とステークホルダーに対する忠誠心を持って発言のオプションを行使する存在である。個人保証をした経営者は、こうしたポッシビリズムの視点に立って観察されなければならない。法制度に準じた理解だけでは、経営者の責任感と権利のすべては把握できない。心理的オーナーシップと法的オーナーシップは別なのである。

このように、区別されるべき心理的オーナーシップと法的オーナーシップの関係を整理してみよう。Pierce, Kostova and Dirks は、心理的オーナーシップは法的オーナーシップがないところに存在し、逆もまた同じであるという（Pierce, Kostova and Dirks 2001：p.307）。

これを、個人保証している経営者と大株主との関係で説明すると次のようになる。経営者が、心理的オーナーシップの根源となる3つの動機のいずれかでも有していれば、仮に自らが大株主ではないために法的オーナーシップが少なくても、高い心理的オーナーシップを持つことができるので、企業に関係する多くの個人から経営者の心理的オーナーシップを優先的に認識される。

また、それとは逆に、大株主であることによって法的な権利と責任感を有していたとしても、3つの動機のいずれも有していなければ心理的オーナーシップを高めることはできないので、企業に関係する個人からは法的な権利と責任感のみが認識されることとなる。その結果として、企業に関係する個人からは、大株主であっても心理的オーナーシップが高いとは認識されない。

Pierce, Kostova and Dirks は、このように心理的オーナーシップと法的オーナーシップの区別が生じているのは、組織が両者の分離のための役割を果たすからであると見ている（Pierce, Kostova and Dirks 2001：pp.307-308）。つまり、組織とは、関係する個人に対し、社会的に保護されている法的オーナーシップよりは、心理的オーナーシップを優先して認識させる役割を担うのである。

これを、株式会社にあてはめれば、株式会社という組織が境界となって、経営者や会社の利益に対しての、株主による過度の干渉を防いでいることを意味する。株式会社とは、高い心理的オーナーシップを持つ経営者に対して、企業に関係する多くの個人から容易に支持が集まる組織である。また、その支持は、株主に対するものよりも優先される。
　この点、株式会社が株主のための組織であるという一面的な見方では、理解が及びにくい。むしろ、株式会社が持つ分離機能は、株主の権利を抑制しやすくするために働いていると見るべきである。つまり、株主以外のステークホルダーの利害関係を調整しやすくすること、それが株式会社の分離機能本来の目的だと理解するほうが望ましい。
　そういう意味でも、経営者は、あらゆるステークホルダーとしての個人から特別視されたうえで株主に対峙できる。加えて、経営者が個人保証をした場合、その地位はさらに別格となるのは当然である。
　経営者が、個人保証を行うことで、実質的にそれが経営者に無限責任を要求しているのと同じであることの負担感は絶大である（加護野 2014：p.78）。負債が完済されない限り、あるいは経営の先行きが確実に安定していると見通せない限りは、負担感が解消されることはない。
　一方で、それは、経営者の企業への圧倒的な貢献の大きさを示すことにもなる（伊丹 2000：p.105）。日常の取引金融機関との信頼関係が、経営者の個人保証に依存する面が大きいのは言うまでもない。債務不履行であるとして保証が履行された時のリスクを想定すれば、通常、個人的にこれ以上の危険負担をしているステークホルダーが中小企業には存在しないであろう。
　このように、絶大な危険負担と圧倒的な貢献をすることになる個人保証で、経営者の心理的オーナーシップはいやがうえにも高まる。それは、株式の所有者であるという自覚とは、全く異質で確固不動の意識である。その結果は、経営者が、他に大株主がいたとしても、臆することのない経営を執行することになる。すなわち、非親族承継をして社長となった経営者が、たとえ株式を所有していなくとも、個人保証をすることによって経営改革を成し

遂げるような重大な決定を行うことが可能であると考えられる。

　この場合、個人保証が、経営者の心理的オーナーシップを高めることに影響して、結果的に最終決定権を確立させるための機能を果たしていると見ることができる。ここに、あまり知られていない個人保証の有用性が認められるのである。

3．比較対象事例の抽出

　中小企業では、「同族ではない社長が、十分な持株数もないのに、思うままの経営などできるはずはない」と考えられることが多い。しかしながら、自社株を持っていないとか少数株主でしかないといった同族ではない経営者でも、自分の思うような経営ができる、言い換えれば、所有と支配の分離した経営ができるのである[13]。本章では、実際に非親族承継を行った経営者が、個人保証することによって最終決定権を確立し、ひいては所有と支配の分離した経営を可能とすることを証明していきたい[14]。

　かつて筆者は、非親族承継を行って社長に就任した34名の中小企業経営者をインタビュー調査し、収集したデータの分析を行っている。その結果、中小企業の非親族承継の後継者が最終決定権を確立するには、株式所有割合を高めることだけでなく、後継者が個人保証することも有効であるという結論を得ている（津島 2012）。

　本章では、上記の研究で収集されたインタビューデータを利用してケーススタディによる分析を行う。分析するインタビュー対象者は、所有と支配の分離に関する三段階説を参考にして3種選択する[15]。

　ここで言う「3種」は、所有と支配及び経営の一致または分離に関する経営形態によって分類される。第一が所有と支配の一致、第二が所有と経営の分離である。そして第三が、本研究の最も主要な対象とする所有と支配の分離であり、経営者による支配が行われている経営形態である。

　サンプル数は、3種それぞれに2つずつのケースを選択し合計6つのケー

スを分析対象とする[16]。また、3種それぞれ2つのケースはほぼ同質であるが、特に、所有と支配の分離のケースからすると、所有と支配の一致のケースと所有と経営の分離のケースは異質であり反対事例に相当するものとして分析する。

インタビュー調査で明らかにしたい主要なことは、調査時点における次の3つである。

① 社長の最終決定権はどのような状態になっているか。
② 社長の株式所有割合はどの程度か。
③ 社長が個人保証しているか。

インタビューデータの分類は、社長であるインタビュー対象者が最終決定権をどの程度確立しているかを確認しながら行った。その際、重点的に評価したのが、インタビュー対象者が経営革新を行ったかどうかである。社長が自ら経営革新を行ったことが確認できると、その社長には最終決定権が確立できていると考えられる[17]。

三井は、中小企業の事業承継を論じて次のように述べている。事業承継における後継者は、経営戦略の見直し、新市場開拓や新技術利用、新分野進出、新たな企業間システム構築、組織革新や経営管理の革新、人材の流動化などの経営革新を自ら行うべきであるとする。また、それを「第二創業」であるとし推奨している。この文脈によれば、後継者が経営革新を行えば、創業者と同等の最終決定権の行使がなされることとなる（三井 2002）。

また、久保田は、所有と支配が分離した非親族承継の企業を調査して、これらの企業が経営革新を遂行できる要因として、創業者一族との間に信頼関係が構築されていること、事業承継までの十分な準備期間が確保されていることを指摘している（久保田 2009：p.150）。ここでは、これらの条件の下で経営革新が遂行されるということをもって、後継者による最終決定権が行使されているものと見なされるのである。

三井や久保田の研究からは、創業者が保持していた最終決定権が、経営革新を行う後継者に移行されるものであることを類推できる[18]。このことを

前提として、本研究独自の分析枠組みを次のように設定することとする。

本調査では、次の13項目のうち1項目でも実行していれば、経営革新に取り組んでいると認定し（村上・古泉 2010：p.5）、そのインタビュー対象者には最終決定権が確立していると見なすこととする。

① 新たな事業分野への進出
② 新商品・新サービスの開発・販売
③ 新たな顧客層の開拓
④ 取引先の選別
⑤ 製品・サービスの新しい生産方法や新しい提供方法の開発
⑥ 新たな経営理念の確立
⑦ 従業員の経営参加や権限委譲
⑧ 店舗・工場・事務所などの増設・拡張
⑨ 新部門や子会社などの立ち上げ
⑩ 不採算部門などの整理
⑪ 経営幹部の交代
⑫ 社内の情報化の促進
⑬ その他

インタビューを行うに当たって、非親族承継の該当者としての社長を、次の2つの条件をもとに選んだ。

① 創業者ではなく二代目以降の社長であること。
② 前社長とは親族関係ではない社長であること。

インタビューは2011年1月から6月までの6カ月間をかけて行った。これらの社長には、対面によって半構造化インタビューを1人当たり60分以上実施した[19]。その結果を整理したうえで、インタビュー対象者6名の概要として次の表を示す。

表　非親族承継事例の所有と支配・経営の三分類

三段階説	所有と支配・経営	社長名	最終決定権の状況*1 / 主な経営革新*2	経営者保証*3 / 株式所有割合*4	所有と支配の分離に関する考え方*6
第一段階	所有と支配の一致	A	○ / 人員整理	○ / 70%	前社長の未亡人に経営を妨害された経験から、経営者には十分な持株が必要
		B	○ / 新社屋建設	○ / 100%	株は5割以上必要だが、社員の中で株を買ってくれる人はいないので結果的に全部持つことになった
第二段階	所有と経営の分離	C	× / ―	× / 5%	鉛筆1本にしてもオーナーの物だから経費が使いにくく、ワンマンにはなれない
		D	× / ―	× / 0%	前社長から大株主であり保証人であることを誇示されており、自分には経営責任もないが人事権もない
第三段階	所有と支配の分離	E	○ / 経営計画策定	○ / 17%	オーナーとの人間関係には配慮するが、社長としての判断のことでオーナーを意識することはない
		F	○ / 新規出店	○ / 40%*5	銀行の指名で保証人になっているが、株を半分以上持って乗っ取ったと思われたくはない

＊1：社長の最終決定権が確立していれば○、していなければ×
＊2：社長が主導した代表的な経営革新項目、無ければ―
＊3：社長が金融機関の経営者保証をしていれば○、していなければ×
＊4：調査時点での社長の所有株数／全株数
＊5：創業オーナーが60％所有
＊6：各インタビュー対象者の特徴の要約

（出所）西山（1985：pp.125-126）を参考にして筆者が作成。なお、「所有と支配・経営」欄にある3つの概念については、その違いを、注（15）において説明してあるので参照されたい。

　表では、まず6名のインタビュー対象者を、西山の三段階説を参考にして2名ずつの3つに分類している。その第一段階は「所有と支配が一致している」形態であり、そこにはA氏とB氏が該当する。両氏には、経営革新を行った実績があり、そのことで最終決定権のあることが確認できる。両氏ともに、個人保証をしており、株式所有割合は非常に高い。次の第二段階は

「所有と経営の分離している」経営形態であり、そこにはC氏とD氏が該当する。両氏には、経営革新を行った実績がないため最終決定権があるとは言えない。両氏ともに、個人保証を行っておらず、株式所有割合は極めて低い。

そして、第三段階は「所有と支配の分離している」形態であり、ここにはE氏とF氏が該当している。両氏には、経営革新の実績があるので最終決定権があると認定している。そして、両氏ともに、個人保証をしており、株式所有割合としては、筆頭株主ではなく他に過半数を所有する株主が存在する。

表の下段のE氏とF氏が、本稿で中心的な研究対象とする所有と支配の分離、すなわち経営者が支配を行う株式会社の社長である。E氏とF氏に対比するA氏とB氏は、社長として企業の所有と支配を行っている。共に、創業者から指名されて二代目社長となり、社長就任後に創業者及びその遺族から発行株式の大半を購入している。

そして、もう一組E氏とF氏に対比するのはC氏とD氏である。この両氏は、社長として企業の経営を行うが、少数株主であるか持株がないかである。西山の三段階説における第二段階で言えば、経営者ではあるが雇われた管理労働者であるということになる。

4．三類型の比較

本節では、前節で分類した3種のなかから、それぞれの代表としてE氏（所有と支配の分離）・C氏（所有と経営の分離）・A氏（所有と支配の一致）を選んで比較する。F氏（所有と支配の分離）・D氏（所有と経営の分離）・B氏（所有と支配の一致）のデータについては、それぞれの分類のなかで、必要に応じてE氏・C氏・A氏の説明を補足するために用いる。

各氏のインタビューデータの引用は、まず入社から社長就任までの概略を記し、続いて承継過程・株式所有・個人保証・最終決定権の4つの項目を列記する。なお、データはいずれも取材当時のものである。

(1) E 氏（所有と支配の分離）

　E 氏（45歳）は、個人商店としての創業から100年余を経たサービス業の老舗企業で、同族の三代目社長から非親族承継を行った四代目社長である。専門学校卒業後入社、早くから前社長に認められ、40歳代前半で後継社長となり3年目を迎えている。E 氏によると、前社長は1年目こそしばしば相談に乗ってくれたが、以降はほとんど自分で決めろという姿勢で全く干渉しないという。

　まずは、E 氏の株式所有についての考え方である。

> 「株は、大して持っていないです。確か200万円で買ったのですが、100万円は現金で出して、残り100万円はその分給与を上乗せして、分割で返すみたいな形にしてもらいましたので、実質は100万円しか払っていないようなものです。社長になる前も今も、株へのこだわりはないですね」（E 氏）

　このように、E 氏は、株式所有に関しては無頓着とも言えるほど無関心である。しかし、同じ経営者による支配の形態で経営をしている F 氏（68歳）には、株式所有に対してある種のこだわりがある。

> 「本来は私の株を多くしなければならないけれども、増資はいつもオーナー優先でやってきました。とにかく私は、何であろうとも半分以上持つのは危険だと思っている。会社をオーナーから乗っ取ったと誤解されるのは嫌ですから」（F 氏）

　サービス業である F 氏の会社では、F 氏が主導して資金調達を行い多店舗展開している。誰が見ても F 氏の采配を疑わないのであるが、当の F 氏にすれば、会社の内外から他人の会社を横取りしたとは思われたくないとの思いが強い。それは単に個人的な評判を気にしているからではない。地域での評価を会社が損なわないようにするためである。そこで、最終決定権を行使しながらも、会社規模の拡大に伴う増資では、決してオーナーの所有割合を上回らないように配慮している。

　E 氏も F 氏も、株式所有に関して、社長として一般的に必要とされている割合については気にしていない。そして、実際の所有割合も過半に及ば

ず、大株主に劣っている。それでも、共に、新規の設備投資を実行するための最終決定権を大株主から自立して行使している。

そのようなE氏には、次のような体験がある。

「社長になって1年たった時に、信金で借り換えをすることになりました。そこで連帯保証人の判子を押した時は、一気に血の気が引けて、これは大変なことになったなと感じました。それから、ある種の社長としての責任とか、家族を守らなければならないという意識は余計強くなったと思います」(E氏)

前社長時代に借り入れた複数の借入契約をまとめて借り換えをする際に、E氏は、保証人を前社長から引き継いだのである。そのとき覚悟が決まったと回顧している。一方、F氏は設備投資に必要な借入金を銀行に依頼すると、オーナーではなくF氏が保証人であることを条件にされたという。

「銀行の人が、長い関係の中で、まだ勤めるのでしょうとか、保証人になってくれるのでしょうとか言うのです。それで保証人になっています」(F氏)

取引銀行が、オーナーが健在でいながらも、あまり資産のない従業員出身のF氏を、保証人として指名しているのである。積極的な店舗展開を支えている、F氏に対する取引銀行からの信頼である。

次は、E氏の保証人としての考えである。

「もし会社が何かあった時に、誰がリスクを負うのかと考えると、株主は投資した分がなくなってしまうということはありますが、金額の大きさを考えると、それは保証人のほうがリスクは大きいと思います。ですから、誰が筆頭株主であるとか、そういうことはあんまり意識していません。人によっては、株主でもないのに、そこまでリスクを負っているのかと考える人もいるかもしれません。それについては、解任される可能性もありますが、そうならないように頑張っているとしか言いようがないですね」(E氏)

E氏には、保証人として大きな危険負担をしている自負がある。だからこそ、株主の存在をあまり意識はしていないという。この状態で最終決定権を行使しているのが、E氏である。E氏のこの発言からは、個人保証という危険負担をしていながら、しかも大株主から解任されるリスクがあることも承

知のうえで社長としての職務を果たそうとしていることが分かる。

同じく経営者による支配の形態で経営しているＦ氏は、株式所有や個人保証を意識はしていないと言うが、創業家のオーナー意識については警戒している。

> 「もう少しで創業100周年となるが、創業家にはどうしてもオーナーであるという意識が見られる。しかし、そうしたオーナー意識がなくならないと100年以上続く企業にはなれない。私が会長になるまでの間に、創業家に対して、オーナーは特別ではない、むしろ一番下から支えるくらいの気持ちでいてもらわねばならないということを伝えるつもりです」（Ｆ氏）

Ｆ氏は、経営に対する株主からの干渉を、現状より抑制する必要を感じている。自社の永続のためには、創業家の在り方を望ましい姿に変えていくべきであると考えている。

(2) Ｃ氏（所有と経営の分離）

Ｃ氏（55歳）は、建設工事会社に中途入社して営業を担当していた。営業の全般を任されるようになってから前社長に認められ、承継を打診された。Ｃ氏には前職で経営者として事業に失敗した経験があった。その時、妻にも苦労をかけたので保証には強い抵抗感があった。そこで、当社には借入金がないことを妻に確認させて承継を承諾した。承継後の担当業務は、それまで同様の営業全般の統括であり、財務や人事には積極的にかかわろうとはしていない。あくまでもオーナーの会社であるという意識を強く持ち続けている。

次は、Ｃ氏の株式所有に対する考え方である。

> 「５％持ってはいますが、株をそれ以上ほしいとは思いませんね。サラリーマン社長という形でやらせてもらっているので、自分がこの会社を将来はもらいたいとかいうのはまるっきりないですね。後継者もいるのは知っていますしね。ワンポイントリリーフでいいという最初からそういう気持ちですけれども、赤字にしては渡したくないですから、できるだけ資産を増やして、次

の社長に渡していきたいなと思っております」(C氏)

　C氏には、社長就任当初から大株主になろうという意欲が全くない。したがって、ごく少数の株をオーナーに勧められて所有してはいるものの、それを増やしたいとは思っていない。同じ所有と経営が分離した形態の専門工事業で社長をしているD氏（59歳）も、当初はC氏と同様の考えであった。しかし、その後、株式所有への考えが変わったという。

　「私は、社長就任当時、株への関心が全くなかったのです。もっと利益を上げるためにどうしたらいいかしか考えていませんでした。でも、現在は、これは私の一番の間違いだと思っています。例えば私が役員を解任しようとしても、それは犬の遠吠えにしかならんということをつくづく感じました。会長と奥さんで60％くらいの株を持っていて、残りもオーナー一族が持っているので、自分だけでは何もできないというのが今の実感です」(D氏)

　社長就任時に業績向上だけを意識していたD氏は、まさに大株主に雇用される管理労働者である。しかし、オーナーとの意見対立などが生じるたびに、自分に与えられている裁量の範囲が狭いことに失望している。

　続いて、C氏の個人保証についての体験である。

　「前職で失敗した経験があるので、家から簡単に実印が持ち出せないようになっているのです。それで、保証をしなくていいとオーナーから言われ、それを妻にも分かってもらって社長になっています」(C氏)

　C氏の家族は、保証人になることに強く抵抗したようである。そのため、オーナーからの社長就任要請にも、金融機関の個人保証をしないという条件で受けている。一方で、D氏は、社長就任時に前社長から保証をしなくていいと言われて、有り難いなと思った。しかし、その後は事情が変わってきている。

　「社長になって2年目から業績が厳しくなり、借り入れをしなければならなくなりました。それから、オーナーの会長が、自分が保証しているということをやかましく言うようになりました。だから今は、会長に引退してもらって私が保証を引き継いでもいいと思っています」(D氏)

D氏は、厳しくなった経営環境のなかで、同じ苦労をするなら、保証人である会長にうるさく言われるよりは、自分で保証したほうがましであると考えている。

　次は、C氏の最終決定権に関する考え方である。

　　「ガラス張り経営ですから、やりにくさはあまりないとは思います。けれども、私が経費を使うことには少し抵抗があります。社長ではあるけれどもオーナーではないので、鉛筆１本にしても、どうしてもオーナーの所有だという意識があります。オーナー本人もその気持ちが恐らく抜けないとは思います。ですから、私は、ワンマンにはなれないのです」（C氏）

　C氏は、最終決定権が大株主にあるがために、大株主のオーナーとしての視線と自身のサラリーマンとしての視線の折り合いをつける難しさを指摘している。これに対して、D氏は、社長就任前に最終決定権について十分考えていなかったと述懐している。

　　「当初は、同族でないような形の社長でも、信頼関係があればできるのかなと思っていました。でも、やっぱりそれだけでは済まないというか、株や保証というところをちゃんとした形で社長にならないと、経営はできないと今は感じています」（D氏）

　真の意味での経営責任と、あらゆる業務執行に必要な権限を確保してから、社長に就任するべきだったというのが取材時点でのD氏の考えであった。

(3) A氏（所有と支配の一致）

　A氏（58歳）は、建材商社に中途入社し、すぐに頭角を現しナンバー２の地位に昇りつめたが、将来は独立することにしていた。オーナー企業である当社では実質的な社長にはなれないと思っていたからである。ところが、前社長が病気療養中に承継を懇願され、受諾することになった。しかし、承継を実行せぬまま前社長は亡くなった。直ちに、A氏は、前社長の相続人や従業員から後継者になるよう支持されて承継した。その時の決断の決め手は、メインバンクからの要請であったという。

A氏は、株式購入に至る経緯について次のように語った。

「病床の前社長から、株と退職金も含めて3億でこの会社を買い取ってくれと言われました。前社長は銀行も買い取り資金を貸してくれるだろうというのです。買い取って経営するのなら創業者的な感覚でやれるだろうと思い、それを快諾しました。ところが、すぐに前社長が亡くなったのです。その後、前社長の未亡人からの要求がエスカレートして最終的には4億4、5千万円ぐらい払いました。結局、株の買い取りでものすごい苦労をしたのです。前社長の未亡人に保証人になっていただいていたら、僕は経営専門でという気持ちを持っていました。しかし、未亡人を排除するには全部の株を買わなければならないと思いました」（A氏）

前社長の遺言に忠実であろうとしたA氏であるが、思いがけず未亡人に行く手を遮られた。役員に就任した未亡人は、自分への高額な給与と前社長の退職金の増額を要求してきたのである。そこで、やむなくA氏は、未亡人が相続した株をすべて買い取ることにしたが、そのために要した資金の返済には大変な苦労があったという。

最初から株式所有にこだわったわけではないA氏とは違い、製造業のB氏（58歳）は社長就任時に5割は必要であると思い、全株所有していた先代社長から5割以上を購入して社長になった。その後、株を所有していた他の役員が退職するたびに自分で彼らの株を引き受けて購入してきた。しかし、100％を所有するに至って大きな疑問が生じたという。

「問題は、今うちの株を誰が買ってくれるのかということです。買ってくれる人がうちの社員にはいないと思うのです」（B氏）

承継後に全株所有したB氏が直面している問題は、後継者が容易に見つからないため自分が社長を退任する計画が立てられないということである。自分は、自社株を買わなければならないという思いで買ったけれど、同じような思いを持つ人がいそうにない。こうした現実は、B氏の将来を暗くしている。

A氏は、保証人になった経緯を次のように語った。

「私が株を買い取る前ですが、前社長の未亡人が、給料は私より多く取っているのに、連帯保証人には私になれという。それはおかしいということで、銀行に聞きに行きました。すると銀行は、できれば私に保証人になってほしいというのです。そこから、株の買い取りの話を進めるようになりました」(A氏)

前述のF氏同様、ほとんど資産のないA氏が取引銀行から保証人になるよう指名されたのである。A氏が、未亡人から株を買い取る決心をしたのは、自分が個人保証をする覚悟を決めたことがもとであった。資産のない点では、B氏も同様である。

「現実に私個人としての資産は何もないです。そこで、保証のことを父に話したら、もし会社がダメになったら、父の土地を取られてもいいという決断をしてくれたのです。だから、私の後継者についても、いくら人物がよくても、財産のないサラリーマンの人、アパートに住んで通勤している人に保証の責任は持たせられないと思うのです。その人の親が財産を持っているというのだったらまた別ですけども」(B氏)

B氏は、全く個人資産のない人は保証人に不適格であるから社長になれないと考えている[20]。これが、B氏にとっての後継者問題を難しくしている。

続いて、個人保証に関するA氏の考え方である。

「本当に夜も寝られないぐらい、また鬱になるぐらい悩んだのは、やっぱり株のことでした。株の問題さえなかったら、次の後継者はしっかり経営に没頭することができると思います。そうすると、自分から当然に個人保証もするでしょう」(A氏)

前社長の株を相続した未亡人に経営を妨害された経験は、A氏に、最終決定権における株式所有の重大さを確信させた。しかし、同じ経営形態のB氏は、創業者の引退時の発言を聞いて、A氏とは少し違う感覚を持っている。

「創業オーナーの会長が権限を持っている時は、私が設備投資をやりたくても、会長の横槍が入るとできなかったのです。その創業者から会社を辞めると言われた時に、私の方から、少し株を持ってもらって、代表取締役のままにしますかと言いました。しかし、創業者は、いや要らない、相談役でいい、

ただ保証人にはなりたくないと言われました。やはり自分の子供や孫を思うと、保証人でいて何かあった時のことを考えるのですね」(B氏)

確かに株式所有は経営者の最終決定権にとって重要であるが、それとは別に、保証人としての負担感は最終決定権がないのであれば一刻も早く拭い去りたいものであると、B氏は感じている。

5. 比較データの分析と考察

前節で比較したデータをもとに、本節では、中小企業の所有と支配の分離が実態としてどのように行われているのかを分析し、それに考察を加える。そのため、所有と支配の分離した形態の企業の経営者であるE氏のデータを中心に、現職の社長であるインタビュー対象者から得られた情報を、リアルタイム(real-time)でのデータとして分析する。

しかし、分析の中心に据えたE氏は、社長就任3年目である。承継までに十分な準備期間を費やし、能力も高い優秀な経営者ではあるものの、社長としての実務経験が長いとは言えない。所有と支配の分離という、社長の実務からは一歩離れた視点で見なければならない課題において、E氏の見解をすぐに一般化することはできない。なぜなら、リアルタイムのデータだけでもって中小企業の所有と支配の分離に関する議論を集約するには若干の問題があるからである。

そこには、リアルタイムのデータだけでは、インタビュー対象者各人の経験の差によるバイアスが生じる可能性がある。そこで、まずは、リアルタイムのデータのバイアスを最小限にするため、振り返りの過程調査としてレトロスペクティブ(retrospective)な調査を加えて分析する。具体的には、E氏の見解を中心にした分析を前に、E氏のデータをレトロスペクティブな視点を用いて検定を行うのである。

（1）レトロスペクティブな視点での検定

　本項では、E氏及びF氏と同様に、所有と支配の分離する形態で経営を行った経験を持つ経営者を取り上げる。ここで取り上げるG氏（65歳）は、取材時点の5年前に、建設工事業の会社の社長を退任して会長職についている。従業員出身のG氏自身は、同族会社で初めての非親族の社長となり、在任12年を経て非親族の従業員出身者に社長を引き継いでいる。つまり、G氏は、社長退任後の年数も相当経過している。かつまた自身の後継者として、非親族でオーナー一族でもない現社長を生むに至った経験を、客観的に見ることが可能な立場であると考えられる。

　G氏は、社長時代に最大で38％まで株を所有していたが、ことさら株に思い入れがあったわけではない。オーナーに勧められるままに買い増しただけであるという。自分の子供に継がせたいなどの考えもなかったので、株は経営ができる人が無理せず持てばいいという考えだった。それでも、最終決定権を確立した経営ができていたことについて、G氏はこう述べる。

　　「オーナーから100％信じてもらえれば、好きなようにやらせてもらえます」
　　（G氏）

　自ら全幅の信頼を得ていたと語るG氏には、常務であった時に仕えた専務の存在が反面教師になっているという。当時の専務は、オーナー社長との関係がうまく行かず、社長就任を期待されながらも会社を去っていった。それを見ていたG氏は、専務になってからオーナーへの報告を頻繁にすることで信頼を築き、その後社長に就任した。社長就任後も、やることはすべて自分で決めているのではあるが、報告という形式をとってオーナーとのコミュニケーションを密に図った。

　個人保証については、専務の時にオーナー社長に頼まれて、オーナー社長と共に保証人になった。しかし、オーナー社長が亡くなってからは、G氏一人で保証を引き受けていた。そうしたG氏が語ったのは、社長だった時の役員会で意見対立があった場面のことである。

　　「俺は全財産と命をかけてやっている。保証をやっていない者は反対する権利

はない。保証をしてからそういうことは言え、と何度か言いました」(G氏)
　個人保証による絶大な危険負担と、圧倒的な貢献を誇示して反対意見を封じてしまったのであろう。G氏には、こうした強権的とも思えるやり方で最終決定権を行使した経験があったようである。また、オーナーに対しても、時には社長辞任をちらつかせて自分の方針に従わせたという。保証人であるG氏の代わりは、すぐには見つからないとの自信から出た言動であろう。
　オーナーがいながらも、一人で采配を振るってきたG氏ではあるが、社長退任にあたって苦しむことになった。それは、当時の専務に次期社長就任を要請したものの、一旦は断られたからである。それでも、保証料見合いの手当の支給という方法を講じるほか、粘り強い説得が功を奏し、現社長へ個人保証を引き継ぐことができた。G氏が、オーナーの介入を得ずして自分の意思で後継者を決定できたことは、G氏に最終決定権があったことを示す最たる証左である。
　G氏が所有と支配の分離した経営を行った社長時代の振り返りからは、個人保証を引き受けることと、外すことの難しさが際立っている。株式所有については、オーナー一族との円満な関係維持に努めれば、社長として最終決定権を行使するうえでの大きな問題ではなかった。
　これらは、社長としての経験が浅いE氏のデータとほとんど相違がない。3. でも示したことであるが、久保田の指摘する、非親族の社長がオーナー一族から株式を買い取らなくても経営革新が行える条件にも当てはまる。つまり、G氏も、オーナーとの間の信頼関係が万全で、事業承継までの十分な準備時間が専務の時に確保されていたのである。
　このように、G氏は、オーナーとの良好な関係維持に努めながら所有と支配の分離した形態で経営を行っていた。言い換えれば、G氏が、個人保証にもとづく高い心理的オーナーシップによって最終決定権を行使していたと言える。この点については後で詳述するが、E氏とほとんど同じである。したがって、社長経験の短いE氏ではあるが、G氏の調査をもとにしたレトロスペクティブなデータと比べても、個人保証にもとづいて最終決定権を行使

するという、所有と支配の分離した経営を行っていると見なすことに問題はない。

(2) 所有と支配の分離の現実

　前項では、前節でのリアルタイムのデータ分析に加えてレトロスペクティブなデータ分析による検定を行った。続いては、Ｅ氏を中心に、所有と支配の分離した経営形態の分析と考察を行う。

① 株式所有に関して

　Ｅ氏は、自ら経営計画を作成し新規の設備投資を次々と実行してきた。創業100年を超える老舗企業で初めての非親族の社長となったＥ氏に、株式所有に対するこだわりはほとんど見られなかった。同じ経営形態であるＦ氏も、株式所有を支配のために利用しようとは考えていなかった。むしろ乗っ取ったと見られることを強く警戒していたのである。このような両氏の態度は、オーナーとの関係を良好に維持するために効果的であると言える。

　この点、所有と経営が分離している形態である企業のＣ氏も、Ｅ氏と同様に株式所有に消極的である。しかし、それは将来的に会社を買い取ろうなどの野望がないからであり、株を増やすことに意味がないと考えているからである。ただし、Ｄ氏の場合は、社長になってから与えられた裁量の範囲が狭いことに気付き、もともと株式所有に関心がなかったことについて反省している。

　ここに取り上げた社長のインタビューデータの各々からは、株式所有に関する心理が、一見多様であるように見える。しかし、Lee, Lim and Lim の研究によれば、それらは同族会社に生じる横領リスクと取引コストの問題に収斂されることが分かる。Lee, Lim and Lim は、同族会社が親族以外の者を雇って社長にしたら、企業の収益性が上がる可能性が高まると同時に、本来オーナー一族に帰すべき利益が非親族の社長へ流出するリスク（これをAppropriation Risk　横領リスクと言う）も高まると指摘する（Lee, Lim and Lim 2003：p.662）。

オーナー一族は、Lee, Lim and Lim の指摘する横領リスクをいつでも警戒するものである。これに対し、E氏は、株式所有に無関心であることでオーナー一族の警戒心を緩和している。また、F氏は、会社の内外からの乗っ取り批判に対しあらかじめ予防線を張って、オーナー一族の横領リスクへの警戒心を解いている。

そして、Lee, Lim and Lim は、同族会社の中継ぎ戦略についても言及している（Lee, Lim and Lim 2003：p.663）。同族会社の社長は、経営者として無能である子供に継がせては会社が生き残れないと考えるとき、親族以外の後継者を社長にした場合に生じる横領リスクとのジレンマに直面する。このとき、同族会社の社長が、企業を永続させるための中継ぎとして非親族の社長を選べば、当然横領リスクは生じるものであると覚悟する。

まさにこのような状況にあったC氏とD氏の会社のオーナーは、あらかじめそうした横領リスクへの対処を行っていたものと考えられる。その点について、C氏の場合は、前職の経験もあり、ある程度気付いていたけれど、D氏についてはオーナーの警戒心にまでに配慮が至らなかった模様である。しかし、所有と支配の分離した形態で経営しているE氏とF氏について言えば、それぞれ自分なりの考え方でオーナーを懐柔していると言える。

一方、所有と支配の一致した形態のA氏が、株式所有を行わざるを得なかったのは、急死した前社長の未亡人との対立が原因である。この点は、オーナーとの対立がなく、社長就任までの時間が十分にあったE氏とF氏とは異なっている。

しかし、こうしたことは、久保田の指摘と全く符合する（久保田 2009：p.150）。つまり、先代の急逝で準備期間がなく、オーナーと対立が生じたA氏のケースのような場合では、所有と支配の分離は起こり得ないのである。逆に、オーナー一族との間に信頼関係が構築されていたり、事業承継までの十分な準備時間が確保されたりしていれば、非親族の社長が、オーナー一族から株式を買い取らなくても経営革新が行えるのである。

ただし、B氏が全株を取得して気付いた問題は、次の承継とB氏の退任

を難しくしている。B氏の悩みは、どうやって株の買い手を見つけるかという、先代の社長が取り組んだのと同じ課題である。これは、中小企業では、一般的に従業員には資産が乏しく、社外で株の買い手を見つけることも困難であるという意味である。

ところが、これはE氏には生じにくい問題である。株式所有は、その割合が高ければ高いだけ事業承継と社長の引退を難しくさせるが、E氏にこの問題への危惧はない。むしろ非親族承継を契機として所有と支配が分離することで、次の事業承継に当たり株の移転に関する負担が軽減されていると考えられるのである。

② 個人保証に関して

続いては、E氏が個人保証について語ったことについてである。E氏が、初めて個人保証したときに覚悟が決まったと述べている点からは、強い心理的オーナーシップの高まりを読み取ることができる。つまり、個人保証をすることで、経営責任を一手に引き受けたことと、家族へ及ぶリスクを現実のものとして感じたのである。

それは、E氏に、自己効力感と、会社との同一性意識、そして会社が我が家同然であるという心理的オーナーシップの根源としての3つの動機が生じていることを意味する。そして、高次に達した心理的オーナーシップによって、E氏の会社へのコミットメントが強固に維持されていると見なされる。

このような見方を裏付けるのが、E氏の次の発言である。

「連帯保証人を会長がしたとか、相談役がしたとかだったら、経営革新のその部分は、社長の自分がやっているのではないと思う。本当の社長なら、やっぱり保証をして全責任を負うべきだと思うのです」(E氏)

経営計画を作成し、それをステークホルダーに示した上で自ら行った経営革新ではあるが、その達成に向けての責任を明確にするためにも個人保証を必須とすると考えるのがE氏である。

同様に、F氏も、直近で個人保証をしたときのことを次のように述べている。

「今回借り入れをして保証人になったということを、幹部だけには伝えて、自分はもちろん幹部にも緊張感を持ってもらうように話しました」（F氏）

F氏は、幹部への協力要請という場面で、自らが個人保証したことをもとに、権力の正当化を行っている。また、言うまでもなくこの発言は、F氏の行使する最終決定権も、高い心理的オーナーシップによるコミットメントに支えられていることを示している。

このように、E氏もF氏も、個人保証をしたことを契機に心理的オーナーシップが高まっていることを異口同音に是認している。したがって、個人保証と経営者の心理的オーナーシップの高まりには因果関係があることが明らかである。そして、それが経営者の最終決定権の確立に貢献していることに疑う余地はない。

E氏とF氏とは異なり、個人保証をしていないC氏とD氏は最終決定権を有しておらず、いずれもオーナーの子息が次の社長候補である。前出のLee, Lim and Limは、中継ぎとして雇われた後継者が、オーナー一族の有能な子供にいずれ社長を置き換えられることを知っていれば、追加の報酬を要求できるであろうと指摘している（Lee, Lim and Lim 2003：p.663）。この場合の追加報酬とは、オーナー一族が、中継ぎの社長に対して負担を余儀なくされるコストのことである[21]。

この理論に従えば、実際に中継ぎの社長が追加の報酬を獲得することがあるかもしれない。これを、C氏とD氏の事例に当てはめれば、彼らが個人保証というコスト負担を軽減されて、実質的な報酬の増額を獲得したことと解される。この場合、個人保証をするというコスト負担はオーナー側に残置されたが、C氏とD氏によるオーナーにとっての資産の横領リスクは軽減されている。

これに対し、個人保証しているE氏とF氏は、オーナーに取引コストの軽減のメリットを与えることと引き換えに最終決定権を確立しているとも考えられる。もちろん、前述のように、E氏とF氏はオーナーとのコミュニケーションには熱心である。つまり、オーナーに与える横領リスクの脅威に

対して、十分に配慮していることが有効に働いているのである。

　ところで、所有と支配が一致した形態で経営しているＡ氏とＢ氏の発言からは、個人保証による心理的オーナーシップの高まりがあったことを直接的には見出せない。しかし、Ａ氏は、Ｆ氏と同じくメインバンクからの指名で、オーナーでもないのに保証人になることを受け入れている。そして、Ａ氏の場合、個人保証をする覚悟が、株式の買い取りという行動につながっている。

　この事実は、個人保証を引き受けることで生じる心理的オーナーシップが、法的オーナーシップを確立させる株式所有へと、Ａ氏を走らせたものと言える。仮に、Ａ氏が、オーナーである未亡人と対立しなかったならば、個人保証を引き受けることだけによってでも最終決定権の確立は可能であったと考えられる。その場合、未亡人から全株を買い取る必要はなかったのかもしれない。

　また、Ｂ氏は、資産がなければ保証人にはなれず、そうした人を後継者として社長にすることができないと考えている。しかし、Ｅ氏とＦ氏のように、従業員から社長になった保証人にさしたる資産がない事実を見ると、金融機関は必ずしも社長個人の資産の多寡でその適格を判断しているのではないということが分かる。もちろん、担保となる会社の不動産の存在も大きいが、肝心なのは保証人になる社長がきちんと返済してくれるかどうかであり、言い換えれば確実に稼ぐ力がある社長なら金融機関にとって問題はないのである。

　また、Ｅ氏は、経営革新を遂行する責任と個人保証が一体であるべきであると発言している。これは、Ｅ氏が、創業家のオーナーシップの根拠である資産や権威が、会社とは分離されていることを前提に考えていることを示している。

　そして、Ｆ氏が、従業員出身の身でありながらも、創業家に対してオーナーとしての権威を過剰に振り回さないよう諫めようとしていることも、同様に株式会社の分離機能を前提としていると考えられる。すなわち、Ｆ氏が

抑制しようとしている創業家の経営への介入などは、個人事業の形態では防ぎようがない。非親族の最終決定権を持つ経営者で、個人と会社の資産における分離機能が働く株式会社においてでなければ、F氏のようなオーナーへの制御は難しいであろう。

6．結論

本章では、大企業で一般的な所有と支配の分離する経営形態が、中小企業でも成立し得ることを新たな実証分析手法で明らかにした。過半数の株式を所有する大株主でなければ、最終決定権を行使できないという一般的な認識とは異なる事例の存在を示した。しかも、中小企業で所有と支配の分離の経営形態を実現するために、経営者の最終決定権確立に個人保証の有用性が貢献していることも併せて指摘した。

本章で示したように、中小企業の株式会社においても、所有と支配に関係して3つの分類が可能であるということは、事業承継についての選択肢を示したことを意味する。ただし、本章で議論したのは、どの形態が優れているかという問題ではない。各々の中小企業は、自社の現状と将来のビジョンに鑑み最も適切な形態を選択するべきである。しかも、一度選択した経営形態が長い将来にわたって固定されると考える必要もない。

中小企業の事業承継は、内生的発展性という大企業に対する優位性や外生的問題性としての収奪などとはなじまない問題である。さらには、大企業などとの関係から生じる外生的効率性を持ち出すことも不適当である。要するに、これまで一般的なガバナンス・シフトを論じてきた理論では、現実の事業承継を説明できないのである。

そこで、従来用いられてきた理論に囚われずにポッシビリズムの視点に立って現実を観察すると、オーナーではない経営者のある一面が見えてきた。そこには、個人保証をしているという矜持があり、オーナーに対するしたたかな戦略性があった。彼ら経営者は、オーナーに対して忠誠者でありつ

つも、常に離脱の脅しを隠し持って発言する。発言の効力を高めるのは、言うまでもなく個人保証である。

こうした個人保証をしている経営者の強さを、本章では心理的オーナーシップ論をもって説明した。法的に企業を所有するオーナーに、心理的オーナーシップが対抗し得ることを事例でもって証明した。ただし、心理的オーナーシップ論が経営学の分野に登場してからまだ日が浅く、十分に批判を浴びてきたとも言えない。今後は、心理的オーナーシップ論が経営のあらゆる側面で議論され、その適用範囲が広がっていくことが期待される。

7．事業承継の円滑化の一助として

本章で得た結論によって、経営者が個人保証をすれば最終決定権が確立できることが示された。これによれば、株式所有割合を考慮せずとも最終決定権が移譲できることになる。つまり、後継者が決まり個人保証を引き継ぐことになれば、それだけでその企業の最終決定権が後継者へ移譲できるのである。

その際、前もって株式所有割合に関する協議は要しない。株式所有割合については、後継者が社長に就任した後にじっくりと時間をかけて検討してから変更を実施してもよい。あるいは、後継者の社長就任期間の短いことが予想されるような場合には、あえて株式の移動を行わずとも、事業承継前の株式所有割合を維持したままでもよい。

こうしたことが考えられるのは、後継者が株式の購入に多額の資金を調達した場合、退任時には購入価格以上の買い手を見つけなければならないからである。現実に、高額で購入した中小企業の未上場株の買い手を見つけることは、通常容易ではない。市場性に乏しい未上場株の価格を吊り上げること自体、現実的ではない。

短期間の経営責任を全うすることだけを考えれば、個人保証をして最終決定権が確保されている経営者に株式所有割合を考える必要性はない。すなわち、株式所有割合の問題を先送り、あるいは無視しても後継者が個人保証を

すれば事業承継できるのであるから、ここに事業承継における株式の問題の除外が可能となる。

　これまで、株式の移転の問題が事業承継の重大な阻害要因として扱われてきている。政府による事業承継の円滑化政策の中心も株価対策である。国を挙げて株価対策支援へと傾倒しているが、本章の結論からするとそれは異常にも映る。

　個人保証という伝統的な商慣習を重視した発想によって、事業承継が株価対策であるとするパラダイムから脱却すべきである。こうした発想の転換によれば、事業承継の真の円滑化が図られる。今後は、事業承継を円滑化するための政策としても、個人保証の引き継ぎを支援する政策が立てられるべきである。

　例えば、後継者が個人保証を引き継ぐ意志を示せば借入の条件が緩和されるような支援策が望ましい。これこそ、企業と金融機関との中身の濃い対話を生む支援策となるであろう。後継者においては、個人保証の引き継ぎを行うことでもって、金融機関と充実した対話を経験できる。ここにおいて、真の後継者の成長が期待できる。

(注)
1) Hirschman は、ここで示したモデルにおいて、発言は、離脱に代替するものではなく補完するものであるとしている（ハーシュマン 2005：p.39）。ただし、経営者がこのような発言を行うには、自分の活動で業績が回復する可能性があると評価し、自分を代替できる人々の確実性よりも自分の活動の可能性に賭けることに価値があることを条件とする（ハーシュマン 2005：p.43）。
2) Hirschman は、発言がこのような使われ方をすることについて、発言の本質上、常に新たな方向に進化していくひとつの技芸（アート）であると述べている（ハーシュマン 2005：p.46）。
3) 一般的に、忠誠心は、離脱を寄せ付けず発言を維持する（ハーシュマン

2005：p.87)。
4） Hirschman はこれを、忠誠者による離脱の脅しと称している（ハーシュマン 2005：p.91)。
5） 組織の構成員は、組織の質において、自分が離脱した後も自分にとって重要であるという状況に置かれていると、離脱後の質の低下を予想した場合に離脱を躊躇する（ハーシュマン 2005：p.107)。
6） ここでは、業績回復を要する経営危機を想定してきたが、このような場合以外にも、大株主が高齢であるとか病弱である場合、また経営経験がない場合などにも同様のことが考えらえる。
7） ここに言う"psychological ownership"には、当事者意識という訳語が当てられることもあるが、本稿では、責任と共に支配という概念を含むことを明確にするため心理的オーナーシップという訳語を用いる。
8） もともとオーナーシップ（ownership）には、組織に対して責任を感じることと、負担を分かち合うという感覚が含まれていた。また、オーナーシップを権利として見た場合には、責任感に釣り合うものであると考えられてきた（Pierce, Kostova and Dirks 2001：p.303)。
9） ここでのコミットメントの定義は、Ghemawat に従う。すなわち、コミットメントとは、経営者が方向づけた活動や戦略をしつこく続けていこうとする組織の特質である。しかし、継続的というより累積的である。単なる成功のためのひとつの要因ではなく、企業に起こるすべての問題に影響を与えている。そして、コミットメントは、良し悪しは別にして戦略に対する動的な制約ともなる（Ghemawat 1991：p.12)。
10） とりわけ、組織が自発的に、かつ漸進的で付加的な変化を遂げようとするときには、組織構成員の心理的オーナーシップは積極的に働く（Dirks, Cummings and Pierce 1996：p.11)。反対に、組織が強制的、かつ削減の方向などに変革を余儀なくされれば、組織構成員の心理的オーナーシップは消極的に働く（Dirks, Cummings and Pierce 1996：p.13)。
11） なお、所有と支配に関する経営形態については次節で言及する。
12） これとは別に、Pierce, Kostova and Dirks は、心理的オーナーシップは法的オーナーシップがないところに存在し、逆もまた同じであるという（Pierce,

Kostova and Dirks 2001：p.307)。これを、個人保証している経営者と大株主との関係で説明すると次のようになる。経営者が、心理的オーナーシップの根源となる3つの動機のいずれかでも有していれば、仮に自らが大株主ではないために法的オーナーシップが少なくても、高い心理的オーナーシップを持つことができるので、企業に関係する多くの個人から経営者の心理的オーナーシップを優先的に認識される。

また、それとは逆に、大株主であることによって法的な権利と責任感を有していたとしても、3つの動機のいずれも有していなければ心理的オーナーシップを高めることはできないので、企業に関係する個人からは法的な権利と責任感のみが認識されることとなる。その結果として、企業に関係する個人からは、大株主であっても心理的オーナーシップが高いとは認識されない。

13) 本章での「支配」の概念は次の通りである。最初に企業の所有と支配の分離の概念を提唱したのはBerle and Meansである。Berle and Meansは、企業の最終決定権者を「支配者」と呼び、現実に取締役を選出する人と定義している (Berle and Means 1932：pp.66-67)。そこで、本章では、このBerle and Meansの定義をもとにして、経営者の任免権のほかに、増資・減資・解散及び経営戦略の策定をはじめとする重要事項の最終決定権を有する者が、会社を「支配」していると定義する。なお、これに関しては、津島 (2017) で詳しく論じているので参考にされたい。

14) ここでは、事例研究に関する指針としてEisenhardt (1989) を最も重視して参照する。Eisenhardtは、優れた理論には、理論構築と共に理論をテストするための実証研究が蓄積されているとしている (Eisenhardt 1989：p.547)。そこで、インタビューの技法や定性的コーディングなどの分析方法については佐藤 (2008) や戈木 (2006) などを参考にするものの、基本的にはEisenhardtが提唱する分析プロセスを踏襲する (Eisenhardt 1989：p.533)。特に、Eisenhardtが、データ分類の戦術として推奨している、同質と相俟って異質の存在を探すことと、同質と異質をペアにすること、つまり反対事例を対比して分析する点を重視する (Eisenhardt 1989：p.540)。

ただし、非親族承継の過程を調査する場合には、調査対象者の主観などによるバイアスが生じる恐れについて注意しなければならない。Greabnerは、こう

した調査の場合に必要なバイアス対策を詳細に列挙している（Greabner 2009：p.440）。これも参考にしたうえで、反対事例の対比分析を行うこととする。
15) 西山によれば、株式会社が所有と支配の分離に至るには3つの段階を踏むという（西山1985：pp.125-126）。第一段階は、株主が経営者となった創業者時代で、この段階では経営者は企業の所有者であり支配者である。第二段階は、株主が企業の経営から手を引き、経営をその専門家である経営者に委ねた二代目以降の時代で、ここで所有と経営が分離する。この段階では、企業の支配者は依然として大株主であり、経営者は雇われた管理労働者である。

　第三段階では、企業の所有者たる株主の影響力が低下するとともに所有による支配が崩壊し、それに代わって経営者がなすところの占有による支配が始まる。この場合の経営者は、第二段階と同様に管理労働者ではあるが、もはや被支配者ではなく支配者である。

　西山のこの三段階説は、脱資本主義論と言われる理論にもとづくものであり、経営者による支配が「占有による支配」であるとして「所有による支配」と区別している点に特徴がある。この西山説には、法人資本主義論と組織社会論との間に激しい議論があるが、ここではこれらの論争には踏み込まない。

　特に、取り上げたいのは、三段階説のうちの第三段階である。このような事態は、事業承継が行われた後の企業にあっては、起こり得る可能性が高い。そのため、どのようにして所有と支配が確立するのかを考えるための枠組みとしては好都合なのである。
16) Eisenhardtによれば、調査は4から10のケーススタディで終わらせてもよいのであって、それで十分な理論的飽和に達することができるとする（Eisenhardt 1989：p.545）。ただし、質的研究の手法であるグラウンデッド・セオリー・アプローチでは、特殊な場合を除き30名以上の調査対象者がないと理論的飽和には達しないという、戈木の主張もある（戈木 2006：p.31）。
17) 本章では「所有と支配の分離」を中心に議論するが、「所有と経営の分離」という概念も存在するので、ここで両者に対する本章での扱いについて説明する。ウェーバーは、経営とは、家父長的な資本主義的営利共同体から合理的に分離して生じたものであると考えた。その時点での経営は、契約とあらかじめ決められた権利で成立していた。その後は、経営によって、計算することと、明確

な持分を原則とする考え方が進展したとした（ウェーバー 1960：pp.150-151，1962：p.289）。

　また、ヨーロッパでは、ミヘルスの唱えた寡頭制の鉄則が古くから信じられており、組織が拡大すると、次第に少数者に意思決定の実質が握られていくことが広く知られていた（猪口・大澤・岡沢・山本・リード 2000：p.188、p.1054）。これは、効率的な組織運営面や、組織を作る人の心理面からも、指導する側と指導される側に分化するものであることを意味しており、経営を行う者が、組織の指導者となることは至極当然のこととして人々に受け入れられてきたのである。

　このような経緯で行われるようになった経営が、やがて所有と分離されることになる。西山は、この際の経営とは、一般業務の管理運営のことであり、支配ではなく支配に従属するものであるとする（西山 1985：p.119）。これが、本章での所有と経営の分離の概念である。そして、西山は、このような経営の定義を基本に、注（15）で示した経営者支配の三段階説を提唱している。

18) ただし、ここでは権力の委譲を意味しているのではない。本章では、創業者の支配権は承継できないとする Drucker の次の主張に従う。

　Drucker によれば、今日における企業の経営者の最終決定権は、先代の経営者から移されたものであり、もともとの根拠があるわけではない（Drucker 1995：p.64）。一方で、株主が持つ株式所有権も、社会の基本的な権利として万人が有するものではなく、株主であることが経営陣の行使している権力の正当な基盤にはなり得ない（Drucker 1995：pp.72-76）。そして、経営者の人格がいかに優れていても、これもまた権力の欠落を補うことはできないと述べている（Drucker 1995：p.77）。

　Drucker は、中小企業事業主の自社株所有権についてもこう述べる。それは、事業主自身の人格的延長であり、その所有権は支配権として会社存続にかかわるものである。しかし、金銭は承継できても、支配権は創業者一代限りであり、責任を負えない者が支配権を承継できることはない（Drucker 1957：p.341）。

19) 半構造インタビューとは、あらかじめ大まかな質問事項は準備するが、インタビュー対象者の答えを基にさらに詳細な回答を求める質的調査法のことである。

20) ちなみに、経営者保証をしている保証人の親が、親であることで主債務の履行責任を負うことはない。ただし、保証人の親が物的担保として自分名義の資産を提供していれば、その担保物件は、主債務の債務不履行の際に債権者が担

保権を実行する対象となる。
21）これは、エージェンシー理論にもとづいて考えられた横領リスクに代替する取引コストを意味する。

（参考文献）

伊丹敬之（2000）『日本型コーポレートガバナンス：従業員主権企業の論理と改革』日本経済新聞社

猪口孝・大澤真幸・岡沢憲芙・山本吉宣・リード、S. R.（2000）『政治学辞典』弘文堂

ウェーバー、M. 著、世良晃志郎訳（1960）『支配の社会学Ⅰ』創文社（Weber, M. (1956a), *Wirtschaft und Gesellschaft, Grundriss der verstehenden Soziologie, vierte, neu herausgegebene Auflage, besorgt von Johannes Winckelmann*, Kapitel IX. Soziologie der Herrschaft, S.541-632.）

ウェーバー、M. 著、世良晃志郎訳（1962）『支配の社会学Ⅱ』創文社（Weber, M. (1956b), *Wirtschaft und Gesellschaft, Grundriss der verstehenden Soziologie, vierte, neu herausgegebene Auflage, besorgt von Johannes Winckelmann*, Kapitel IX. Soziologie der Herrschaft, S.633-734.）

加護野忠男・砂川伸幸・吉村典久（2010）『コーポレート・ガバナンスの経営学：会社統治の新しいパラダイム』有斐閣

久保田典男（2009）「非親族承継における所有と経営の分離：中小企業の事業承継におけるケーススタディ」日本経営診断学会編『日本経営診断学会論集』Vol. 9、pp.145-151。https://www.jstage.jst.go.jp/article/jmda/9/0/9_0_145/_pdf（2013/07/20）

戈木クレイグヒル滋子（2006）『グラウンデッド・セオリー・アプローチ：理論を生み出すまで』新曜社

佐藤郁哉（2008）『質的データ分析法』新曜社

高橋直志（2015）「異能の政治経済学者 Hirschiman の理論と思想：再評価と現代的意義」日本国際経済学会編『第74回全国大会報告要旨集』 http://www.jsie.jp/Annual_Meeting/2015f_Senshu_Univ/pdf/program/ps13_3_Takahashi.pdf（2016/10/31）

タレブ、N.N. 著、望月衛訳（2009）『ブラック・スワン［上］：不確実性のリスク

の本質』ダイヤモンド社（Taleb, N.N.（2007），*The Black Swan*, Random House.）

中小企業庁（2017）『中小企業白書　2017年版』日経印刷

津島晃一（2012）「中小企業の非親族承継」神戸大学経営学研究科専門職大学院修士論文。

津島晃一（2017）「中小企業における所有と支配の分離：経営者保証による最終決定権の確立」嘉悦大学大学院ビジネス創造研究科博士後期課程博士論文。

得津晶（2013）「２つの残余財産概念の相克」岩原紳作・山下友信・神田秀樹編『会社・金融・法　上巻』商事法務。

西山忠範（1985）「株式会社と『所有と支配』の概念（2）」総合研究開発機構『21世紀の日本の株式会社像』東洋経済新報社、pp.116-135

三井逸友（2002）「『第二創業』としての中小企業の事業承継・世代交代」『中小企業の世代交代と次世代経営者の育成』３月、中小企業研究センター、No.109、pp.1-12

村上義昭・古泉宏（2010）「事業承継を契機とした小企業の経営革新」『日本政策金融公庫論集』第８号、日本政策金融公庫総合研究所、pp.1-30

ハーシュマン、A.O. 著、矢野修一訳（2005）『離脱・発言・忠誠：企業・組織・国家における衰退への反応』ミネルヴァ書房（Hirschman, A.O.（1970），*Exit, Voice, and Loyalty : Responses to Decline in Firms, Organizations, and States*, Harvard University Press, Cambridge, Mass..）

林侑輝・山田仁一郎（2018）「中小企業のガバナンス・シフト：可能性追求のための対話に向けて」『商工金融』９月、商工総合研究所、pp.44-63

山田仁一郎・松岡久美（2014）「企業家研究者の心理的オーナーシップ：大学発ベンチャーにおける２つの出口」『組織科学』Vol.47、No.3、白桃書房、pp.17-28

Berle, A. A. Jr. and Means, G. C.（1932），*The Modern Corporation and Private Property*, Transaction Publishers, New Brunswick and London.

Brown, T. L.（1989），What Will It Takes to Win? Two Words Say It All：Psychological Ownership, *Industry Week*, June 19, p.15.

Dirks, K. T., Cummings, L. L. and Pierce, J. L.（1996），Psychological Ownership in Organizations：Condition under which Individuals Promote and Resist Change, *Research in Organizational Change and Development*, Vol.9, pp.1-23.

Drucker, P.F.（1995），*The Future of Industrial Man*, Transaction Publishers, New

Brunswick and London.

Drucker, P.F. (1957), *The New Society : The Anatomy of the Industrial Order*, Transaction Publishers, New Brunswick and London.

Druskat, V. U. and Kubzansky, P. E. (1995), Measuring the Psychological Sense of Ownership in the Workplace, *Annual Meeting of the Academy of Management, Vancouver, Canada*, pp.1-28.

Eisenhardt, K. M. (1989), Building Theories from Case Study Research, *The Academy of Management Review*, Vol. 14, No. 4, pp.532-550.

Ghemawat, P. (1991), *Commitment : The Dynamic of Strategy*, The Free Press, A Division of Macmillan, N.Y..

Gordon, R. A. (1948), *Business Leadership in the Large Corporation*, the Brookings Institution, Washington, D.C..

Graebner, M. E. (2009), Caveat Venditor : Trust Asymmetries in Acquisitions of Entrepreneurial Firms, *The Academy of Management Journal*, Vol.52, No.3, pp.435-472.

Korman, A. K. (1970), Toward a Hypothesis of Work Behavior, *Journal of Applied Psychology*, Vol.54, No.1, pp.31-41.

Lee, K S., Lim, G. H. and Lim, W. S. (2003), Family Business Succession : Appropriation Risk and Choice of Successor, *Academy of Management Review*, Vol.28, No.4, pp.657-666.

Pierce, J. L., Kostova, T. and Dirks, K. T. (2001), Toward a Theory of Psychological Ownership in Organizations, *Academy of Management Review*, Vol. 26, No. 2, pp.298-310.

Pierce, J. L., Rubenfeld, S. A. and Morgan, S. (1991), Employee Ownership : A Conceptual Model of Process and Effects, *Academy of Management Review*, Vol.16, No.1, pp.121-144.

Stevenson, H. H. and Jarillo, J. C. (1990), A Paradigm of Entrepreneurship : Entrepreneurial Management, *Strategic Management Journal*, Vol.11, pp.17-27.

Vandewalle, D., Dyne, L. V. and Kostova, T. (1995), Psychological Ownership : An Empirical Examination of its Consequences, *Group & Organization Management*, 20.2, pp.210-226.

第6章

自治体と連携した中小企業支援体制の検討

新井 稲二

1．はじめに

　中小企業政策は国による産業政策や、自治体による産業振興策などの一環として実施されており、時代の変化に合わせ制度変更を経つつ現在においても実施されている。一方で、具体的な効果を測定することが難しい。

　各種の支援事業は政策に基づき、税金によって実施される以上は、その効果を評価する仕組みが重要であり、主観的な評価よりも客観的であることが望ましいわけであるが、客観化が過度に進めば経営相談に来た事業者数を評価したり、各種支援制度の申し込み件数で評価したりなど、相談・制度を利用した結果、その企業の経営が好転したかどうかという点がおざなりになってしまう。確かに、経営が好転したかどうかについての評価は非常に難しい。もちろん、各種相談・支援制度を受けることで、経営が悪化することを事前に防ぐということも重要であるが、このような場合についての評価はさらに難しくなる。このため、費用対効果の問題は常に批判に晒されることとなるのである。ここで、中小企業政策に対し批判的な意見をひとつ紹介すれば、小出（2017a）は産業振興の一環として実施されている企業誘致を例に、全国で未だに産業振興の一環として実施されていることに触れ、巨額のコス

トを掛けて大企業の工場が立地してもその費用に見合う効果が表れていないと指摘している。さらに、ここ数年で増加しているのが六次産業化であるが、これについても厳しい現状であると指摘している。これらの問題点には、地元に根差した中小企業の振興ということを意識していないからであるとしている。なぜこのようになってしまったのかという点について、相談者と同じ目線に立って考えるという前提が公的支援機関にないことが原因であり、本来の役割は相談者の売上をあげるための具体的な手段を提示することが求められているとしている。

　小出氏がこのような批判をするには理由があるわけで、同氏が富士市より運営を委託されている富士市産業支援センター（f-biz）では相談件数の伸びは年平均2割ずつ増加しているとされており、既存の公的支援機関とは異なる活動をしていることは明らかである。もちろん、同氏の主張する客観的な根拠は相談件数の伸びであり、これについても内容（相談の質）はどうなのかということになる。しかし、少なくとも従来の支援とは異なるアプローチで支援を実施していることは明らかで、このような活動は国からも経営相談のモデルケースとして注目されている。その結果が、昨今の中小企業政策に反映されているわけで、具体的には、中小企業の抱える課題が高度化・複雑化していることに対応するために、経営革新等支援機関[1]（以下、認定支援機関）や、よろず支援拠点といった支援制度の創設が挙げられる。つまり、同氏の支援手法を公的な支援機関にも移植して他の地域においても同様なサービスを提供しようとしているのである。これは、皮肉にも国主導による中小企業支援の限界を指摘し、同氏が実践している手法を中小企業支援政策の一環として導入するということになったわけである。ここに国による支援の限界を感じながらも、それを打開するための手法を国の内部から打ち出すことができなかったことから、国や行政主導による中小企業支援の限界を露呈したと言えるのではないだろうか。これらの問題は国が中心となって政策を進めるという行政のみが中小企業政策を担うという前提で実施されてきたことが原因であり、本章では民間の力を政策に反映することが重要ではないか

と考える。

このため、改めて政策の立案は誰が立案・策定し、支援を誰が実施するのかについて整理を行う必要があると考えられることから、本章では政策の立案と支援の実施について検証を行う。

2．中小企業支援策における自治体の役割と現状

中小企業支援を行う際に重要なのが、政策と支援の関係整理と、その一貫性であろう。特に、近年の中小企業政策では地方から再び国に移行する中で、過去に国が主導した支援制度は地方に移管したままで、新たに国が主導して支援制度を確立したことにより、支援制度が複雑化していることが挙げられるだろう。

本章で言えば、商工会・商工会議所による中小企業支援は、そもそも国主導で実施していたものが、三位一体の改革によって予算が地方に移管され、都道府県が各商工会・商工会議所へ予算配分を行い、市町村が中心となって実施する中小企業支援体制に組み込まれている。これが再び国主導による中小企業政策を進める中で、認定支援機関やよろず支援拠点などが開始され、国による中小企業支援体制が整備されている。このように複雑化した政策の上に成り立った支援体制では、中小企業者にとって、どこに（誰に）相談すればよいのか分からないのが現状であろう。

このように、複雑化した中小企業支援体制に国はよろず支援拠点を中心にして各支援機関を取りまとめるように模索しているが、これによりますます中小企業政策が国主導による集権化が進む可能性がある。それでは、何のために地方へ支援制度を移管したのかという疑問が出ることになる。

本来、中小企業の特徴として地域社会と一体となって地域経済を支える重要な役割があるわけだが、それだからこそ自治体による地域経済の振興において中小企業政策（地域経済政策）が重要なのである。一方で現実には、自治体（都道府県や市町村）に地域経済政策を立案して運営する能力があるの

かという疑問がある。一般的には、国の政策よりも地域主導による政策の立案と実施については、現場からの「距離の近さ」によって、より戦略的で具体的な取り組みができると考えることができる。もちろん、それが正しいかどうかという疑問も当然あり、例えば市街地における商店街問題などは、国や自治体によってさまざまな支援が実施されたわけだが、多くがシャッター通りになってしまっている現状を考えれば、必ずしも政策が有効に作用しないのではないかという疑問が残る。だからといって、多くの商店街が抱える問題を無視してよいということにはならない。自治体による政策は、その地域で実施している個別的な取り組みに対し有効に作用できる可能性を持っている。

さらには、中小企業支援においては関係機関の連携の重要性が繰り返し言われているのだが、それがどのように中小企業に対し効果があるのかについて検証する必要がある。そこで、中小企業政策における国と地方自治体の関係について先行研究より整理を行い、国主導による中小企業政策の限界と基礎自治体による政策立案の問題点について触れ、行政中心による政策の立案・支援策実施の限界について分析を行う。さらに、十勝地域（帯広市）における政策の立案から支援策の実施までの流れについてインタビュー調査を実施し、そこから民間の支援機関と自治体（行政）の連携した対応から、中小企業政策における新たな支援体制の構築について提言を行うこととする。

(1) 中小企業支援策における自治体の関与

寺岡（2015）は「圧倒的多数を占める中小企業をすべて中小企業政策の対処とすることは、予算的にも行政手続き的にもきわめて困難である。必然、政策理念にそって中小企業のなかから、さらに政策対象とすべき優先度（優先順位）をもつ「中小企業」の定義が必要になる」（寺岡寛 2015：p.8）として、中小企業政策の限界と、そのために優先される中小企業が存在することを指摘している。

そのうえで、中小企業政策を直接政策と間接政策に分類し、それぞれの特

徴を述べており、直接政策は個別中小企業に対するアプローチであり、その選別作業にかかる政策費用は決して小さなものではないとしている。また間接政策は個別中小企業に対してではなく、中小企業の経営環境などの改善としている。この定義に当てはめれば、確かに申請書の内容をチェックして採・不採択とする過程は選別作業に関わり、個別中小企業に対するアプローチと判断できることから、国の実施する中小企業向け補助事業の多くは直接政策の一環であると判断できる。直接政策であるならば、大きな費用を掛けて実施した補助金は継続する正当性があるのだろうか。

さらに、財政問題に絡め中小企業政策の正当性と有効性が問われる状況下において、政策のスクラップ・アンド・ビルドのなかで、今後の中小企業政策は直接的・ミクロ的政策ではなく、それ以上に間接的・マクロ的な観点から地域経済の活性化と中小企業の活性化を同時に達成できるような制度設計が重要となる。その際に政策立案上のプライオリティは、地域間の連関性を高めることのできる地域間経済協力圏の設定であるとして、中小企業政策は地域経済政策としての必要性について述べている（寺岡 2015）。地域経済政策となれば国の関与も必要であるが、それ以上に自治体の関与が重要になってくるとしている。

（2）海外での取り組み状況

中小企業政策における国と地方の関係に関する問題は、日本だけの問題ではなく海外においても指摘されている。例えば三井（2004）はヨーロッパ、特にイギリスにおける地域と政策について分析しており、「地域イノベーションシステムは地域クラスターと支援機関が組み合わさったものであり、関連支援産業を含めた地域の産業クラスターに属する企業群、支援を提供する知識機関、これらの活動主体間の相互作用によって構成されるということになる」（三井逸友 2004：p.7）として、支援機関などの関係機関の連携によって地域イノベーションシステムが機能していることを指摘している。これらの結果から日本における産業クラスター政策についてハイテクに傾斜す

る必要がないことを指摘し、大学などの機関の可能性や地域金融機関の可能性について触れている。また、各種政策との関わり合いについては、政策・行政の面から縦割りや縄張りを超えた視点は欠かせないとしている。

　また、山本（2010）は、アメリカの地方自治体において1980年代より実践されているエコノミックガーデニングについて紹介を行っている。この概念は、①地域ブランドや地域資源にこだわらない。②人口の少ない地域でも実施可能。③急成長企業を支援することも多い。④長期的な視点が必要で、超党派的な実行機関が不可欠である。このような条件を踏まえ、データ分析で得られる情報の提供や地理情報システムの活用、ニューメディアを活用したマーケティング支援を実施するとしている。

　このように、ヨーロッパ、アメリカにおいても中小企業政策において地域産業を支援するための政策が実施されていることが分かる。そのなかでも外部機関との連携が重要であるとの指摘は三井（2004）と山本（2010）で共通している。もちろん、誰が誰と連携するのかということになるわけだが、日本においては自治体が地元の支援機関と連携するということになるだろう。しかし、自治体の主体性という面において、果たしてリーダーシップを取って産業振興を担えることができるのかどうかという疑問がある。

(3) 国と自治体の役割の明確化

　加藤（2014）は、中小企業政策と地方分権の関係について分析をしており、「現在の中小企業政策は1999（平成11）年に改正がされた中小企業基本法に基づくものであるが、ここにおいて国は「総合的に施策を策定し実施する」責務を、自治体は「当該区域の諸条件に応じた施策を策定し実施する」責務を有することとなっている。加えて、同年に改正された地方自治法では、中小企業政策を含む全ての事務において、制度上、国と自治体の関係が見直された」（加藤雅史 2014：pp.43-44）としている。これは、中小企業政策において自治体の役割が増大しており、政策の目的が地域の暮らしや、街づくりについても含むようになってきたと指摘して、国の実施する産業政策

上の事業だけでなく、自治体独自の方針も影響するようになったことを意味している。一方で、「国の法律や補助金、そしてその執行体制は、現行基本法下でも、地方経済振興へ積極的に関与している。その関与の仕方は、旧基本法下の自治体を介する方法から、直接中小企業や地域と相対する方式となった。このため、地域対策については、国と自治体の二重行政となっている面がある」（加藤雅史 2014：p.48）として、行政運営の非効率性について指摘している。

また、自治体でも都道府県と市町村との関係については、「基本的には市町村が行うことを優先すべきであり、また、地方自治法では「都道府県及び市町村は、その事務を処理するに当つては、相互に競合しないようにしなければならない」のであることから、（中略）中小企業を市町村で行うことを優先すべきであろう」（加藤雅史 2014：p.53）として、中小企業政策を実行する主体は自治体であり、特に市町村が実施すべきであるとしている。

これらを踏まえ、自治体が行うべきものと国が行うべきものとして、それぞれ提言を行なっている。まず自治体が行うべきものとして、経営の革新及び創業の促進、中小企業の経営基盤の強化としている。また国が行うべきものとしては、経済的社会的環境の変化への適応の円滑化、中小企業の経営基盤強化、資金供給の円滑化及び自己資本の充実であるとしている。なお、「ポテンシャルが高い自治体が、これらの政策や施策を独自に行うことを否定するものではない」（加藤雅史 2014：p.54）として、中小企業政策は地方自治体の裁量を高めるべきであることを主張している。

（4）地方自治体による支援の方法

河藤（2015）は、地域産業政策という視点から国と自治体の関係について述べている。寺岡（2015）も触れているが、国主導による中小企業政策が長らく続いていたが、1990年代に入ると地方自治体による政策が実施されるようになった。河藤（2015）によれば、①価値観が多様化すると共に生活の質的豊かさが求められるようになり、それに的確に応えるのは生活に密着した

地域産業であること。②少数のリーディング・インダストリーが国の経済成長を牽引できる時代ではなく、地域の特色ある諸資源を活かした多様な地域産業の発展が国の産業発展を支えることが期待されること。③少子高齢化が進み労働力人口の量的増大が期待できないことから、高齢者や女性など多様な人々の多様な働き方が地域産業を支える構造になってきたこととしている。このように、外部環境の変化によって地方自治体の役割が国主導による産業立地政策（中小企業政策の一環）の受け皿から変化してきていることを指摘している。

　しかし、市町村単位に至っては実施経験が乏しいことから、政策の意義や方法論に関する認識が十分ではないとしている。特に「利潤追求を目的とする企業や産業の振興を、純粋な公共主体である自治体が実施する。この相反する２つの要素を内包する政策は、とりわけ、実践経験の蓄積が十分ではない市町村の職員にとっては理解が容易ではなく、実施手段としての施策やそれを実行に移すための組織体制づくりにおいても困難な課題の多い政策分野であると言える」（河藤佳彦 2015：p.23）として、自治体単独による地域産業政策の推進の困難性について触れている。そもそも、地域における産業の役割は、社会全般における役割に加え、地域個性の創出による地域活性化であり、既存の産業資源を有効利用し、地域の優位性や個性を活かして地域経済の新たな発展を促進する重要な役割が期待されている。この地域経済の発展を促進するために中小企業支援を実施する必要があるとして、その利点を４つ挙げており、①地域経済への波及効果が大きい。②地域に安定的な雇用を提供する。③税収面で、地域に安定的な貢献をする。④地域づくりへの参加が期待されるとしている。

　また、地域経済政策を実施するためには取組主体は誰かということであるが、市町村だけでは困難であるため、河藤（2015）は複数の社会的主体を挙げている。それによれば、国・都道府県、市町村、商工団体（商工会・商工会議所など）、民間団体である。このように多様な主体によって実施され、実施対象となる中小企業者の実情とニーズにも即した対応が必要となること

から、コーディネータの役割が重要であるとしている。その役割としては、中小企業ごとの技術・営業・経営・金融等多岐にわたる諸課題に関する個別相談への対応や、異業種交流や産学官連携の推進の連絡調整や運営に関する助言であり、地域の内外の人々に物心両面にわたる豊かさをもたらすことが求められている。このため、より高度な支援能力が求められていることが分かる。

(5) 自治体の中小企業支援の現状

　自治体における中小企業政策がどのような現状にあるのかについては、いくつかの研究がされている。本多（2012）は、自治体は国よりも企業活動に受け身にならざるを得ず、自治体独自の地域経済振興には限界があるが、自治体は実情に応じた企業支援を企画・実行できる立場にあるとしている。現状では多くの地方自治体で政策の実施体制や実施内容について模索段階にあり、進めるに当たっては5つの課題を指摘している。

　1つは組織間の連携であり、自治体内でも支援組織・機関が縦割りになっていることが多く、また民間組織との連携を行っていくことも重要な課題として、多様な支援組織の連携が求められているとしている。

　2つは人材の育成であり、行政サイドの人材を短い在任期間のなかで専門性の高い業務をこなすことが求められている。これには、外郭団体や経済団体と密接な関係を築くことや、リーダーやコーディネータとなる民間企業や民間人材の発掘が重要な課題である。

　3つは政策評価であり、政策の効果が数字に反映されているのかを判断するのは容易ではなく、定性的な評価を含め地域で検討する必要がある。

　4つは政策目的をどう考えるかで、短期的な経済成長だけが目的ではなく、地域に愛着をもって、長期的に安定して安全な地域で暮らしていくことがより重要な目的である。

　5つは実態調査への取り組みであり、将来の施策の推進のためのヒントを与えてくれるものであり、実態調査を通して職員の知識が深まることや、企

業とのネットワークや信頼が生まれる利点もある。

　次に三浦（2012）の研究では、2009年に全国の市・特別区を対象にしたアンケート調査を分析した結果により、地域産業政策の方向性について述べている。1999年の中小企業基本法改正までの産業政策は、施策立案から運営ノウハウまでの情報を国・都道府県に依存していたとしている。

　アンケート調査の結果からは、中小企業基本法改正により基礎自治体の責務の明示から10年経過したが、多くの市が従来からの情報収集を脱皮しておらず、政策形成の主体性は確立できていないようである。このため、新たな情報収集を行うために何を目的とするのかが重要になってくる。それには、地域の生活を豊かにすることを産業政策の目的としなければならず、世界につながる経済を縦糸（国の政策の範囲）とすれば、地域内を循環する横糸の経済を織り込もうとするとして、国の政策と地域の政策の役割について述べている。

（6）認定支援機関に求められる能力とは

　寺岡（2015）、加藤（2014）、河藤（2015）が共通して主張しているのが、近年の中小企業政策の実行主体となるのが国から自治体に移ってきたとしている点である。これは、外部環境の変化によって国が実施する画一的なサービスや国と地方がそれぞれに実施する中小企業政策による非効率性、多すぎる助成制度による広く浅い支援、ましてや助成制度の有効性などに疑念が生じたことに由来している。

　しかしながら、中小企業政策を地域経済政策の一環として捉えるならば、主体は国ではなく自治体となり、本多（2012）と三浦（2012）は自治体の支援の現状について、どちらも課題を抱えていることを指摘している。これらの調査からは、独自の政策立案能力を獲得するには至っておらず、その課題は国よりも自治体側の体制整備の未熟さや国に対する依存体質といったことが理由として挙げられる。特に共通する点としては、自治体ごとに独自の政策を立案する能力の低さを指摘している。本来ならば中小企業政策を担うべ

きは自治体であるが、政策立案能力の低さから、それができていないのが現状である。

　この現状については、国の小規模企業政策について議論された"ちいさな企業"未来会議取りまとめ（2012）においても「地方公共団体ごとに状況は異なるものの、一連の国から地方公共団体への小規模企業関連施策の移管後も、全体として、必ずしも、地方公共団体側で関連施策がきめ細やかで厚みのあるものとして重点化されている状況にもない」（中小企業庁 2012：p.48）として、基本法改正後における中小企業政策における地方自治体の取り組みが不十分であることを指摘していることからも分かる。これは、中小企業政策審議会小規模企業基本政策小委員会第1回において富士市産業支援センターの小出委員より「これまで公の中小企業支援センター、あるいは支援セクターの目指すべき方向性というのは、余りに不明確だったと思います。ですから、ここで抜本的な見直しが必要ではないかと思います」（中小企業庁経営支援部小規模企業政策室 2013： pp.19-20）として、自治体の公的支援機関の不十分さについて発言している。

　このように、国主体からそれぞれの自治体主体となった中小企業政策の立案と推進が求められつつも、現状ではそれができないなかで、突然に自治体に中小企業政策（地域産業政策）を進めてくださいと国が言ったとしても無理があるだろう。このため、何から始めたらよいのかということになるわけだが、これには中小企業政策審議会小規模企業基本政策小委員会第1回において日本商工会議所中小企業委員会の委員長である西村委員から「現在、国のみならず、地方公共団体におきましても、小規模・中小企業施策が実施されておりますが、国と地方公共団体との間で、必ずしも十分な連携が図られていないのではないかと思われる点がございます。したがいまして、小規模事業者版ナショナルミニマムの構築や、小規模・中小企業政策の効果的・効率的な実施の推進などに向けて、例えば国と地方公共団体における小規模・中小企業行政のトップ同士が会談を行うなど、国と地方公共団体との間で連携を強化することが必要ではないかと思います」（中小企業庁経営支援部小

規模企業政策室 2013：p.28）といった意見があるように、国と自治体が連携を密にする必要があると考えられる。

　実際、このような連携の必要性は、第10回小規模企業基本政策小委員会(2018) において岡山県総社市長の片岡委員より補助金を例として「確かに持続化補助金[2]がヒットしている。私は、それは理解できます。それに合格点をつけてもらった会社がこれだけある。それで売り上げが伸びている。確かにそれはある。それに届かないのは伴走型だというのもわかる。しかし、実際に現場を見ると、申請が煩雑・複雑過ぎます。これは5つ6つあるのです。こんな分厚い書類は、年老いた零細企業の従業員は手を挙げる前に断念する。そこなのです。そこの部分をもう少し基礎自治体を信用してもらって、我々はよくわかるわけですから、我々のところに決定権の何パーセントとか、市がジャッジに絡むとか、補助金そのものをこっちで預かるとかです。現場はこれに手を挙げる前になえているという部分がものすごく色濃くあるので、そこをやってもらいたい」（経済産業省中小企業庁経営支援部小規模企業振興課 2018：pp.12-13）といった発言があるように、国と自治体の連携もしくは役割分担ができているならば、このような発言は出ないだろうし、補助金は自治体の実施するべき事業であって国が行う事業として相応しくないだろう。

　だからこそ河藤（2015）は、地域産業政策を推進する意義や方法論に関する認識が十分ではないものの、自治体のみならず、民間の力（商工団体や民間団体）を活用する重要性を指摘している。ただし、民間に求める能力についてはかなり高いと言えるだろう。それは、経営全般に対応する能力に加え、他の組織をまとめ上げる能力が必要である。換言すれば、既存の支援機関よりも高度な支援が求められることになる。このような状態のなかにあって、より高度な支援能力を提供できるとして期待されているのが認定支援機関ではないだろうか。国の考える高度な支援と、地域の実情から求められている高度な支援は、必ずしも認定支援機関制度の当初の目的と一致するものではないだろう。しかし、中小企業支援を通じて中小企業等に活力を与える

ことができれば、それぞれの思惑に応える組織となるのではないだろうか。

3．自治体と認定支援機関が連携して中小企業支援を行うには

　認定支援機関が自治体と連携して中小企業支援を実施するというスキームについては、既にこれに似た制度が存在している。具体的に、小池（2013）が取り上げているのは、認定支援機関も参加することのできる中小企業・小規模事業者ビジネス創造等支援事業における事業構図について解説しているなかにおいて実施された事業である。それによれば、従来からの経済産業省の中小企業施策普及の流れを汲むものであるとしており、その事例として「中小企業に対する専門家派遣事業においては、地域力連携拠点（平成20年度・21年度）、中小企業応援センター（平成22年度）、中小企業支援ネットワーク強化事業（平成23年度・24年度）、そして今般の中小企業・小規模事業者ビジネス創造等支援事業（平成25年度）と変遷してきた。いずれも、国が認めた地域の中小企業支援機関または支援者を通じて専門家派遣を実施する仕組みとなっており、その点は共通している」（小池冬記 2013：p.5）としており、認定支援機関制度が開始されてから、認定支援機関も活用できる中小企業・小規模事業者ビジネス創造等支援事業についても過去に実施された支援事業と部分的に類似していることを指摘している。

　このように、認定支援機関が他機関や専門家と連携して支援を行う制度は存在しているものの、それが有効に活用されているのかという疑問が存在している。それは実績という面を表現させることができない（難しい）ことからも分かるうえに、認定支援機関だから連携をしているということではない。さらには、創業補助金[3]や経営改善計画策定支援事業[4]においても他の認定支援機関と連携することが求められていた（必須ではない）が、それぞれの事業では連携していたが、日々の支援活動において頻繁に連携していたとは言えないであろう。つまり、他の支援機関との連携という面において連携することの効果がどのような影響を及ぼすのかという点について分析を

する必要があるだろう。

そこで、小池（2013）の指摘している自治体と民間の支援機関が連携して中小企業支援を実施した事業である地域力連携拠点の詳細について触れ、実際にどのような効果があって、それが現在の中小支援の現場でどのように活用されているのかについて調査を実施した。

(1) 地域力連携拠点について

独立行政法人中小企業基盤整備機構（2009）によれば、中小企業が直面する課題に対し「つながり力」を活用してワンストップで支援を行う事業であるとしている。事業の概要として、地域の企業支援者である「応援コーディネーター」を配した316機関を地域力連携拠点として国が認定を行い、地域の中小企業支援の中核機関として、経営力向上、創業・事業再生及び再チャレンジ、事業承継といった経営課題に対し支援を行うと同時に、支援のなかで得られるノウハウを他の支援機関等へ移転することで、地域における支援機関ごとの能力の底上げを行うとしている。316の支援拠点の内訳として2008年5月時点で商工会78、商工会議所119、中小企業団体中央会37、地方銀行7、信用金庫12、信用組合4、都道府県支援センター41、株式会社・NPO 4、その他14となっており、これら支援拠点が中核となり全国で2,000以上の支援機関が参画して中小企業支援を実施していた（図表1）。

図表1　地域力連携拠点の組織属性別の内訳

商工会等	商工会議所	中小企業団体中央会	地銀	信用金庫	信用組合	都道府県支援センター	株式会社・NPO	その他	計
78	119	37	7	12	4	41	4	14	316

（出所）独立行政法人中小企業基盤整備機構（2009）より筆者作成。

なお、2009年度には327拠点と増加し、金融機関は地銀が13、信用金庫が14、信用組合が4と、地銀と信用金庫において増加している。

次に地域力連携拠点には2つの目的が存在しており、①地域活性化のため、地域の資源を繋ぎ合わせ、やる気のある経営者を国、自治体の行政資源を活用して応援する。②中小企業の経営課題の複雑化に対応し、競争的な環境のなかで厚みのあるネットワークを構築し、ワンストップでサポートする体制を整備することとしている。また活動内容は柿崎（2009）によれば、5つに分類できる。それによれば①相談事業は、応援コーディネーターや専門家が小規模企業等を訪問したり、拠点に窓口を設け経営課題を把握し、経営力の向上、創業・再チャレンジ、事業承継といった課題に応じた相談対応を行い自律的な成長軌道へ向かうきっかけを作る。②専門家派遣事業は、事業者の経営課題の把握や解決に資する適切な専門的な支援を実施する。③情報提供事業は、問題意識のある経営者の発掘と、きっかけさえあれば経営課題の明確化と解決に進むことのできる事業者を覚醒させるために適時的な情報提供やセミナー等の開催や事例集の作成を行う。④調査・研究事業は、小規模企業等の課題解決のために必要な調査や情報等を収集・分析する。⑤マッチング事業では、小規模企業等が必要とする経営資源を有する企業とのマッチングや、後継者不在等によって廃業の危険のある企業と開業希望者のマッチング会等を開催するとしている。

　このように地域力連携拠点については、言葉の定義や目的は完全に一致しないものの、実際の支援事業の多くは認定支援機関制度と同じであるとも言える（新井 2015）。特に、拠点数の内訳では数こそ少ないものの認定支援機関制度でも活躍している金融機関が存在していることが分かる。これについて柿崎（2009）は「近年、金融庁が推進してきた「リレーションシップバンキング」や「地域密着型金融」が目指してきた方向とも一致している」（柿崎平 2009：p.46）として、認定支援機関で活躍する金融機関の背景と、地域力連携拠点もしくは参画することによるメリットについても大きく似通っていることが分かる。このため、金融機関が地域力連携拠点事業に関係したことでどのような効果を得たのかについて検証する。

(2) 地域力連携拠点の実施を通じて中小企業支援にどのような影響があったのか

　政権交代等の影響からわずか2年度しか実施されなかった地域力連携拠点については顧客満足度調査を実施して拠点の評価を実施している。宮崎(2009)によれば、2008年度の相談実績は累計で112,912件となり、その内訳として経営力の向上に関する相談が90,857件、創業・事業再生及び再チャレンジに関する相談が16,343件、事業承継に関する相談が5,712件となり、目標件数である年間10万件を超えていることがわかる。件数から見て、順調に推移している地域力連携拠点だが、2008年12月に表彰が行われた。それによれば、中小企業庁長官賞が10拠点、経済産業局長賞が52拠点、模範支援事例として4拠点が表彰され、金融機関からは中小企業長官賞に帯広信用金庫、経済産業局長賞に静岡銀行と八戸信用金庫、模範支援事例として西武信用金庫が表彰された。このように、地域力連携拠点では数こそ少ないものの、民間支援機関が公的な中小企業支援に関与し表彰を受けているということは、積極的な活動を実施していたからであると考えられる。

　また、2009年度には前年度から2点が変更されたとしており、その1点が重点支援として事業再生が求められるようになった。これにより、2008年に発生した金融危機の影響を受けた対応であり、中小企業再生支援協議会との連携した支援が求められたとしている。この点についても、時間を経るにつれ新たな役割を求められる認定支援機関と似た性質であったことが分かる。

　つまり、地域力連携拠点事業と認定支援機関制度は、①国の支援事業で関与するには認定を受ける必要がある。②求められる支援内容が経営力の向上や創業支援等といった部分で似ている。③金融機関側にも中小企業支援を行うことが求められていた。④金融機関の積極的な支援が③の影響を受けて行われている。⑤制度開始から求められる内容が社会情勢の変化に合わせ増加しているといった共通点があることが分かる。一方で、①補助金に代表されるような支援手段は少ない。士業者が地域力連携拠点として活動することができないため民間からの支援機関は少ないといったことが違いとして存在し

ているが、全体的にかなり近い制度であることは明らかである。

このため、地域力連携拠点の実施結果を検証することで認定支援機関の新たな役割について、その裏付けとなる結果が表れるものと考えられる。仮に、地方自治体が中小企業支援を行うためどのような活動を行っていたのか明らかにすることができれば、現在の認定支援機関と地方自治体の連携について参考にするべき事例とすることができるだろう。

4．自治体が中心となった地域中小企業政策立案の必要性

中小企業政策は、従来、国が主導し地方自治体がそれに従う形であったものが、近年では自治体が主体となって政策が実施されるようになってきた。しかし、地方自治体にはその能力が低く問題になっていることは先行研究等から明らかになっている。このため、民間の支援機関と連携し地方自治体独自の政策を立案するべきであり、自治体がどのような取り組みを行っているのかについて、また、なぜ独自の取り組みを始めるようなったのかを先行研究より明らかにすると共に、実際に中小企業支援政策を立案し実施している事例調査を行った。ここでは、地域の中小企業を支援するために自治体がどのような取り組みを行い、支援機関と連携しどのような事業を実施し、それがどのような効果をもたらしているかについて検証することとする。

（1）地域経済活性化のために自治体が行うこと

植田（2007）によれば、中小企業政策と地域産業政策は厳密な意味からすれば異なるものの、この2つの政策を密接に関連させることが地域経済活性化のために必要であるとしており、国の実施する中小企業政策と地方自治体の実施する地域産業政策は異なる政策であるとしている。さらに、地域産業政策を実施する自治体には3つの特徴があり、①地域の実情に応じた政策を採ること、②地域経営的な観点を重視する必要がある、③地域産業政策は実効性を持つことが強く求められているとしている。しかし、留意点として都

道府県と市町村では地域産業政策は異なっており、特に市町村で地域産業政策を担当できる人材が育っていないことを挙げている。

特に、昨今では疲弊した地域経済を振興するために地方自治体の役割が高まっており、国の作った政策を地方が実行するという受け身の態度は許されなくなってきている。このような状況において地域ごとに異なった課題に対応する必要があるものの、地方自治体側の認識不足や中小企業振興の経験がなかったり、地域内の企業に関する状況を十分に把握できていないという問題から地方自治体（特に市町村）で政策の実行を単独で行うことが難しいとしている。

このため、植田（2007）は創造的地域産業政策を提起している。これは、構造変化に対応し時代に合った地域産業を創造しようとする産業政策のことで、外部環境の変化に対応するために、地域の特性を活かして発展してきた産業について、知識・情報を重視した知識社会に組み替える必要があるとし、そのためには、地域それぞれが自分たちに合った地域産業を創造しなければならないとしている。

(2) 自治体の地域産業政策の現状について

地域ごとの産業を創造する必要があるのであれば、それに対する取り組みも自治体で特徴があるはずだが、どのような特徴があるのか先行研究においてさらに分析を行う。

川名（2012）は創業支援政策より見た、自治体の役割について述べている。地方経済の自立的成長は大きな課題として、地域別GDPの推移を分析し、東京圏、名古屋圏とそれ以外の地域圏の経済格差が拡大し、これからの人口減少において長期的に大きな影響がある。そのため、創業支援が盛んになったものの地域間格差の固定化傾向が進んでいることを指摘し、注目されるのが地方自治体による独自の中小企業政策であるとしている。

旧来より実施されている大企業誘致による地域産業振興は、成功しない事例がほとんどである。そこで、地域企業、大学、支援機関、NPO等でグルー

プ化を図るなどして、地域固有の特性を活かした内発的かつ他地域と差別化した産業創造へと移行しており、新しい地域産業振興策が期待されているのである。

このような新しい地域産業振興策が実施されるようになった背景として、新基本法と憲章を取り上げ、中小企業施策の策定、実施を新基本法が求め、2010年、「中小企業憲章」によって地方自治体レベルにおいて中小企業振興条例の制定を促し、中小企業に対する認識を新たにするきっかけとなり、今後は、地方分権が進むなかで、行政単位を超えた視点が重要となるのではないかとしている。

和田（2014）は1999年の新基本法で地方自治体の責務が盛り込まれ、地域独自の中小企業振興が広がりを見せ、さらに憲章の閣議決定や地方自治体の中小企業振興基本条例（以下、基本条例）の制定によって「地域の経済と社会の活性化を目指す展望、決意を示すもの」（和田寿博 2014：p.79）として、新基本法の改正と憲章の閣議決定が地域産業政策に大きな影響を与えたことを指摘している。これは、国の中小企業政策と自治体の地域産業政策は関係性があることを指摘しており、地域産業政策において基本条例を制定する自治体が増加しているとしている。

さらに基本条例を分析し、その多くは理念条例として考え方を示しているものの、2005年代以降制定する自治体が増加しており、近年の基本条例は4つの特徴があるとしている。具体的には、①基本条例に前向きに向き合う地方自治体が増加している、②基本条例に金融機関の役割が位置づけられるようになっている、③小規模企業への配慮が位置づけられるようになった、④職業観や勤労観の醸成がキーワードとして盛り込まれているとしている。その中でも、②の金融機関の位置づけについては、2012年の中小企業経営力強化基本法の成立によって、金融機関も認定支援機関として基本条例に関わるようになったとされる。

(3) 地域の中小企業支援における自治体と支援機関の連携と政策の評価

　植田（2007）や川名（2012）は地域という視点から中小企業支援の重要性について触れている。また、和田（2014）では、国の中小企業政策が地方自治体の地域産業政策にも影響を与え、自治体の基本条例の制定が2005年から増加しており、そのなかで金融機関も認定支援機関としてかかわるようになったとしている。これらの先行研究からは、地域の産業振興には地方自治体の役割が高まっているものの、地域ごとの特性を活かした政策を立案することが求められている。しかしながら、能力が不十分であるため地域で活躍する他の機関と連携することが期待されているのである。しかし、外部機関と連携するとしても河藤（2015）の指摘するコーディネータ的な役割を担える組織や人材が簡単に現れることはないだろう。それは、地域の多くの組織に顔が利いて、支援能力も抜群に秀でているような人材であれば、支援に対する問題点は発生しないわけである。つまり、スーパーマンのような人材は現状では存在しないが、このような人材は必要なのである。矛盾するが、そうでなければ制度として対応しなければならないだろう。だからこそ外部機関の評価が重要であり、和田（2014）の指摘するような金融機関が基本条例に位置づけられているのであれば、認定支援機関として活躍している多くの金融機関（民間支援機関）が、どこまで行政と連携し産業振興において実績を出しているのかについて調査・分析するべきであろう。

　そのためには、地域独自の産業振興政策を持った地方自治体と支援実績の高い支援機関が存在する地域を対象として、どのような連携を行い、どのような振興策（支援策）を実施しているかについて分析する必要がある。このような先進的な地域での取り組みを客観化し他の地域における独自性を組み合わせたならば、画一的な政策の実施ではなく地域の課題に応じた政策の実施も可能となるであろう。

　もちろん政策として実施する以上は、その結果を評価する必要がある。しかし本多（2016）によれば、近年政策評価を導入する地方自治体は増えているものの、手元にある数字によって成果を示し「掘り下げた分析を行おうと

する姿勢はほぼみられない」(本多哲夫 2016：p.3) としている。これには、地方自治体は国と比べ予算や人員が限られているからとしている。そもそも、地域における政策評価において、中小企業の果たす役割が経済活動だけではないことから政策の在り方は地方自治体独自のものになり、かつ評価についても地方自治体独自の考え方がある。このため地方自治体の政策評価において重要なのは、中小企業政策への理解を深める情報提供・分析活動としての政策評価の目的の捉え方と、インパクト（改善効果）評価やセオリー（理論）評価といった多面的な評価活動であるとしている。この目標の捉え方と多面的な評価活動という2点について、さらに具体的な評価活動を実施するに当たっては①ケーススタディの重視、②外部資源の活用、③定性的な分析への注目という3点を留意し、数字にこだわらず定性的に実態を把握することも必要であるとしている。

そこで、先進地域における調査に当たっては、本多（2016）を参考に定性的な調査を実施して実態把握に努めることとする。

5．調査対象地域の選定

地域における政策の立案と支援の実施においては、地方自治体を中心とした政策の立案と民間の支援機関を中心にした支援の実施という体制が確立している地域が必要である。これについては、基本条例を制定している（政策を立案している）地方自治体であり、また、支援機関においては政策に基づいた支援策を実施しており、両者が同じ行政区域に存在している必要がある。

それは、当初と比較してどうであったかなどについて検証する必要があるためであり、さらにある程度の時間を経ている必要がある。これらの条件を満たすために、地域的な制限が加わることとなる。このため、先行研究から基本条例を制定している地域についてであり、さらに同時期において民間による中小企業支援が実施されている地域となる。また、基本条例の制定から、その後の進捗状況について、分析がされていることが前提となり、東京

都大田区、墨田区、吹田市、八尾市、帯広市などが事例紹介されているが、都市部においては基本条例の制定によって産業振興が実施された結果を分析することは困難性が高いと言える。これは、大都市では産業構造が複雑であり、外部環境などの変化を受けやすいからである。このため、先行研究のなかで都市部に立地していない帯広市を事例として分析を進めることとする。

渡辺純夫（2010）によれば、2005年に北海道中小企業家同友会帯広支部によって取り組みが始められたとしている。2007年の条例施行後は施策議論の場として帯広市中小企業振興協議会が発足し地域の支援団体が委員を務め、さらに4つの部会が設置され部会員を含めた40名で協議会が進められ、2008年に中小企業の振興に関する提言書が当時の帯広市長に手渡され、「帯広市産業振興ビジョン」に活かされることとなった。また、協議会は2009年に帯広市と中小企業者、中小企業関係団体、金融機関、大学などで構成される「帯広市産業振興会議」へと引き継がれ、施策等実施状況の点検評価を行うとした。その後、2010年に帯広市長が交代し「フードバレーとかち」構想が打ち出されたことから、「帯広市産業振興ビジョン」との結びつきが進み、地域経済の活性化が進むことを期待しているとしている。このように、基本条例が2007年より施行されており、施行後の過程も政策立案の視点からすると民間組織を巻き込んで進めていることが明白である。

帯広市の基本条例は、植田（2007）によれば4つの特徴がある。ひとつは帯広市の中小企業問題を十勝地域の問題として捉えている。2つは、十勝の地域資源を活用した起業・創業支援を行う。3つは、中小企業関係団体の役割を重視している。4つは、市長が中小企業関係団体と連携して中小企業振興の指針を定めるとしている。このように、基本条例の特徴からすれば新市長になっても基本条例の考え方は変化しておらず活用されている。

さらに、大貝（2012）も指摘するように、帯広市は条例の制定と同時期に具体策を策定するために帯広市中小企業振興協議会を発足させ、その方向性を定めるにあたっては、地元中小企業支援機関である帯広信用金庫もメンバーとして参画している。この点において、地方自治体と中小企業支援機関

が連携して支援を実施したことが窺えるわけで、それがどのような結果をもたらしたのかを分析することは、認定支援機関と自治体が連携するにあたっては重要な知見が得られる可能性が高い。また、他の支援機関も当然ながら帯広市内には存在していることから、これら機関がどのように活動しているのかも分析することは、支援機関同士が連携して中小企業支援を行ううえでは重要であろう。

　このように、新市長となっても産業振興を進める基盤が条例を基本としつつ、民間の支援機関と協力した会議体が存在していることは、新たな構想を実行に移す場合においても有効に作用すると考えられる。そこで、基本条例制定後においてどのように条例が活かされているのか基本条例の有効性の検証と、具体策を立案してきた会議体の現状と、そこで打ち出された政策の効果を分析するために、十勝地域において行政である帯広市、支援機関である帯広信用金庫、公益財団法人とかち財団（以下、とかち財団）、帯広商工会議所に対しインタビュー調査を実施した。

（1）帯広市における中小企業支援の実体

　調査では、各組織で実施している事業で他の連携・協力している支援事業に関し、行政側で策定された計画と、どのような関係があるかについて質問をしている。これは、地方自治体と支援機関の連携についてどのような効果があるのかについて評価するためである。インタビューを行った各支援機関がどのような支援を実施しているのかについて概要を触れる。

　まず、帯広信用金庫は、1994年に金庫内で中小企業診断士が1名誕生したことで中小企業支援を本格的に実施することとなった。当初は、創業や経営改善に関連した財務診断を本部が中心となって実施していたが、2005年に「おびしんふれあい相談室」を開設し、支援を本格化し、2008年に地域力連携拠点事業において中小企業庁長官賞を受賞した。現在は2014年に開設した「経営コンサルティング室」のメンバー4名体制である。帯広市に対しては情報提供をしており、産業振興会議にも金庫からメンバーが参加している

が、行政に対し提言をする場と考えており、会議の決定だからといって行動をすることはない。他の地域では産業振興の推進では企業誘致が言われているが、結局は誘致した企業が別の地域に移ってしまうため、十勝地域内において産業を生み出すということが重要であると考えている。このため、国の提供する支援事業でもよろず支援拠点や事業引き継ぎ支援センターといったアドバイスが中心の支援事業については、あまり活用していない。当金庫では「女性向けの創業セミナー」と「とかち・イノベーション・プログラム」（以下、TIP）をほぼ同時期に開始している。

女性向けの創業セミナーは毎回定員を15名としており、毎回12月から翌年1月までの全6回実施している。この時期に開始した理由として、創業補助金の公募開始がセミナー終了後しばらくしてからあるため（帯広信用金庫では認定支援機関として認定を受けている）、セミナー受講後に事業計画を策定しやすいように検討した結果としている。TIP について鉢嶺（2017）によれば、地域の新たな事業創発を目指す取り組みであり、帯広市役所、帯広信用金庫、株式会社野村総合研究所などとともに実施している（図表２）。

プログラムでは、全国の革新的経営者を連続的に招聘し、十勝地域からの参加者に対して起業、第二創業、コラボレーション事業などといった新しい事業の種を生み出す場を提供している。なお、帯広信用金庫によれば第3回までに28の事業構想が生まれ、法人設立が7件、個人事業として開業したのが3件で融資を含めた複数の支援を実施したとしている。

次に、とかち財団は「フードバレーとかち」の推進の一部を担うとしており、これまでにも農産品の商品化に向けた支援や、農業の生産効率化のための機器開発を行ってきたが、地域の要請もあり人材、創業支援を行うようになった。当財団のスタンスとしては、帯広市や十勝地域に対する支援ということで、帯広市の策定した計画などに基づいて支援を実施している。ただし、計画などについては概念的な目標を掲げていることから支援プログラムと計画などがどのような関係なのかについて説明をするのは難しい。具体的な支援事業としては、2016年からは TIP の振り返りとして計画立案後の事

図表2　TIPの全体像

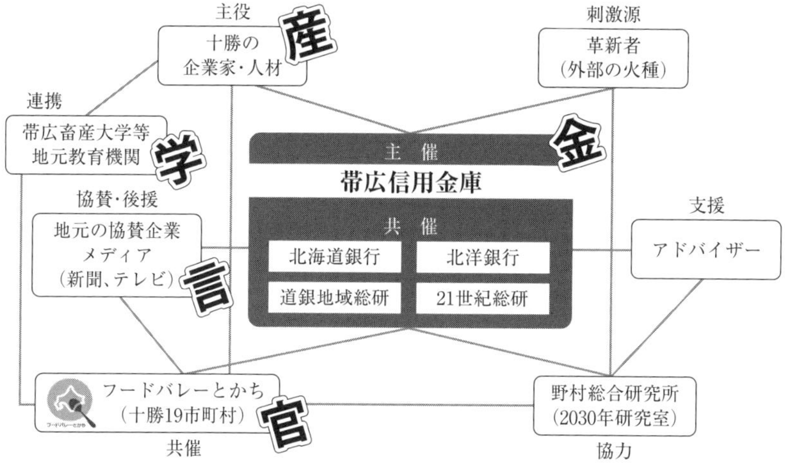

主役
十勝の
企業家・人材

産

刺激源
革新者
（外部の火種）

連携
帯広畜産大学等
地元教育機関

学

金

主催
帯広信用金庫

共催
北海道銀行　　北洋銀行
道銀地域総研　21世紀総研

支援
アドバイザー

協賛・後援
地元の協賛企業
メディア
（新聞、テレビ）

言

フードバレーとかち
（十勝19市町村）
共催

官

野村総合研究所
（2030年研究室）
協力

（出所）米沢（2015）より一部抜粋

業化に向けた支援プログラムである「トカチコネクション支援事業」を実施（担当者は3名）している。本事業はTIP修了者だけではなく、他の支援プログラムで生まれたビジネスプランの構築・強化不足要素の補強支援を目的としている。また、2018年4月に公益財団法人起業家支援財団と合併し事業を引き継いだことにより、起業・創業支援についても注力するようになっており、建物の1階の一部をコワーキングサロンとして整備し、「とかち財団学生起業家育成奨学金」、「アーリーステージ事業者支援情勢金」といった助成事業を開始している。当財団は技術スタッフがいることが他の支援機関と大きく異なる点であることから、ものづくり支援を中心にしつつ、十勝地域の魅力を売り込むために他地域への出展や地域企業の紹介や、事業創発支援として起業・創業や「トカチコネクション」を実施しようと考えている。

そして、帯広商工会議所は2009年より創業セミナーを毎年開催しており、最近では開催した年内において受講者の約2割が開業している。他地域の創業セミナーと違うのはリピート（創業済）受講者がいる点や、過去に受講し

て開業した方から自主的に参加協力してもらっている点（セミナーの最後に事業計画の発表があるのだが、アドバイザーとして意見をしてもらえる）だろう。また、2013年からは帯広商工会議所が中心となって十勝地域内で活動している支援機関同士がネットワーク「とかち創業支援ネットワーク」を構築し連携した支援を実施している。帯広市の作成した帯広市産業振興ビジョンに基づいて事業をしているわけではなく、意識をしているわけでもない。また、他地域の商工会議所でも実施している補助金について、小規模事業者持続化補助金は年に20～30件程度相談対応している。なお、ものづくり補助金については帯広信用金庫がほとんど対応している。

　最後に帯広市役所は基本条例が制定される以前より、農業を基盤として産業振興を図ろうという考えがあった。基本条例はあくまでも取り組み方針を記しているに過ぎないため、具体的なことは帯広市産業振興ビジョンに記入されており都度変更を加えている。そのなかでも起業・創業に関しては順調に推移していると考えているが、単純に会社ができればよいということではなく、次に続く人を生み出す循環を生み出すことが必要であり、それには地域において産業振興のための「共通語」が浸透することが重要である。行政の役割は地域の取組を調整し効果を最大限活かすことで黒子として活動することであると考えている。このため、市として補助金を活用することは一部分であり、その財源については国からの交付金などを活用して各支援機関の実施するプログラムの運営費の補助を支給している。

　自治というのは本来、地域のためになるのかどうかという意識をもって活動することであり、自分の町のために何ができるかということになる。十勝地域全体で盛り上がればよいと考えている。

(2) 調査結果の分析

　インタビューからは、起業・創業や新事業創出に関し十勝地域の自治体を含めた地域に関係する民間支援機関も連携して支援を実施していることが明らかになった。特に、組織が違う行政の職員や支援者同士であっても密接な

関係を持っており、それぞれの組織が実施している支援事業を他の支援機関の支援事業で紹介し合ったり、支援対象者の様子を支援者同市が情報共有しているため、支援対象者がどのような現状でどのような支援を受けているのかについて情報共有が図られている。その結果として、支援機関ごとに実施している支援プログラムの実行性が高いという好循環を起こしている。具体例として、帯広信用金庫が2013年から毎年4回開催している「ものづくりワンストップ相談会」においては、とかち財団や帯広畜産大学が技術的な相談に応じていたり、農業を基盤とした創業支援についてとかち財団が調査をした際には帯広商工会議所と実施したり、帯広商工会議所が開催している創業セミナーでは最終回に他の支援機関を招き、受講者の事業計画を実行に移すために必要な支援を受けるために支援機関と支援対象者のマッチングを行っているといったことからも分かるように、組織は異なれども目標とするのは十勝地域の発展という共通認識が確立されている。

　また、受講者側の積極性についても注目することができ、TIPや帯広商工会議所の創業セミナーでは、過去に参加した者が今度は参加者に対するアドバイザーや運営側として参加している。このように参加者側の積極性について、本来のプログラムが終了すればそこで関係が終わってしまうケースが多いなかで、受講者側が自主的に参加していることにより、新たに受講した者にとって創業を行った「先輩」がいることで受講者自身の創業後のイメージを持ちやすくなっていることは容易に想像できる。

　さらに、行政である帯広市は調整役として機能しており、各支援機関が実施しているプログラム間に隙間が生じていればそれを埋めたり、国の資金を活用するために交渉を実施するなどしている。地域のために何ができるのかという自治体本来の意識を持った行動を行っているということで、他の行政と異なるのが産業振興を他人任せにしているような無関心ということではなく、さらには各支援機関に対し、行政の立場から指示・指導をするということもしていない。しかし、各支援プログラム参加者の状態を各支援機関側から提供を受けることで把握しており、必要とあれば現場に行くという積極性

を持っているという点においては、各支援機関との意思疎通が密接であることが、行政と支援機関との距離が程よい状態であると考えられる。

このように、支援機関同士の密接性と既受講者の積極性、行政と支援機関の適切な関係は支援のシナジー効果を生み出していると言えるだろう。例えば、帯広商工会議所の創業セミナーに参加した創業希望者が引き続き帯広信用金庫主催の女性向けの創業セミナーに参加したり、TIPの参加者がとかち財団のトカチコネクションに参加したりしている。このような各支援機関で開催しているプログラムが支援対象者の状態に合わせて参加できるようになっていることで、挑戦することが容易になっていると考えられる。

これは、他の地域では見られないことであり、特に帯広市が積極的に関与しており、帯広市の支援事業と支援機関の支援プログラムがステージごとに連携が図られていることも注目すべき点として挙げられる。このような関係は認定支援機関制の開始当初に言われた、認定支援機関同士が連携することで高度な支援を実施するということと同じであると考えられる。十勝地域の事例では、認定支援機関であるかどうかということは意識しておらず、補助金の支援はほとんどが帯広信用金庫であるが、補助金ありきではなく事業計画をどのように策定するのか、策定してから実行に移すにはどうするべきなのかといった、計画立案から計画実施に至るまでの支援体制が確立していることが注目できよう。このような各種ステージごとの支援における支援者はそれぞれ異なるものの、支援者同士で支援対象者の情報を把握しているために結果として高度な支援が実施できるのである。それではこのような支援機関同士が密接な関係を構築するにはどのようにすればよいのかということになる。

この点についてインタビューからは、当初は個々の支援機関で繋がっていたが、それが支援者側で自然とコミュニティができるようになり、複合的な支援ができるようになったのは最近になってからとしている。このように、誰かが仕組みを作ったというよりは自然発生的に開始されたことが分かる。

（3）中小企業政策の有効期間と基本条例の役割とは

　インタビュー調査の結果からは、基本条例の重要性は低下しているが支援機関同士の連携が密接であり、結果として支援機関側が実施している各種支援事業は開始されて間もない事業もあるものの、既存の事業で対応できなかった部分を補う形で開始されており、実績を残しているものと判断できる。これは、十勝地域における産業振興について自主性を持って支援を実施している行政と支援機関、そして事業者の目線が同じ方向を向いているからであろう。

　それでは、改めて基本条例の位置づけを考えた際に、支援機関ではあまり意識されていなかったが、これは行政も同様であった。このため基本条例は無用だったのかという疑問が出てくることになる。そもそも帯広市においては基本条例施行時と現在では市長が交代し施策の実行については変化しているためと考えることができるわけだが、そうなると基本条例に基づいて実施される各種の施策には有効期限が存在するのかということになる。これについて安田（2010）は国の中小企業政策の根本を成す中小企業基本法と毎年度実施される支援事業の関係について分析している。中小企業基本法は、それだけでは役割を成さず、実施法が整備されてこそ役立つ法令であり、1999年の改正前と改正後で各種法整備や予算措置等に変化が見られないのであれば、実体的に意味をなさない法令ということになってしまう。そこで、中小企業基本法改正前と改正後で支援策にどのような変化があったのか分析を行っている。結果としては、1983年〜91年、93年〜97年、99年〜2004年が施策の方向が定まった「安定期」であり、それ以外の期間は施策が変化する「移行期」であったとしている。つまり、99年の新基本法改正が政策に与えた効果は5年に満たなかったことを示している。そもそも中小企業基本法が制定されたのは、場当たり的に実施されてきた中小企業支援において政策思想を込めようとする意図があったが、政策を先導するよりも追認するという役割と持っていたとしている。このように、国の中小企業政策においても、政策の持続性については継続することの困難性があることを示しており、地

域産業政策においても帯広市の基本条例の重要性が低下していることはやむを得ないといえるのではないだろうか。それは、外部環境の変化や実施する支援事業（施策）によって地域経済の状況が変化しているからであり、それらの変化に対応して新たな取り組みを実施しなければ中小企業者側の要望に応えることはできないし、中小企業支援者と連携した対応も困難になってしまう。もちろん、中小企業支援者側においても基本条例にもとづいて開催されている産業振興会議の委員であるという人物も当然にいるわけだが、いかに環境に適応した支援を実施するべきかについて注力していた。つまり、基本条例そのものの効果が事業として反映されたのは2012年頃までと考えることができる。

しかし、帯広市内の支援事業者が実施しているプログラムの多くは2012年以降に開始されたものである。基本条例を意識していないとしている支援機関が多いなかで、各機関が一体となって支援を実施するためには共通した課題に対する認識あることが前提となる。そこには基本条例が制定されてから、その後の各種会議での意見交換という流れが重要であったのではないか。それは、基本条例を制定する過程において課題の認識をし、基本条例が制定されたことで行政も動きやすくなり、市長が交代しても積極性は変化しないことで、行政と支援者の距離が縮まったという効果があり、支援機関側も単独で実施していた支援事業を協力して実施するようになった。このように、基本条例施行によって行政と支援機関の関係性が密接化し、「皆で知恵を絞る」ことが可能になったのである。

現在、帯広市において基本条例よりも新たなまち・ひと・しごと創生総合戦略（以下、総合戦略）にもとづいた支援が展開されている。もちろん、基本条例に基づいて実施された各種事業も総合戦略に組み込まれており、基本条例が全く意味をなさなくなったわけではなく、支援の重要性は変わっていない。このような状況から、先進的な地域では基本条例の果たした役割を超えた、次の段階に進んだと分析することが正しいと考えられる。

（4）十勝エリアの産業振興から見る国との役割分担

　帯広市（十勝地域）の事例は、農業を基盤とした産業振興を図るという単純性があったからこそ行政と支援機関が課題の認識を容易にした面があり、また帯広市内に限定せず十勝地域をどのように振興するかとう意識があったことが特徴として考えられる。このため、農業や観光業を対象にした支援を実施するといった、特定の産業に特化している。これを他の地域にそのまま移植して産業振興を図ろうとしても難しいだろう。

　しかし、自治体と国の関係において参考にすべき点がいくつか考えられる。まず公的支援において特定の産業に偏って支援をすることが問題かどうかという点である。行政の立場は本来中立でなければならない。しかし、帯広市役所でのインタビューや先行研究でも明らかのように、農業を基盤とした産業振興や「フードバレーとかち」といったように農業とその周辺産業に注力した産業振興を実施している。これは明らかに偏った支援であると言えるだろう。しかしながら、地方自治体においてすべての産業振興を考えるための情報・財源・人材は不足していることは明らかであるし、産業集積している業種に集中的に支援をしようと考えることは不思議ではない。実際、帯広市においては市長が交代しても施策における基本的な考え方は変化することはなかった。このため、地方自治体においてはむしろ支援の偏りが発生することは、地域ごとに産業構造が異なるという前提においては肯定されるべきであろう。その代わり、最低限の支援を実施するために国による支援が重要になってくるのではないだろうか。例えば、株式会社日本政策金融公庫による支援は全国規模で差が出ない金融支援と言えるわけだが、このような支援は国が関与しなければならない。また、災害発生後の復旧など大規模な資金が必要な場合についても同様であろう。このため、加藤（2014）の指摘するような具体的な課題ごとに国、自治体と分担するのではなく、自治体側がどのような産業振興をしたいのかが先にあって、国は全国一律の支援制度を維持し続けるという役割分担にするほうが、地域ごとの特色に応じた中小企業支援（産業振興）に繋がると考えられる。

次に国の関与についてであるが、今回のインタビューにおいて国が実施しているよろず支援拠点や事業引き継ぎ支援センターといった相談対応事業についての言及は非常に少なかったわけだが、これらの事業が果たして事業者のニーズに対応しきれているのかという疑問が出る。もちろん、すべてを否定するのではなく、このような事業はそれぞれの地域において課題としている内容が異なるため、全国一律の対応をすることが果たして正しいことなのかどうかという点において、少なくとも帯広市においては必要性を感じることはなかった。事実、各支援機関において積極的に案件を相談しに行くようなことはせず、支援機関単独、もしくは既協力関係にある支援機関と共同で対処している。もちろん、それでも難しいような案件は国の相談機関に持ち込んでいるようで、例えば海外展開においてはJETROのデスクが帯広商工会議所内にあり、そこで相談を実施しているといったことはしているようである。このため、国の相談事業については各地域がどのような課題を抱えていて、それに地域の支援機関が対処できない場合に国が相談事業を実施するような体制で十分であり、何も全国一律での実施は必要ないのである。このため、今般の産業競争力強化法改正においてよろず支援拠点が中心となり地域の支援機関を組織化するという方針は、それこそ国による地方の産業振興を実施することになる。このような体制では、いつまでたっても地方自治体は独自の産業政策を立案・実行する能力を獲得することはできず、国に従属し続けることになってしまう。重要なのは各地域独自の産業政策の立案・実施であり、国は各地域で立案された政策への協力こそが求められているのではないだろうか。そのために、国の制度を地方が活用することを容易にするための体制整備が必要であり、認定支援機関制度はまさに国によるお墨付きを持った各地域に存在している支援機関なのである。自分たちの町を自分たちで発展させるということが本来の自治の役割であり、産業振興においても当然に自治の範疇に入るであろう。

　つまり、中小企業政策に占める国の役割は、地方の産業振興を支えることが大きな柱とするべきであり、地方においては産業振興政策の立案・実施に

創意工夫が求められるべきだろう。そこには行政だけでなく、地域で活躍している支援機関の役割も重要であり、連携して対応することが求められている。

（5）帯広市の事例から見る支援のあり方

　帯広市内における中小企業支援の体制は、各支援機関が実施する事業と帯広市のビジョンが融合した結果、ある支援事業を修了した事業者は次の課題を解決するために別の支援機関が実施する事業に参加することで、事業計画の達成に向けた絶え間ない支援がされている。そこには組織という枠を超えた支援機関同士の連携体が構築されていることから、支援の断絶が発生せず、他の組織であっても支援対象者がどのような状況にあるのかを把握している（図表３）。

　このような連携体から生まれる支援こそが、継続的な支援であり高度な支援であるといえる。つまりは、連携の重要性を帯広市の事例が改めて証明したことになるわけだが、現実的にはこのような地域のほうが珍しいわけである。認定支援機関に求められていた、認定支援機関同士が連携して支援を行うということが現状ではできていない。これには行政の役割が重要であると考えることができる。帯広市では、産業振興を行うにあたり市内の支援機関などを集めて会議を実施し方針を決めていった。そこでは、参加者から意見が表明されることで問題意識の統一が図られて、行政としても問題に対して支援策を打ち出す必要に迫られるわけである。しかし、帯広市の場合は民間から実施している支援事業を産業振興の方針を実現するために取り込んでいき、それが発展していったわけで、行政は各種支援機関や支援事業の調整が中心であった。

　また、連携体を構築するためには問題意識の統一と、各支援機関自身が得意とする分野での支援事業の実施と、それらを取りまとめたり、各支援事業間の穴を埋めるための取り組みを行政が実施する必要があることを示唆している。認定支援機関制度も単純に認定支援機関同士で連携するようにとして

図表3　十勝における新事業創発支援事業

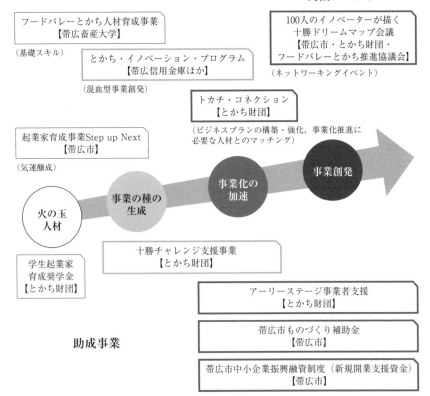

(出所) 帯広市商業まちづくり課 (2018) より一部抜粋
※各種支援事業は他にもいくつか存在する

も、実際に連携に向けて活動するようなことはしないわけで、それには問題意識を統一する必要があるわけである。

　さらに、全国の各自治体においても産業振興を実施するにあたり問題点が指摘されているわけであるが、原因としては行政だけで産業振興を行おうとするからであって、その地域にかかわりのある支援機関からの協力を得ることは、支援機関と繋がりのある事業者と間接的につながることが可能になる

わけである。とはいえ、今までは行政が連携する組織と言えば商工会・商工会議所であって認定支援機関ではなかったわけで、民間組織が行政とかかわる機会は稀であった。だからこそ、国より公的な支援機関としてお墨付きをもらえた認定支援機関制度を活用することで、民間組織としては行政と連携した中小企業支援が実施でき、その組織では足りない支援が行政を経由して他の支援機関で実施されるようになれば、支援対象者も事業の成功可能性が高まることになる。一方、行政としても巨額の予算を必要とせずに各民間組織の実施する支援事業を組み合わせて、所管する地域の中小企業が発展すれば政策としての有効性が高まり、公的支援の正当性も高まることになるのである。

既存制度の再活用を行うだけで中小企業政策そのものを再構築することは可能であり、そこには再び進められている国主導による政策推進ではなく、地方がその地域の特性を活かした政策立案によって、地域に存在する民間組織が担い手となる支援が求められるのではないだろうか。

(6) 他の地域ではどうなのか

帯広市内を中心に調査を実施したが、他の地域ではどうなのかと疑問が残る。確かに、支援機関同士・行政が連携した支援体制を構築することは珍しいわけだが、そこから他の地域では帯広の地域が特殊過ぎて実施できないということにされてしまう。このため、他地域の事例として坂本（2005）は浜松地域における地域産業の分析から導き出したいくつかの特徴が帯広市（十勝地域）に当てはまるかどうか比較を行う。これにより、他の特徴ある地域と比較し共通点を明らかにすることができれば地域産業振興を行うためのきっかけを得ることができると考えられる。

坂本（2005）は浜松地域に産業が集積している理由を①積極果敢な市民性、②他人を受け入れる、③支援者・エンジェルの存在、④大学・公設試の貢献、⑤行政・商工会議所等のリーダーシップと支援、⑥激烈な競争、⑦金融機関による支援を挙げている。

これを今回調査した帯広市に当てはめた場合、1つめに市民性についてはインタビュー調査においても北海道開拓史では帯広は民間人による開拓が発端となっていることから自立心が強いという発言があった。このため積極果敢な市民性は当てはまる。2つめに他人を受け入れるについては、各種の支援プログラムに地域おこし協力隊の参加者が近年増加していることから当てはめることができる。3つめに大学・公設試の貢献については、十勝地域においては、とかち財団が公設試の役割を担っていると考えられる。このため同財団の活動が重要であるが、こちらについても既述の通り、積極的な支援を実施しつつ、2018年4月には横浜市にあった公益財団法人起業家支援財団と合併（とかち財団が存続法人）したことで支援の幅が広がるといったことから該当する。4つめに、行政・商工会議所等のリーダーシップと支援については、帯広市が基本条例を発端とした支援体制の構築をしたり、商工会議所が創業支援ネットワークを構築して十勝地域での創業者支援に力を入れていることからも該当する。5つめに、金融機関による支援についても既述のように、積極的な支援体制を構築していることからも該当する。

　このように、坂本（2005）の提言した条件については、その多くが現在にも当てはめることができるものと考えられる。もちろん十勝地域と浜松地域では、産業構造、人口規模で比較するとその差は明らかである。しかし、比較して規模の小さな十勝地域においてはすべての条件を満たす必要はないからこそ、③や⑥とった条件は満たさなくとも成り立つことができると考えられる。このように、都市の規模によっては坂本（2005）が挙げる7つの条件すべてを達成する必要ないと考えられるのである。そこに求められるのは、各地域におけるそれぞれの特徴に基づいた政策の立案と支援の実施であって、画一的な支援制度の押し付けでは支援の効果が表れにくいということはもちろんのこと、個々の利益優先になってしまう。だからこそそれぞれの地域が独自に政策を立案し工夫を重ねた支援を継続的に実施することが求められるのであって、国は地方独自に実施する政策を支援するべきであろう。例えば、地域といってもその定義は基礎自治体単位なのか、住民の意識なのか

で範囲は異なってくるわけで、仮に住民の意識とするならば、全国規模で見た場合、空白となる地域も出てくるだろう。また、基礎自治体と定義しても先行研究から明らかのように、現状の自治体による運営能力では不十分であろう。

つまり、国の役割は地域独自の政策立案のため、周辺地域との調整や立案された政策が有効に機能するための支援が必要になってくると考えられる。このため、現在の国が中心になって政策を企画・運営するという集中型の仕組みから、各地域が中心となった体制に転換する必要があるだろう。

6．おわりに

今回の調査では、十勝地域（帯広市）における中小企業支援について各支援機関にインタビュー調査を実施し、行政と支援機関が一体となった支援が活発に行われていることが明らかになった。このような支援の結果、新たに事業を開始したり大都市に出て行ってしまった若者が戻ってくるなどの効果が表れており、地域の魅力が高まっていることが分かる。

地域が活発になることは経済活動が盛んになることであり、そのためには独自の取り組みは非常に重要であることは当然である。しかし、最近まで国の指示に従っていればよいと考える自治体が多かったわけで、このような取組事例は少ないのが現状である。今後、多くの地域で帯広市のような活動が浸透するためには、やはり民間の支援機関の役割が重要になってくるだろう。そこには多様な支援機関が存在するはずであり、場合によっては、今回の調査や先行研究でも指摘されている金融機関の役割以外の支援内容が求められる場合もあるであろうし、従来からの支援機関である商工会・商工会議所といったような組織以外の支援が求められることもあるだろう。

(注)

1) 2012年に第1回の認定が行われた。中小企業支援の担い手の多様化・活性化を目的として一定の支援能力を保有している組織や個人に対し行政が認定を与え、認定を受けた組織や個人は行政から支援措置を受け中小企業支援を行う。詳しくは新井（2015）参照。
2) 小規模事業者持続化補助金の略で、経営計画に基づいて販路開拓などを行う場合50万円（補助率3分の2）までを補助金を受けられるもので、全国の商工会・商工会議所が窓口となる。
3) 平成24年度補正創業補助金、平成25年度補正創業促進補助金、平成26年度補正創業・第二創業促進補助金、平成27年度創業・第二創業促進補助金のことを指す。
4) 認定支援機関の支援を受け計画書を策定した際、支払費用を補助する支援制度である。

(参考文献)

新井稲二（2015）「認定支援機関たる金融機関の支援体制について —— 神奈川県内の支援結果を参考に」『産業能率大学紀要』第35巻、第2号、pp.1-18

新井稲二（2018a）「地域における中小企業支援は多様な担い手が必要か：補助金採択者インタビューを踏まえて」『地域活性学会研究大会論文集』第10巻、pp.275-278

新井稲二（2018b）「中小企業政策の出発点〜公的支援の開始に見る創業支援の重要性〜」『信用金庫』第72巻、第11号、pp.50-51

植田浩史（2007）『自治体の地域産業政策と中小企業振興基本条例』自治体研究社

大貝健二（2012）「地域内経済循環の構築と地域産業振興 —— 北海道・十勝地域を事例として ——」『経済地理学年報』第58巻、pp.309-323

帯広市　商業まちづくり課（2018）『十勝における新事業創発支援事業』

岡田匡令（2015）「戦後の能率運動」日本経営診断学会編『日本経営診断学会叢書第2巻　経営診断の歴史と制度』同友館、pp.48-55

柿崎平（2009）「取引先の経営改善や実態把握など金融機関が参画する意義は大きい」『近代セールス』第54巻、第5号、pp.42-46

加藤雅史（2014）「経済産業行政における地方分権についての考察 —— 中小企業政策を例に —— 」『公共政策志林』第2号、pp.43-61

川名和美（2012）「地域資源活用と多様な中小企業の連携による地域イノベーション —— 中小企業の地域資源商品開発の事例を中心に —— 」三井逸友編『21世紀中小企業の発展過程 — 学習・連携・承継・革新』同友館、pp.3-22

河藤佳彦（2015）『地域産業政策の現代的意義と実践』同友館

黒瀬直宏（1997）『中小企業政策の総括と提言』同友館

黒瀬直宏（2006）『国際公共政策叢書9　中小企業政策』日本経済評論社

黒瀬直宏（2012）『複眼的中小企業論 —— 中小企業は発展性と問題性の統一物』同友館

経済産業省中小企業庁経営支援部小規模企業振興課（2018）『中小企業政策審議会第10回小規模企業基本政策小委員会』

小池冬記（2013）「認定支援機関としての地域金融機関の役割——地域に開かれたオープンプラットフォーム」『事業再生と債権管理』第142号、pp.4-10

小出宗昭（2017a）「行き詰った企業誘致や特産品開発 —— 地域の中小企業こそ宝」『日経グローカル』No.313、pp.46-47

小出宗昭（2017b）「制度疲労著しい中小企業振興策 —— 相談者の要望を理解しない支援機関」『日経グローカル』No.315、pp.112-113

坂本光司（2005）「産地の生成と集積に学ぶ新産業創出の方策」坂本光司・南保勝編『地域産業発達史 —— 歴史に学ぶ新産業起こし』同友館、pp.275-313

独立行政法人中小企業基盤整備機構（2009）「中小企業の経営課題解決を図る地域力連携拠点事業」『信用金庫』第63巻、第5号、pp.18-20

中小企業庁（2012）『"ちいさな企業"未来会議（"日本の未来"応援会議〜小さな企業が日本を変える〜）取りまとめ』

中小企業庁経営支援部小規模企業政策室（2013）『中小企業政策審議会小規模企業基本政策小委員会第1回』

寺岡寛（2015）「中小企業政策と地域経済政策 —— 連関性を考える —— 」『公益社団法人中小企業研究センター年報』pp.3-16

原口勝全（2009）「オール十勝のコーディネーターとして」『信用金庫』第63巻、第5号、pp.21-22

本多哲夫（2012）「産業政策・中小企業政策」植田浩史・北村慎也・本多哲夫編『地域産業政策――自治体と実態調査』創風社、pp.219-232

三井逸友（2004）「地域イノベーションシステムと地域経済復活の道」『信金中金月報』第3巻、第13号、pp.2-25

三井逸友（2005）「地域インキュベーションと産業集積・企業間連携――起業家形成と地域イノベーションシステムの国際比較――」お茶の水書房

三井逸友（2011）『中小企業政策と「中小企業憲章」――日欧比較の21世紀』花伝社

宮崎崇（2009）「信用金庫における地域力連携拠点事業への取組について――中小企業の課題解決を図る地域力拠点事業――」『信金中金月報』第8巻、第6号、pp.59-75

安田武彦（2010）「中小企業政策の変遷と中小企業基本法」『公益社団法人中小企業研究センター年報』pp.19-36

山本尚史（2010）「エコノミックガーデニング：新たな地域力を創造する内発的発展の実践例」『地域活性研究』第1巻、pp.137-145

米沢則寿（2015）『「とかち・イノベーション・プログラム」十勝OutdoorValleyDMO設立に向けた動き』帯広市

渡辺純夫（2010）「中小企業振興基本条例から産業振興ビジョンづくりへ」岡田知弘・高野祐次・渡辺純夫・西尾栄一・川西洋史編『中小企業振興条例で地域をつくる――地域内再投資力と自治体政策』自治体研究社、pp.121-146

渡辺俊三（2015）「小規模企業振興基本法の制定と中小企業政策の新展開」『名城論叢』第15巻、第4号、pp.75-85

和田寿博（2014）「中小企業振興基本条例制定と中小企業振興の課題」『地域創成研究年報』第9号、pp.79-91

〈執筆者紹介〉

●編者
三井　逸友（みつい　いつとも）
　慶應義塾大学経済学部卒業、同大学院経済学研究科博士課程単位取得退学
　駒澤大学経済学部専任講師・助教授・教授、横浜国立大学大学院環境情報研究院教授、嘉悦大学大学院ビジネス創造研究科教授・研究科長を経て、嘉悦大学客員教授・横浜国立大学名誉教授
　主著：『現代経済と中小企業』青木書店、1991年、『EU 欧州連合と中小企業政策』白桃書房、1995年、『中小企業政策と「中小企業憲章」——日欧比較の21世紀』花伝社、2011年、『21世紀中小企業の発展過程——学習・連携・継承・革新』（編著）同友館、2012年『日本の中小企業研究 2000-2009』（編集代表）同友館、2013年

●共著者
川名　和美（かわな　かずみ）
　駒澤大学経済学部卒業、同大学院経済学研究科博士後期課程単位取得退学
　嘉悦大学大学院ビジネス創造研究科博士後期課程修了・博士（経営管理）
　中小企業総合研究機構客員研究員、広島修道大学商学部専任講師・助教授・教授を経て、高千穂大学経営学部教授・副学長　2017年4月没
　主著：『コミュニティ・ビジネス』（共著）白桃書房、2005年、『創発　まちづくり』（共著）学芸出版社、2005年、『増補　現代の中小企業』（共著）創風社、2007年、『社会人基礎力を養うアントレプレナーシップ』（共著）中央経済社、2016年

津島　晃一（つしま　こういち）
　早稲田大学法学部卒業、松下電工勤務後、株式会社光建設取締役、社長、神戸大学大学院経営学研究科 MBA 取得、嘉悦大学大学院ビジネス創造研究科博士後期課程修了・博士（経営管理）、事業承継 Lab 所長
　主著：『お金をかけない事業承継』同友館、2017年、「事業承継を通じたエージェンシー問題と個人保証」『事業承継学会誌』第7号、2018年、「顕在化する非親族承継の選択肢——6社の事例から浮かび上がる「個人保証」の有用性」『商工金融』2018年10月号

谷口　彰一（たにぐち　しょういち）
　嘉悦大学大学院ビジネス創造研究科博士後期課程修了・博士（経営管理）。1999年情報コンテンツ会社を設立、株式会社スリーエフ、公益法人神奈川県労働福祉センターを経て、現在、嘉悦大学、東京福祉大学通信課程、東京福祉保育専門学校各講師、日本大学商学部情報科学研究所研究員。
　主著：『サービス社会のマーケティング構想』（共著）創成社、2016年、「創業支援政策としての受給資格者創業支援助成金制度に関する一考察——欧米諸国と日本の自己雇用者に対する創業支援の変遷を中心に」『嘉悦大学研究論集』第60巻1号、2017年

新井　稲二（あらい　いねじ）
　産業能率大学経営学部卒業、法政大学大学院イノベーション・マネジメント研究科修了、中小企業診断士、嘉悦大学大学院ビジネス創造研究科博士後期課程在学
　主著：「認定支援機関たる金融機関の支援体制について——神奈川県内の支援結果を参考に」『産業能率大学紀要』第35巻2号、2015年、「地域における中小企業支援は多様な担い手が必要か——補助金採択者インタビューより明らかになった支援の現状」『嘉悦大学研究論集』第61巻1号、2018年

2019年3月31日　第1刷発行

嘉悦大学大学院叢書④

21世紀中小企業者の主体形成と継承
──人格成長と事業環境、制度的政策的支援

　　Ⓒ編著者　　三　井　逸　友
　　　発行者　　脇　坂　康　弘

本文印刷／三美印刷　　製本／東京美術紙工

発行所　株式会社　同友館

〒113-0033 東京都文京区本郷 3-38-1
TEL. 03(3813)3966
FAX. 03(3818)2774
URL. https://www.doyukan.co.jp/

乱丁・落丁はお取り替え致します。
ISBN 978-4-496-05406-8　　　　　　Printed in Japan

本書の内容を無断で複写・複製（コピー）、引用することは、特定の場合を除き、著作者・出版者の権利侵害となります。また、代行業者等の第三者に依頼してスキャンやデジタル化することは、いかなる場合も認められておりません。